JN303929

監修＊河東田 博

地域移行、本人支援、地域生活支援国際フォーラムからのメッセージ

福祉先進国に学ぶ

しょうがい者政策と当事者参画

現代書館

まえがき

　福祉に対する一般の人々の認識は、この10～20年の間に大きく変わってきた。皆他人事ではなく、身近な問題として考えるようになってきた。ある人は身内の祖父母のことを考え、ある人はしょうがいをもつきょうだいのことを考え、ある人はしょうがいをもつクラスメイトのことを考えるようになってきたからである。そして、この人たちと共に生き、この人たちの所属する社会のことを考えるようになってきている。しょうがいをもつ人たちのことが新聞やラジオ、テレビでも取り上げられ、より一層身近な問題として考えることができるようになってきた。本書を編纂している私も例外ではなかった。

　35年以上も前のある日、新聞を見ていてひきつけられた福祉の世界があった。糸賀一雄の鬼気迫る最後の講義「愛と共感の教育」や『この子らを世の光に』との出会いであった。そして、『僕アホやない　人間だ』『りんごってウサギや』『生命をかつぐって重いなあ』『アホかて生きてるんや』と立て続けに読んでいった福井達雨の本。さらには、こよなく敬愛する我が心の師・田村一二や池田太郎、小杉長平といった先達との出会い。私は、「知的しょうがい」の世界にどんどんのめり込んでいった。大学を卒業すると同時に、私は躊躇することなく福祉の現場へ飛び込んでいった。気がつくと、施設利用者と共に喜怒哀楽の日々を12年間も送っていた。しかし、12年間勤めているうちに日本型福祉への疑問が次第に湧いてきた。試行錯誤の結果、仕事をやめて海外留学をすることになった。行き先は福祉国家スウェーデン。そして、スウェーデンに滞在すること約5年……。

　時代はめくるめく変わる。「アホと言われても、バカといわれても、人として認められなくても、ただ黙って笑っている子どもたち。だれにもまさって、美しく懸命に生きる子どもたち。この子どもたちに代わって、そのいの

ちの尊さを訴えつづける……」[1]。今こう認識する時代は過ぎ去ろうとしているのではないだろうか。福祉の社会は、代弁者中心の時代から当事者中心の時代へと変わりつつあるからである。これに呼応するように、しょうがい当事者が自分の言葉で、社会にむかって主張しはじめてきた。

「知恵遅れや精神薄弱と呼ばないでほしい。もっと人間らしい呼び方を！」
「よびつけされるのはいやだ！」
「こどもあつかいされるのもいやだ！ 君やチャンでなく、○○さんと呼んでほしい！」
「自分のお金は自分で管理したい！」
「さべつはいやだ！」[2]

　短くやさしい言葉や文章の中に、彼らの思いや願いが、そして、鈍感な私たち関係者や社会に対する批判をたくさん見出すことができるようになってきた。このような発言を通して、彼らはものが言えなかったのではなく、ものを言わないようにさせられてきただけだったのではないかということに気づかされてきた。彼らの主張のおかげで、彼らをめぐる社会的状況が大きく変化してきた。呼称の問題もその一つであり、法制度を「精神薄弱」から「知的障害」と変え、組織名称の変更も勝ち取ってきた。そして、今、「障がい」や「しょうがい」という表記が公認される社会的状況にある。こうした状況の変化は、知的なしょうがいをもつ人たちが生かされる存在から生きる主体へと大きく価値観が変化してきていることの証拠でもある。そんな彼らがより一層いきいきと活動できるような社会にしていきたい。それが私たちに課せられた役割なのではないだろうか。
　ところで本書は、2005年11月3日（木・祝）、立教大学池袋キャンパス8号館で行われた地域移行・本人支援・地域生活支援東京国際フォーラム「みて、きいて、はなしあおう　元気の出る話」（第1部、主催：立教大学地

域移行研究センター、以下国際フォーラムと略記する）及び2006年立教大学の改革と挑戦連続シンポジウム：コミュニティ福祉学部コミュニティ政策学科開設記念企画公開シンポジウム「福祉先進国におけるしょうがいしゃ福祉：その実態と課題」（第2部、主催：立教大学、以下学部シンポジウムと略記する）の成果を広く多くの人々に伝えることを目的として編纂された。そのための若干の前書きを第1章と第2章に、学部シンポジウムの報告を第3章に、国際フォーラムの報告を第4章に記すことにした。

　国際フォーラム・学部シンポジウムに、海外からあわせて9人の方たちを招へいした。この9人とは、オーストラリア・クィーンズランド大学から上級講師のレスリー・アイリーン・チェノウエスさん、スウェーデン・グルンデン協会から理事のマーリン・アシュテレイ・グスタフソンさんとジェーン・ハルビさん、支援者のアンデシュ・ベリィストロームさんとアン－クリスティン・ハルトさん。オランダ・LFB（オンダリングシュタルク協会）から所長のウイリアム・ヴェステヴェルさん、地方事務所長のヴィレム・クワッケルさん、支援者のロール・コックさん、リッチェ・オーメンさん。研究者1人と4人の知的しょうがい当事者（マーリンさん、ジェーンさん、ウイリアムさん、ヴィレムさん）、彼らを支援している支援スタッフ（自らをコーチと呼んでいる）4人、の計9人であった。

　オーストラリアやスウェーデン、オランダでは、入所施設を解体しているか、その方向に向かっている。地域生活を送る上で必要な住まい・日中活動・余暇支援などの質も非常に高い。こうした質の高い社会政策を実現できるようになったのは、しょうがい当事者の働きかけがとても大きかったからだと言われている。中でもスウェーデンのグルンデン協会とオランダのLFBは、とても大きな役割を果たしてきた。この二つの団体は、しょうがいしゃ自身が理事会の理事となり、現場の要職も担っているというところに大きな特徴がある。

　スウェーデンのグルンデン協会は地方都市の一組織に過ぎないが、しょう

がいしゃ本人が決定権をもつピープルファーストのような全国組織をつくろうと準備をし始めている。まもなく全国組織が立ち上がろうとしているが、その時には代表と事務局を引き受ける予定である。オランダのLFBはピープルファースト型全国自治組織で、国庫補助金や地方自治体からの補助金を受け、地方支部づくりに精を出している。各地方支部では、ピア・ソーシャルワーカーやピア・サポーターとしてしょうがい当事者が活躍をしている。この二つの団体が中心となって、ピープルファースト・ヨーロッパもつくろうとしている。

　二つの国、団体から招へいしたこの4人のしょうがい当事者たちは、国際フォーラムで、日本のしょうがいをもつ仲間に対して、しょうがい当事者が自ら組織の理事や代表になり組織運営や政策決定に参加・参画をしていくことの大切さを強調していた。支援者に対しては、しょうがい当事者の力を信じ、まかせ、求められたときにだけ必要な支援をすることの大切さを強調していた。また、4人の支援者たちは、心で考え、しょうがい当事者と共通の価値観をつくっていくことの大切さを訴えていた。

　また、学部シンポジウムに参加して下さったチェノウエスさん（オーストラリア）、ベリィストロームさん（スウェーデン）、ヴェステヴェルさん（オランダ）（支援者としてLFBコーチ・コックさんが同席）の3人（4人）は、次のような各国が抱えている福祉政策の課題やしょうがい当事者を中心に据えた支援システム構築の必要性を訴えていた。

　現在、この3カ国では多くのしょうがいをもつ人たちが地域にある普通の住宅で生活するようになってきているが、しょうがいをもつ人たちが地域住民と関係をつくり、地域社会と関われるように、どのように支援すればよいのかが課題となっている。それは、地域に移住したしょうがいをもつ人たちに対して適切なサポートがなければ、"再施設化"になる可能性があるからである。事実、施設を出た一人ひとりの生活という点で見れば、生活の場がグループホームなどに替わっただけで、施設的な伝統とか考え方、培ってき

たものは依然として残り続けている実態がある。それは、施設のコンセプトを地域に持ち込み、施設時代と同じことをやっているからであり、地域に移り住んだ後も居住者を管理したり自己決定を阻害するなど、まだまだ問題が多いからである。さらに困ったことに、こうした伝統は時間がたてばひとりでに薄れていくというものではなく、しょうがいをもつ人たちが行動を起こさない限り私たちは気づかず、永遠に続いていく傾向がある。また、施設的な伝統は私たち自身の中にもあり、しょうがいをもつ人たちの思いや願いに耳を傾け、どうしたら彼らの望む方向に向かって有効な制度を確立することができるのかが問われている。そして一日も早く、誰もが地域であたり前の生活を送ることができるようにするための働きかけやルールづくりの確立が必要となっている。私たちはそうした認識に立ち、しょうがい者政策の問題を考え、しょうがい者本人支援のあり方を考え、一日も早くしょうがい当事者を中心に据えた地域生活支援システムを構築していく必要がある。

　わずか1日で各国のしょうがい者福祉を論じ、地域移行・本人支援・地域生活支援について論じることには限界があろう。しかし、限られた時間の中に濃い内容が凝縮され、今後につながる示唆と新しい価値観を見出すことができたとしたら、何ものにも代えがたい（精神的な）宝物を得ることができたと言っても過言ではないであろう。その一端を本書を通して読者の皆様に届けたいと思っている。では、新しい価値の創造への旅を始めていくことにしよう。

（河東田　博）

注
1) 福井達雨『アホかて生きているんや』教文館、1975年。
2) さくら会編集委員会編『私たちにも言わせて　ぼくたち　私たちのしょうらいについて——元気のでる本』全日本精神薄弱者育成会、1992年、及び、さくら会編集委員会編『私たちにも言わせて　ゆめときぼう——元気のでる本』全日本精神薄者育成会、1993年より抜粋。

目　次

まえがき ……………………………………………………………………… 1

第1章　日本のしょうがい者福祉の実態と課題 ………… 9
　　　　──ノーマライゼーションと地域（コミュニティ）という
　　　　　二つのキーワードを拠り所に──

　はじめに　10

　日本におけるしょうがい者入所施設の実態　11

　日本における地域移行と地域生活支援の実態　13

　おわりに　15

第2章　新しい価値創造への挑戦 ……………………………… 17
　　　　──しょうがい当事者による組織運営、政策立案への
　　　　　参加・参画を考える──

　はじめに　18

　組織運営・政策立案における当事者参加・参画の基本的要件　18

　組織運営における当事者参加・参画の実態と課題　20
　　──スウェーデン・グルンデン協会における当事者参加・参画を拠り所に──

　政策立案への当事者参加・参画の実態と課題　25
　　──東京都国立市第三次地域保健福祉計画策定委員会しょうがいしゃ
　　　部会での取り組みを拠り所に──

　おわりに　32

第3章　オーストラリア・スウェーデン・オランダの
　　　　しょうがい者福祉の実態と課題…………………………… 35
　　　──2006年度立教大学の改革と挑戦・連続シンポジウムから
　　　　のメッセージ──

　　はじめに　36
　　シンポジウム「福祉先進国におけるしょうがい者福祉：その実態と
　　　課題」からのメッセージ　39

第4章　みて、きいて、はなしあおう、元気の出る話…… 91
　　　──地域移行・本人支援・地域生活支援国際フォーラム
　　　　からのメッセージ──

　　はじめに　92
　　記念講演1　スウェーデンにおける本人活動と地域生活支援　96
　　第1分科会　本人活動とエンパワメント　101
　　第2分科会　地域で自立して生きていくために　130
　　第3分科会　本人活動の支援のあり方　171
　　第1～第3合同分科会　話し合おう　私たちの夢と希望　210
　　第4分科会　地域移行と地域生活支援を考える　219
　　記念講演2　オランダにおける本人活動と地域生活支援　270

資料　インタビュー
新しい価値創造への挑戦──自ら退き、当事者組織を支える──
　………………………………………　アンデシュ・ベリィストローム　275

あとがき …………………………………………………………………… 281

　　　　　　　　　　　　　　　　　　　　　　　　装幀　渡辺将史

第1章

日本のしょうがい者福祉の実態と課題

――ノーマライゼーションと地域（コミュニティ）という
二つのキーワードを拠り所に――

河東田 博

はじめに

　人権思想の根幹を成す「ノーマライゼーション」という理念は、社会的支援を必要としている人々（例えば、しょうがいをもっている人たち）を「いわゆるノーマルな人にすることを目的としているのではなく、そのしょうがいを共に受容することであり、彼らにノーマルな生活条件を提供すること」[1] を意味している。この定義は博愛主義的な考え方に基づくノーマライゼーション理念の極致と言われており、デンマークのN・E・バンク－ミケルセンが1976年の論文の中で示したものである。彼はこの論文の後半に、「ノーマライゼーションとは、市民権をも含む生活のあらゆる場面において、（対象となる人々が）ほかの人々と同等な立場におかれるべきであるということを意味している」[2] と記している。さらに、「市民権とは、住居と教育と仕事の権利のこと」[3]（1978年）であり、「投票権、結婚する権利、子どもを産む権利、そして性生活を営む権利をも意味している」[4]（1978年）とも表現していた。

　では、「コミュニティ」とは一体どのような意味をもっているのであろうか。直訳すると「地域社会」となるわけだが、そこにケアという言葉がつくと、また異なるイメージで整理することができる。「入所施設においてケアをするのではなく、主として居宅、つまり自分の住まいにおいてケアをし、その生活を支持するサービスをいう」[5]。つまりコミュニティとは、暮らし、教育、雇用といったありとあらゆることが営まれている場であり、誰にとっても同じような生活条件が整えられている場でなければならないということがわかる。

　ノーマライゼーションとコミュニティ（あるいはコミュニティ・ケア）の定義の中に含まれている鍵となる言葉に注目していくと、「ノーマルな生活条件の提供」「ほかの人々と同様な立場」「居宅においてのケア」という表現が浮かび上がってくる。このような表現が導かれる背景には、私たちの周り

に「同等でなく、ノーマルな生活条件を得られていない人々が多数いる」状況があるのであろう。もしそうであるなら、大変な状況下にいる人たちが多数いることの実態を知り、彼らのおかれている状況を変えていく必要がある。そして可能なら、そうした人たちが対等平等にノーマルな生活条件が得られるように、社会そのものをも変革していく必要があるのではないだろうか。

なお、これまで述べてきたことからもわかるように、「コミュニティ」という用語は簡単には日本語訳できない概念である。しかしながら、本書の流れに沿ってこの先あえて「地域」という用語に置き換え、本章を進めていくことにする。

日本におけるしょうがい者入所施設の実態

ノーマライゼーションという用語が日本の制度の中で初めて使われるようになったのは、1989年の知的障害者地域生活援助事業（グループホーム制度）においてである。その翌年（1990年）の福祉関係八法の目的に明記されるようになってから、日本の社会（福祉）政策を支える理念の一つとしてノーマライゼーション理念が使われるようになってきた。そして、1995年12月18日に障害者対策推進本部（総理府）から発表された「障害者プラン」では、「ノーマライゼーション7か年戦略」という副題までが付くようになったのである。やがて、地域において当事者主体の福祉サービスを推し進めるために、2001年4月には社会福祉法が制定され、2003年4月からは、自己決定と契約を基にした支援費制度も導入されるようになった。2004年10月には厚生労働省からしょうがい者福祉サービスの枠組みを大きく変えるグランドデザイン案が示され、2005年7月15日には衆議院本会議でサービスの一元化を目指した障害者自立支援法案が可決された。このように、日本のしょうがい者福祉をめぐる動きは大きな転換期を迎えようとしている。

しかし、日本のしょうがい者福祉をめぐるこのような動きはノーマライゼーション理念にかなった展開となっているのであろうか。

1998年9月某日に放映されたある日本のあるテレビ番組に、私たちの日常生活とは大きくかけ離れた入所施設（日本の平均的な施設だと言われている）利用者の空虚な生活実態が描き出されていた。

「この施設には、現在、男女あわせて150人が暮らしています。朝6時半、施設の生活がはじまります。目をさました利用者たちは、廊下にならんで職員の回ってくるのを待ちます。職員は、利用者がそろっているかどうかを確かめ、寝ている人を起こします。……朝食の後、8時45分から朝礼です。注意事項などが伝えられます。施設の利用者は、決められた日課によって生活を送っています。起床は6時半。就寝は9時。150人という集団での生活を送るためにスケジュールは細かく決められています。……[6]」

テレビ放映の2カ月ほど前、全日本手をつなぐ育成会の機関誌に、この施設の実態が次のように記してあった。

「（食事の風景）私が経験した入所施設では、利用者が話をすると職員が怒り、職員の言うことを聞かないと食堂から追い出すというものだった。……まだ利用者が食事をしていても掃除をするというものだった。……（お風呂）昼の一時すぎから『入浴指導』という形で利用者をどんどん狭い風呂に入れていく。指導というのに、職員が利用者の体を洗うだけであり、少しずつでも自分ですることで入浴が可能な人がいても、職員が『この人には無理だ』というかってな決めつけにより体を洗うものであった。……同じ人間が入浴をしているというものではなく、まるで動物を入浴させているかのようなものであった。……（職員と利用者との関係）職員がたばこを吸うとき、利用者に灰皿を持たせ、そこに灰を落とすというようなことも目にした。……利用

者がたばこを吸うとき、職員は灰皿を持っているのか？ ……朝礼では、みんな職員の方にいすを向けて、まるで軍隊のようである……その朝礼の場では、職員が『職員に迷惑をかけないようにしましょう』と言う始末である。[7]」

　このような実態の入所施設はごく一部の例外かもしれない。しかし、「夜、尿をもらしたとき朝まで裸にされて、放置された。理由がないのに御前なんか死んじまえと言われた。トイレで緊張したとき、緊張するなと足で体を蹴飛ばされた。居住者のいない部屋に入り、電話やテレビを勝手に使う。トイレを数多くする、と文句を言われる。……[8]」と枚挙に暇がないほど虐待や人権侵害の実態が出てくる。このような実態をみると、入所施設は連帯と平等、共生を育む地域とは異質でかつ特別な環境であることがよくわかる。私たちは入所施設の悪しき実態を直視し、変革に向けた具体的な動きを開始しなければならない。そして、誰もがお互いに人間としての尊厳を確認し合い、助け合い、地域であたり前の生活を送ることができるように努力を傾注しなければならない。このような時にこそ原点に立ち返り、「なぜノーマライゼーション理念が大切なのか」を真剣に考えていく必要がある。

日本における地域移行と地域生活支援の実態

　私たちは、この5年間、入所施設での生活と地域での暮らしについて、地域移行が進んでいる著名な施設で暮らしていた人たちを対象に面接調査を行ってきた。職員の意識調査も、全国調査も行ってきた。その結果[9]を通して、日本において、ノーマライゼーション理念具体化がどのようになされているのか、地域生活支援の実態はどうか、を見てみたいと思う。
　2000年度、2001年度に地域に移行した人たちは、入所施設利用者のわずか2.5％にしか相当していなかった。

地域移行者の移行先は、半数近くがグループホームだった。他の方々は、他の施設に移っていったり、親族の家だったりとまちまちだった。つまり、地域への移行先は、われわれの住むような地域ではなかった可能性が多数あったということである。こうした結果は、地域移行のあり方を根本的に改めていく必要性があるということを示している。

　バックアップ施設中心の地域移行にしかなっていないということもわかった。地域移行を促進するために国が制度化した自活訓練事業もあまり利用されていなかった。自活訓練の場は地域移行をスムーズに進めるための中間施設として用意したのにもかかわらず、中間施設を利用して地域に出て行った人たちが非常に少なかった。また、地域移行の際に、本人たちがその決定プロセスにほとんど関わっていないということもわかってきた。さまざまな人間関係や環境要因が自己決定を阻む要因として立ちはだかっていることもわかってきた。

　グループホームをバックアップしているのは、同じ法人の入所施設が圧倒的に多いという結果も出てきた。この結果は、せっかく地域で暮らすようになっても施設時代の職員と利用者の上下関係が温存されて地域で暮らしている可能性がある、ということを示唆していた。

　地域住民はグループホームの世話人として働いていることが多かったが、それ以外の関わりはほとんど見られなかった。せっかく地域に出て行っても、地域の人たちとの触れ合いがなかなかもてないという実態が見られたのである。このことは、私たち関係者の支援の仕方を地域との関係の中で考え直していく必要性があるということを示していた。

　地域移行先進施設での地域移行の進め方やその質はまちまちだった。地域移行が進んでいるからといって、必ずしも地域移行の質が良いとは限らないという結果も出てきた。入所施設での取り組みの質が地域生活支援の取り組みの質と連動していることも浮かび上がってきた。

　日中活動も余暇活動もいろいろな展開がなされていたが、総じて不十分

だったという結果が見られた。

　地域生活の拠点としてのグループホームが脚光を浴びているが、グループホームであってもさまざまな形で管理されている様子がわかってきた。自由度があまり高くないということである。1人の職員または世話人から支援を受けているため、一人ひとりのニーズになかなか応えられていない実態も浮かび上がってきた。人間関係も非常に複雑で難しいということもわかってきた。こうした結果の数々は、地域移行がなされた後の地域での暮らしがミニ施設化してしまっているということを意味している。彼らの地域生活を支えていくネットワークの拠点である生活支援センターが街中にあるわけだが、この生活支援センターを中心にしながらの地域生活であるにもかかわらず、元の施設職員との関係が非常に強いため、それがより一層地域の人たちとの交流を阻んでしまう要因になっているということも意味していた。

　しかし地域移行先進施設では、数多くの問題や課題を抱えながらもいずれ入所部門を閉鎖・解体する方向で一致していた。その意味で日本全国の入所施設の存立や今後の地域移行の展開に大きな影響を与えていくであろうことが推測できた。

おわりに

　今後ともノーマライゼーション、そして、地域（コミュニティ）という二つのキーワードを念頭に置きながら、地域移行の問題や地域生活支援の問題を考え続けていく必要がある。その際の基本的スタイルは、本人たちが願っていることへの支援ということである。それは、本人たちが地域の中で住みたい、共に楽しい生活を送り、多くの価値を見出していきたいという切実な思いや願いをもっているからである。私たちは、こうした彼らの思いや願いを受け止め、彼らに寄り添いながら何ができるかを考えて研究や実践を進め

ていきたいと思っている。

　しかしさまざまな外的要因が、彼らの思いや願いを阻んでいるのが実態である。そのため、環境的な側面、組織的な側面、個人的な側面へのチャレンジを行っていく必要がある。言葉では簡単にノーマライゼーションと地域（コミュニティ）と言えるわけだが、ノーマライゼーション理念具体化への取り組みは、私たちがもっている潜在的な偏見や差別意識ともからんでいるため、時間がかかる息の長い取り組みとなることであろう。

注
1) N.E. バンク−ミケルセン（中園康夫訳）「ノーマリゼーションの原理」（Normalization. FLASH on the Danish National Service for the Mentally Retarded II, No.39, 1976）『四国学院大学論集』No.42、1978 年、146 頁。
2) 同上、153 頁。
3) 同上
4) 同上
5) 京極高宣『社会福祉学小辞典』ミネルヴァ書房、2000 年、54 頁。
6) 1998 年 9 月 24 日　NHK 教育テレビ「くらしやすい施設をめざして」（19：20 − 19：50）
7) 嘉悦登「あなたはここで暮らせますか？」『手をつなぐ』No.509。全日本手をつなぐ育成会、1998 年、12 〜 13 頁。
8) 1992 年秋に副島洋明弁護士によって作成された資料より。
9) 次の二つの報告書を引用・要約した。また、本書第 4 章 246 〜 255 頁も参照されたい。
厚生労働科学研究費補助金『障害者本人支援の在り方と地域生活支援システムに関する研究』（主任研究者：河東田博）2003 年度総括研究報告書、2004 年。
厚生労働科学研究費補助金『障害者本人支援の在り方と地域生活支援システムに関する研究』（主任研究者：河東田博）2004 年度総括研究報告書、2005 年。

（本章は、河東田博「ノーマライゼーションとコミュニティ」『平和・コミュニティ研究』創刊号、立教大学平和・コミュニティ研究機構、2000 年、177 〜 184 頁に加筆修正した。）

第 2 章

新しい価値創造への挑戦

――しょうがい当事者による組織運営、政策立案への
参加・参画を考える――

河東田 博

はじめに

　ここ数年、筆者は、本書「まえがき」で取り上げたグルンデン協会やLFBの活動に関心をもち、組織運営に当事者がどの程度参加・参画できているのかを調べるために、彼らの活動に参加をし、参与観察してきた。数年にわたる参与観察を通して、しょうがい当事者が中心となって組織運営をし、政策立案に参加・参画をすることが可能なのだという確信を得ることができた。

　そこで、本章では、まず筆者が長年関わりをもってきているグルンデン協会に焦点をあて、グルンデン協会における数年にわたる参与観察の結果を通して得ることのできた知見の整理を行いたい。次に、政策立案への参加・参画に関して筆者が関わってきた日本でのささやかな取り組みの整理を行う予定である。

組織運営・政策立案における当事者参加・参画の基本的要件

　組織運営に関することであれ政策立案に関することであれ、当事者の参加を得、彼らと共に検討し、彼らが納得のいく形でものごとを決定することは当然のことであり、本章ではこのことを「当事者参加・参画」と呼ぶことにする。

　当事者参加・参画を具現化するためには、そのための社会的条件を整備しつつ、実際に組織運営や政策決定プロセスの中で当事者参加・参画の機会を設けてみることである。

　当事者参加・参画を具現化するための社会的条件の整備には、情報提供といった目に見える物理的なものから、勇気・自信といった目に見えない心理的なものまでが含まれる。支援者には具体的な場面で求められる支援から伝

統的な福祉観からの脱却や価値観の変容といった人間性が問われる支援が求められる。当事者参加・参画の基本的要件となる物心両面の社会的条件とはどのようなものなのかをイメージしやすくするために、以下に示す1998年に日本全国の本人活動の支援にあたった支援者たちがまとめた「知的な障害のある人たちの「本人活動」と「支援」についての提言」[1]を活用しながら論を進めていきたい。

「本人活動」とはなにか

形態：「本人活動」は、本人による、本人のための、グループ活動、である。
活動の場：「本人活動」は、施設などの限定された場ではなく、地域社会の中で、行われるものである。
「本人活動」の意味：一人ひとりの本人が、
　　　　　・自分に自信をもつ。
　　　　　・仲間たちを理解し、ともに支え合う。
　　　　　・自分たちと社会の関係を見つめ、話し合う。
　　　　　・自分たちの権利や自立のために、社会に働きかける。
組織：知的なしょうがいのある人たちが、構成員である。本人以外の人がかかわるときは、支援者としてかかわる。
決定権：自分たちの活動については、本人たちが話し合って決める。

「本人活動支援（者）」について

①支援者についての原則
　　　　　・支援者は、本人によって選ばれる。
　　　　　・支援者の役割は、本人によって決められる。
　　　　　・支援者は、決定権をもたない。
　　　　　・支援者は、支援によって知り得た情報を漏らしてはならない。
②支援者の具体的な役割

・本人たちが物事を決めていくための支援（会議進行への支援）
・本人たちが活動しやすくするための支援（その他本人が求める支援）

　この提言には、当事者参加・参画の基本的要件がすべて盛り込まれている。この基本的要件に照らし合わせてみることにより、しょうがい当事者による組織運営・政策立案における当事者参加・参画実現への糸口を見出すことができるかもしれない。そこで以下、組織運営における当事者参加・参画の実態と課題をグルンデン協会で検証し、政策立案における当事者参加・参画の実態と課題を東京都国立市第三次地域保健福祉計画策定委員会において検証する。

組織運営における当事者参加・参画の実態と課題
―― スウェーデン・グルンデン協会における
当事者参加・参画を拠り所に ――

　筆者は、2001年5月2日、2000年7月に親の会から独立、独自財源をもつ当事者主体の組織を立ち上げ、支援スタッフを雇用しながら各種事業を展開し始めたスウェーデン・イェテボリ市・グルンデン協会における当事者参加・参画の実態と課題を明らかにすることを目的として、現地に赴いた。

　筆者は、2001年9月27日まで約5カ月間グルンデン協会に寄宿し、種々の活動に参加した。筆者は理事会の会議や理事をエンパワメントするための種々の活動に参加し、協会が会員のために日常的に行っている様々な活動にも常時観察者として参加した。気づいた点を文書にしたため、理事会にも報告させていただいた。参与観察を通して得られた知見や当事者理事・会員、

職員との面接・懇談の中から得られた情報を基に、上述した「本人活動と支援についての提言」に示されている内容に照らし合わせ、グルンデン協会における当事者参加・参画と支援のあり方に関する分析を行った。

当時行った実態調査の結果は、以下のとおりであった。グルンデン協会は500人余の会員をもつ福祉事業体である。三つの事業体（デイセンター2、余暇活動部門1）をもち、支援スタッフ15人を抱えていた。運営責任は会長を含む11人の理事（2年任期、11人の当事者理事）が負っている。グルンデン協会が今日のような独立した組織体と当事者主体の理事会を立ち上げるまでに15年の月日を要した。また、組織独立の要求が親の会の理事会に提出され、承認されるまでにも2年を要していた。オランダやフィンランド、デンマークでは親の会から独立した全国当事者自治組織が既に出来上がっているが、スウェーデンでは初めての独立した当事者自治組織の誕生となった。

長期にわたる参与観察などを通して、次のようなことが明らかとなった。
①理事会による当事者管理（決定）は不十分で、時として支援者が誘導する場面が見られていた。
②伝統的な利用者対職員の上下関係を解消・改善するための努力が随所に見られてはいたものの、従来の関係を脱するまでには至っていなかった。

このように、組織独立後1年余経過した時点での評価は、大変厳しいものとならざるを得なかった。自分たちの手で協会を運営したいという当事者の強い思いがこれまでとは異なる新たな組織形態を生み出したものの、支援スタッフから様々な支援を受けて活動の場に参加する当事者が組織の運営責任を担うという組織的矛盾構造が、すぐには解決困難な多くの問題をもたらしていたからである。

筆者は2001年以降も毎年グルンデン協会を訪問し、グルンデン協会におけるその後の組織運営への当事者参加・参画の経緯を観察することになった。2002年に訪問をしたときは、組織改革のための特別プロジェクトを立

ち上げ、当事者のエンパワメントを図るための検討に入っていることを知った。特別プロジェクト組織改変の目玉の一つに「総合施設長職を当事者がどのように担っていくべきか」という課題も含まれていた。結論を出すまでに3年という長い年月を要したが、実践・討論などを通しての試行錯誤の結果、2005年1月に今日のような新しい組織体制が生まれることになった。総合施設長が担っていた職務内容を分割し、複数の知的しょうがい当事者に担ってもらうことになったからである。これまでの取り組みの経過と、自ら職を辞し当事者参加・参画を支援するに至った経緯を、総合施設長をしていたアンデシュさんは、筆者の質問に対して次のように答えていた。(詳しくは巻末資料のインタビュー記事参照。)

「グルンデンは本人たちの組織、団体であるというのがまず根底にあります。2000年に親の会から独立し、当事者団体として活動を始めました。けれどもその翌年から、理事会には当事者がいるけれども、もっとも権限のある地位に人を雇っている、例えば私みたいなですね、ということに気付きました。最初に気付いたのは、理事のアンナとデービッドでした。そして3年前に構造を変えようという決定がなされました。変えると決めてから3年間という長い時間がかかってしまったのは、まず第一に、メンバーを有給で雇おうと考えたからです。そのために私たちは多くの時間とエネルギーをかけて、資金提供してくれる団体・財源を探しました。結局その財源を得ることができなかったので、最終的に、メンバーは年金と手当てで生活はできる、有給でなくとも、今は構造を変えることのほうが大事だという結論になりました。第二に、他の当事者団体が実際どういったことをやっているか、研究、調査を行いました。しかし、いい例がありませんでした。そこで、当事者代表に権限が集中しない私たちなりの組織づくりを行うことにしました。長い時間がかかってしまいましたが、新しい組織の運営が2005年1月から始まっています」[2]

現在、グルンデンでは、11人の当事者が理事を務める理事会（最高決定機関）の下に、所長（兼事務局長）と4つの事務局ポストがあり、いままでアンデシュさんが担ってきた執行機能を5人の当事者が担っている。この機能を、アンデシュさんともう2人の支援者がサポートする体制に変えた。筆者が2005年9月にグルンデンを訪れたとき、組織の構造が変わっただけでなく、責任ある地位についた当事者たちが自信を持って仕事をしていることを確認できた。先述した「本人活動と支援についての提言」どおり、または、限りなくこの提言に近い組織運営がなされるようになっていたのである。このことを知ったときの筆者の驚きと喜びは筆舌に尽くしがたい。しかし、アンデシュさんには、執行機能の権限を当事者に譲り渡し、本当の意味での当事者主体の組織に変えていくという決断にジレンマはなかったのだろうか。

　「本人の組織だと言っているのに、責任ある部署に本人がいないということは変だと思いましたので、私自身もやはり職を退くべきだと思いました。そのことに葛藤はありませんでした、というより安心したというのが実感です。こうすることによって当事者のリーダーシップを全体的に高めることができるようになると思ったからです。私が辞めることによって、多くの人がもっと興味深い責任ある仕事につくことができるようになりました。彼らに任せることに関しては、何も心配していませんでした。もっともそのためにプロのコンサルタントを雇ってリーダーシップ・トレーニングを時間とお金をかけて行いました。私が以前いたオフィスには2人の当事者が仕事をしています。私には小さい机と小さなパソコンがあるだけです。私自身の仕事の仕方は、昔も今もあまり変わっておりませんが、私以外の人たちが何かあったときに、私ではなく新しい事務局メンバーに最初に聞くようになったことです。それが一番大きな変化です。それと書類にサインするときに、私がサインをしなくなったことですね」[3]

「一方では、私は給料を払われている身で、支援者としてグルンデンに雇用されています。そういう意味では、以前よりも今のほうが、組織に対して、メンバーに対して、周りの人々に対して責任を感じています。今この状態で私が何か悪いことをすれば、それがすべて組織に影響してしまうという立場にいるわけです。でもそれに関しては、私自身プレッシャーとは思っていません。むしろ誇らしく思っています」[4]

　グルンデン協会における組織変革の取り組みは、「当事者主体とは何か」という当事者の問いかけに支援者が応え、主客を転倒させるところから始まった。結果として、上述した「本人活動と支援についての提言」に沿った展開を組織全体で実践していたのである。
　ノーマライゼーションの実現のためにスウェーデンは法制度をはじめとした様々な分野で、社会の意識を変えるために次々と実験的、先進的な取り組みを進めてきた。そうしたスウェーデンのなかでも、グルンデン協会のように知的しょうがいをもつ当事者たちが組織の決定・運営実務を実際的に担い、支援者・スタッフを雇い、メディア活動（新聞・雑誌、ラジオプログラム、ウェブサイト制作）や映画制作、喫茶店運営、余暇活動、権利擁護活動や国際的なネットワークづくりなどの多様な活動をしている団体はない。日本でも、知的しょうがい当事者の活動が活発化し、彼らが中心となって運営する全国組織も結成され始めている。厚生労働省との交渉や要求活動を繰り広げたり、施設等での虐待問題にも取り組んできている。しかし、組織的・経済的・人的基盤が弱く、また当事者決定と支援のあり方などでも課題は多い。

政策立案への当事者参加・参画の実態と課題
——東京都国立市第三次地域保健福祉計画策定委員会 しょうがいしゃ部会での取り組みを拠り所に——

　グルンデン協会のように、それなりの立場にいる人がしょうがい当事者の思いや願いに耳を傾け、共に語り合い、一定の方針を持ち、エンパワメント獲得に向けた取り組みが展開されることにより、組織内における当事者参加・参画は可能だということがわかった。では、政策立案への当事者参加・参画はどうであろうか。ここでは、筆者が関わりをもってきた東京都国立市第三次地域保健福祉計画策定委員会、とりわけしょうがいしゃ部会での取り組みを拠り所に、政策立案への当事者参加・参画の実態と課題を見てみたい。

国立市第三次地域保健福祉計画策定委員会とは

　国立市第三次地域保健福祉計画策定委員会とは、2006年度から2010年度までの国立市第三次地域保健福祉計画を立てるために設置された委員会である。2004年11月に立ち上げられ、2006年1月までに市長に答申することになっていた。一般公募委員を含む10人が策定委員に任命された。その内の3人が、身体しょうがい当事者委員（A委員）、知的しょうがい当事者委員（B委員）、精神しょうがい当事者委員（C委員）であった。地域保健福祉計画策定委員会を三つに分け、高齢者部会で高齢者保健福祉計画（案）を、しょうがいしゃ部会でしょうがいしゃ保健福祉計画（案）を、地域福祉部会で地域保健福祉計画（案）を作ることになった。3人のしょうがい当事者委員は、しょうがいしゃ保健福祉計画（案）を検討する部会に所属した（知的しょうがい当事者委員を除く2人は地域福祉部会にも参加した）。しょうがいしゃ部会には5人の委員が参加しており、半数以上がしょうがい当事者だったことになる。筆者は地域保健福祉計画策定委員会副委員長、しょうが

いしゃ部会長、地域福祉部会長も務めることになった。地域保健福祉計画策定委員会（全体会）は延べ5回、高齢者部会は12回、しょうがいしゃ部会は15回（別途3回の市民交流集会を設定した）、地域福祉部会は3回開催され、計35回の委員会・部会がもたれた。ここでは、3領域のしょうがい当事者が常時参加・参画していたしょうがいしゃ部会における当事者参加・参画のようすを中心に記す。

策定委員会及びしょうがいしゃ部会におけるしょうがい当事者委員（とりわけ、知的しょうがい当事者のB委員について）が参加・参画しやすくするための取り組み

①すべての委員会・部会に、B委員を精神的にサポートするための陪席者を配置した（Sさん、Iさん）。部会途中、C委員の都合により、部会の了承を得、委員代行を置いた（Dさん、精神しょうがい当事者）。Dさんは、C委員の復帰後も、C委員をサポートする陪席者として部会席についた。第2回しょうがいしゃ部会でこのような対応措置と同時に以下のような要望を策定委員会に出すことを決め、策定委員会で要望に沿った具体的な措置をお願いした。

- こんご、「しょうがい者」という　かきかた　をやめ、「しょうがいしゃ」としてください。
- しりょうやはくばんの　じを、もっとわかりやすくかき、いま、なにをはなしているのか、がわかるようにしてください。
- ききとりにくいため、はつげんするとき、おおきなこえをだすか、マイクロフォンをとおして　はっきりいってください。
- いちぶのいいんを「せんせい」とよんでいるひとがいますが、みんなおなじいいんとして、おたがいに　「さん」づけで　よぶようにしてください。
- しょうがいしゃぶかいとしては、わかりやすいことばで、インパクトのある、しみんに　えいきょう　を　あたえていくことのできるようなものを、

ほうこくしょとして　まとめていきたい　とおもっています。ごきょうりょく　ください。

　また、B委員からは、次のような提案も出された。
・休けいを、入れて、ほしい。
・白板をかく人と、事前に知り合いになり、コミュニケーションをとりたい。
・白板のないようは、はつげんを、わかりやすく、かいてほしい。
・資料のせつめいばかりでなく、もっと話し合いたい。
・各会ごとに、「この日は、何について話す日」という、説明をしてほしい。

　要望は了承され、事務局の協力を得て、可能な限りB委員の支援体制を整えていくようにした。なお、上述の「はくばん」「白板」とは、各委員の発言内容が他の委員、陪席者、傍聴者（毎回20～30名傍聴）にも理解できるよう要約筆記用（わかりやすい言葉で表記）として使用したものである。

②しょうがいしゃ保健福祉計画（案）を検討する上で必要と思われる各種要望も、しょうがいしゃ部会を通して出させていただいた。市長宛に提出された要望書は次のとおりである。
・第2回部会　「市職員の対応の問題点について」（要望）
・第5回部会　「支援費制度の一部改正に伴う資料の送付について」（要望）
・第6回部会　「策定委員会を円滑にすすめていくための要望書」
・第7回部会　「しょうがい者自立支援法案について慎重審議を求める要望書」

③3回の市民交流集会を設定するにあたり、部会長を中心に各委員が市内の各しょうがい者団体・機関を訪問、国立市内のしょうがい者福祉の実態を把握するように努めてきた。その際、要望も伺い、話し合いも行った。

④計画案作成に至るまで、市内の各しょうがい者団体・機関にしょうがいしゃ部会の議論と並行して論議を積み重ねていただき、しょうがいしゃ部会に各委員を通して意見を反映していただいた。
⑤しょうがいしゃ部会としての計画（案）が固まった段階で、福祉部内での検討をお願いし、福祉部見解を出していただいた。
⑥福祉部見解と照らし合わせながらしょうがいしゃ部会で真摯な意見交換を行った。シビアな議論が交わされたこともあったが、率直な意見交換を通して、両者の立場を理解することができた。
⑦部会まとめ（案）の作成及び福祉部見解との意見交換を行う際、傍聴者・陪席者からの意見が反映できるような機会を設けた。
⑧真摯な両者の意見交換の結果として「しょうがいしゃ部会最終案」を決定した。

国立市第三次地域保健福祉計画（案）の特徴

　全国的にも珍しい3しょうがい当事者の委員が参加・参画して作られた国立市第三次地域保健福祉計画（案）は、2006年1月31日に出来上がり、市長に答申を行った。この計画（案）は様々な特徴をもっているため、以下簡単に概要を記す。（本書校正の8月までに7カ月近くが経過しており、一部実行できていないものがあるかもしれない。）
・タイトルを「だれもがあたりまえに暮らせるまちづくりをめざして」とした。
・市民交流集会開催時に披露された発題者の詩「この　まち　が　すき」を市民共通のイメージとして採用し、国立市第三次地域保健福祉計画（案）の表紙として使うことにした。
・計画書で使われている漢字には、すべてルビをふることにした。
・国立市第三次地域保健福祉計画（案）の要約版を作ることにした。現在知的しょうがい当事者を中心とした「わかりやすい計画づくりプロジェクト」が立ち上げられており、2006年10月中旬までに案文を完成、11月末

に発行されるように作業が進められている。
- 延べ35回にわたる策定委員会（各部会での論議も含む）での会議と3回の市民集会、三つのワーキンググループにおける度重なる討論の結果を報告書としてまとめあげたもので、策定委員会委員や市民の努力の結晶とも言える手作りの計画（案）である。策定委員の意見交換を事務局がまとめあげるという従来のスタイルをとらずに、各部会でまとめあげたものを事務局と詰め合うという方式にしたことも特徴の一つと言える。
- 向こう5年間の計画作りで終わりとするのではなく、向こう5年間の計画の進捗状況を把握し、点検・推進させるためのフォローアップの機関（地域保健福祉施策推進協議会、地域保健福祉団体等連絡協議会、ワーキンググループ、庁内連絡会議）を新たに立ち上げることにした。
- 計画内容作りに先立ち、各種概念〔「ノーマライゼーション」「インクルージョン」「共生原理」（ともに生きる）「自己決定」「生活の質の向上」など〕を計画の基本理念とした。
- 障害者自立支援法など新法の成立により起こるマイナス面を補うために、「市独自の介助制度の創設」を提言。ワーキンググループを設置し、並行して論議を進め、中間報告を出していただいた。中間報告結果も市長に答申した。2006年10月までに内容の詰めを行い、内容の具体化を図ることになった。同様に「災害弱者対策について」もワーキンググループを設置し、策定委員会での審議と並行して論議を進めてきた。
- 策定委員会、部会での話し合いと並行して当事者団体に協力を仰ぎ、計画内容の素案づくりをお願いした。実態調査やコンサルタントは使わなかった。その結果、「だれもが安心して暮らせるまちづくりの推進」「脱施設化・脱病院（退院）の促進」「入所施設措置者の地域移行の促進」「精神しょうがいしゃ在宅サービスの推進」「障害者地域自立生活支援センター事業の充実」（ピアカウンセラー、ピア相談員の養成等を含む）などしょうがい当事者が具体的に求めていた内容が相当程度認められ、これまでに

ない中味の濃い内容とすることができた。

　以上見てきたように、国立市第三次地域保健福祉計画策定委員会、とりわけしょうがいしゃ部会における当事者参加・参画は、とてもユニークで、各委員の努力による地道な取り組みが展開されていた。しかし、今後この取り組みを全国的に展開させていくためには多くの困難な課題を内包しているように思われた。筆者が反省を込めて策定委員会に提出した文章を以下紹介する。
①全国的にも例のない「3しょうがい当事者委員参画による策定委員会」は、うまく機能したでしょうか。策定委員会およびしょうがいしゃ部会に参加をしていた当事者委員から切実な要望が出されていました。しかし私たちは、当事者委員からの要望に十分に応えることなく委員会や部会を進めてしまい、今後に課題を残してしまったのではないでしょうか。とりわけ、知的しょうがい委員の参加の仕方については、参加・参画のあり方、予算措置などについてあらかじめ検討・研究がなされている必要があったのではないでしょうか。2006年度以降設置される予定の「地域保健福祉施策推進協議会」や「地域保健福祉団体等連絡協議会」「各種ワーキンググループ」、さらには「わかりやすい情報提供プロジェクト」の中で、課題の整理を行い、課題解決に向けての十分な検討と実践を行っていく必要があります。
②策定委員会委員・ワーキンググループ委員の経験や理解は限られています。各委員の経験や理解等からはずれてしまう方々（例えば、言語的コミュニケーションが困難で寝たきり状態の方々）の実態を把握し、この方々のことを念頭に入れた検討・関係者からの意見聴取・計画策定ができていなかったように思います。しかし、策定委員個々人の努力には限界がありますので、限界を少しでも乗り越えていくことができるようなよい方法を今後検討し、見出していく必要があります。

③各部会の進め方、意見聴取の仕方に齟齬がみられ、計画策定全体に影響を及ぼしたように思います。委員長・副委員長間の事前協議や事務局との事前調整に問題があったからかもしれません。地域保健福祉計画とは何か、計画策定のために何をどのようにしなければならないのかを事前に十分に検討し、整理しておく必要があったのではないでしょうか。

④各章（各領域）の各事業を推進するにあたって、数多くのワーキンググループを設置していただくことになりました。限られた時間の中で検討せざるを得なかったこと、部会と福祉部との間に見解の相違が見られ、すぐには解決できずに課題が積み残されてしまったことなどによります。しかし、滞らせておくことのできない重要な課題が山積しておりますので、可能な限り早期に「地域保健福祉施策推進協議会」や「地域保健福祉団体等連絡協議会」「各種ワーキンググループ」「庁内調整会議」を立ち上げ、課題解決に向けての努力を行っていただきたいと思います。

以上のことから分かるように、政策立案への当事者参加・参画は殊の外難しい。上述した「本人活動と支援についての提言」と照らし合わせてみると、当事者参加・参画は十分になされていなかったことが判明した。筆者や事務局によるささやかな支援とその努力も長続きはせず、策定委員会や部会における配慮もガス欠状態になってしまった。救いは、毎回20人を超えるしょうがい者団体関係者が傍聴に来て下さり、審議の行方を見守ってくれたこと、めげないように背中を押してくれたことであろう。知的しょうがい当事者としてこのような場に初めて参加をしたB委員のめざましい成長があったことも特記しておく必要がある。国立市でようやく始められた政策立案への当事者参加・参画に向けた試行錯誤は、このような取り組みを行うことの大切さ、取り組みを行う中で周囲の人たちが確実に多くのものを学び取っているということを教えてくれていた。

おわりに

　これからの社会福祉には当事者参加と自己決定は欠かせない。日本の福祉界でも、ここ数年、自己決定や当事者参加・参画という言葉がよく聞かれるようになってきた。しょうがい者関係諸団体がさまざまな試みを行い、厚生労働省の諮問委員会などでも当事者発言の場を数多く設けるようになってきたからであろう。しかし、どの場でも当事者発言をどの程度重く受けとめているのか、彼らの発言を日常の生活や活動にどのように、どのくらい反映しようとしているのかがなかなか見えてこない。

　入所施設で暮らしている人たちの場合、事態はもっと複雑である。極端に少ない情報しか得られず、選択権や自己決定権が制限された環境の中で生活しているからである。このような状況の中でこそ、これらを改善するために当事者参加・参画が必要なのだが、逆にこのような状況が故に当事者参加・参画を遅らせている。そこで、まず、

①発言の機会をもっと増やしていくことが必要

- あらゆる会議（専門会議も含む）に、当事者が参加して発言ができるようにすべきである。中でも、障害者基本法に明記された中央・地方の心身障害者施策推進協議会の構成メンバーに知的なしょうがいをもつ人々が加われるように援助体制を整え、その実現を図ることが急務である。会議の資料は2通り用意し、当事者が会議前に目を通せるようにすべきである。
- 生活の場での発言を増やす：年に1回程度の大会やセミナーで発言することは、そう難しいことではない。難しいのは、生活の場での発言である。家族やグループホームの職員や施設の職員に自分の考えを言うことのほうが難しい。身近な援助者に自分の生活についての考えを言えるようになることが大切である。
- 発言の機会がない人に発言の機会を：入所施設で暮らしている人、自宅暮

らしで友達のいない人、しょうがいの重い人にいかに発言の機会を与えるかが課題である。
・発言を手伝う方法を開拓する：読めない、書けない人の発言を助けるためには、質問を引き出す、聞き書きをするなどの方法を開拓すべきである。
②企画の最初の段階から当事者参加を
・時間をかけてゆっくりと企画を進めていけば、当事者が企画の段階から参加することができる。企画当初から参加をし、会議のやり方、組織のつくり方などを経験していくことが大切である。
③討論の経験をもっと多く
・個人の意見発表の機会はつくられるようになったが、同じようなしょうがいをもつ人同士で自分たちの問題を十分討論する機会はあまりない。仲間同士の討論によって、自分たちのおかれている状況についての客観的な見方ができるようになり、要望もはっきりしてくる。政策立案への参画を計っていくには、身近な自分たちの要望をもつことが大切であろう。討論の場をたくさん用意し、討論の経験を増やしていくことが必要である。
④当事者組織の拡大と当事者自治組織の確立を
・レクリエーションを目的にする会はたくさんあるが、自分たちの問題を考えようという会はまだ少ない。自分たちの生活やおかれている立場を考え、話し合う会がもっと必要である。その会が集まってもっと大きな組織をつくり、全国的な活動をすることが将来必要となる。当事者組織は、できれば、組織内につくられるのではなく、当事者の手によってつくられる当事者自治組織であることが望ましい。

　組織運営や政策立案への当事者参加・参画を促進していくためには、当事者・関係者相互の関わり合いと環境改善に向けた絶え間ない努力や条件の設定が必要になる。当事者組織に関わる「支援者」を養成することも、日常的な人的援助の輪をつくることも、学習の機会を増やすことも、数多くの情報

をわかりやすく提供することも、当事者自身の選択の幅を広げ、自己決定に至る判断能力を高めていくことも必要となる。関係者及び関係諸団体の意識を変革し、組織運営や政策立案への当事者参加・参画に向けた組織内改革と実践を展開することも必要となる。

注
1) 本人活動支援小委員会編「知的な障害のある人たちの「本人活動」と「支援」についての提言」『本人活動支援'99』（地域生活ハンドブック4）全日本手をつなぐ育成会、1999年。
2) アンデシュ・ベリィストローム「インタビュー：新しい価値創造への挑戦——自ら退き、当事者組織を支える」（聞き手：河東田博）『季刊福祉労働』109号、2005年。9〜10頁。
3) 同上、10頁。
4) 同上、10〜11頁。

（本章は、河東田博「新しい価値創造への挑戦——しょうがい当事者による組織運営、政策立案への参加・参画を考える」『立教社会福祉研究』第25号、3〜11頁、立教大学社会福祉研究所、2006年、に加筆修正をした。）

第 3 章

オーストラリア・スウェーデン・オランダの しょうがい者福祉の実態と課題
―― 2006年度立教大学の改革と挑戦・連続シンポジウムからの メッセージ ――

はじめに

　2006 年立教大学の改革と挑戦連続シンポジウム・コミュニティ福祉学部コミュニティ政策学科開設記念企画公開シンポジウムは、2005 年 11 月 3 日（木・祝）15：30 ～ 18：00、立教大学 8 号館 8101 教室で 100 人余の参加者を集めて行われた。テーマは、「福祉先進国におけるしょうがいしゃ福祉：その実態と課題」であった。（シンポジウムのタイトルは「しょうがいしゃ福祉」であったが、本書編集の都合上、以下「しょうがい者福祉」と表記する。）このようなテーマを設定し、海外から 4 名（しょうがい当事者の支援者 1 名を含む）の方々を招へいしてシンポジウムを企画しようとしたのは、次のような意図と趣旨からであった。

　「2004 年 10 月には厚生労働省からしょうがい者福祉サービスの枠組みを大きく変えるグランドデザイン案が示され、2005 年 10 月 31 日には衆議院本会議でグランドデザイン案具体化の一つとも言える障害者自立支援法案が可決された。このように、わが国のしょうがい者福祉をめぐる動きは大きな転換期を迎えようとしている。しかし、わが国のしょうがい者福祉をめぐるこのような動きは果たして望ましい方向に向かって進んでいるのであろうかと気になるところである。そこで、しょうがい者福祉の専門家をオーストラリア、オランダ、スウェーデンから招へいし、福祉先進国のしょうがい者福祉の動向を把握し、わが国のしょうがい者福祉をめぐる動きと比較をしたいと考えた。本シンポジウムでは福祉先進国のしょうがい者福祉の実態と課題から多くのことを学び、この転換期をどう受け止め、どう将来を展望していったらよいのかを考えたい。そして、わが国の今後のしょうがい者福祉のあるべき姿を模索したい。」

海外からシンポジストとして招へいしたのは、レスリー・アイリーン・チェノウエスさん（オーストラリア：クイーンズランド大学上級講師）、アンデシュ・ベリィストロームさん（スウェーデン：イェテボリ・グルンデン協会コーチ、前総合施設長）、ウイリアム・ヴェステヴェルさん（オランダ：全国当事者自治組織オンダリングシュタルク連盟 LFB 代表。支援者として LFB コーチ、ロール・コックさんが同席）であった。

　3 名（4 名）の方々は、それぞれに特徴ある活動・研究歴と取り組みへのスタンスをもっている。それらを知っていただいてから本章（シンポジウムの内容）に目を通していただきたい。

　チェノウエスさんは、1970 年オーストラリア・クイーンズランド大学ソーシャルワーク学科を卒業後、しょうがい者分野でソーシャルワーカーとして活躍。博士号取得後の 1998 年 6 月よりオーストラリア・クイーンズランド大学で上級講師として教育・研究に従事し、今日に至っている。彼女は、現在、しょうがい者の脱施設化・コミュニティケアやしょうがい児の家族に対する支援をはじめ、しょうがい者福祉の政策について研究している。また、州政府のしょうがい者福祉政策委員会のメンバーで、政策立案の面でも多大な貢献をしてきている。

　アンデシュ・ベリィストロームさんは、スウェーデン・イェテボリ市にあるグルンデン協会コーチである。彼は社会福祉法人ベタニア協会会員で、1995 年に解体された旧施設ベタニアの解体プロセスに副理事長として関わり、解体後の 1998 年まで同職についていた。また、長い間イェテボリ・グルンデン協会活動部門を統括する総合施設長として勤務し、グルンデン協会がイェテボリ知的しょうがい者親の会から独立する際大変苦労をされた。グルンデン協会独立後は、当事者中心の協会とするために尽力してきた。2005 年 4 月よりグルンデン協会は当事者自治組織として衣替えをしたため、総合施設長職から退き、新たに総合施設長となったしょうがい当事者を支えるコーチとなり今日に至っている。

ウイリアム・ヴェステヴェルさんは、知的しょうがい者本人で、LFB の代表である。話術に長けており、一見しょうがい者には見えないが、読み書きがうまくできない。そのため、仲間のしょうがい女性を秘書に雇い仕事をこなしている。国のしょうがい者政策専門委員としても大活躍している。国家政策専門委員会の前には、総務省の事務局員が事前説明をしにやってくる。会議の内容を事前に理解した上で委員会に出るようにするためである。しょうがい当事者のヨーロッパネットワークの代表も務めるなど、国内外で大活躍している（当初の企画ではロール・コックさんに話題提供をしていただく予定だったが、発表内容を熟知しているヴェステヴェルさんが急遽発言席に着くことになった。そのためコックさんには、ヴェステヴェルさんの支援者として発言席に着いていただくことになった）。

　上記のような活動・研究の背景をもつ 3 名（4 名）の方々が私たちに何を伝えようとしていたのかを本章（シンポジウム本文）から読み取ってほしいと思うが、シンポジウムでは各国が抱えているジレンマや課題について論じられていた。とりわけ、当日は午前から午後にかけて行われた立教大学地域移行研究センター・日本障害者リハビリテーション協会等主催の「入所施設の地域移行としょうがい者本人支援の在り方及び地域生活支援システムに関する国際フォーラム」（参加者 250 人、第 4 章参照）を受けて行われたため、「地域移行と地域生活支援システムの構築」とも連動するしょうがい者政策関連の内容が多く語られていた。したがって、本章を総論、次章を各論という位置づけでお読みいただければ幸いである。

（河東田 博）

シンポジウム「福祉先進国におけるしょうがい者福祉：その実態と課題」からのメッセージ

河東田　お待たせしました。これから2006年立教大学の改革と挑戦、連続シンポジウム「福祉先進国におけるしょうがい者福祉－その実態と課題」を開きたいと思います。

　日本では、1990年代に入ってからようやく「ノーマライゼーション」という言葉、そしてその言葉とともに具体的な政策が法制度の中に入ってまいりました。その後、社会福祉の基礎構造改革やグランドデザイン（案）などが示され、矢継ぎ早にさまざまな法案が国レベルで決定されてきております。10月31日には障害者自立支援法が制定されたところです。

　その法律の内容について細かくは申し上げませんが、これまでしょうがい別に行われてきたサービス提供をしょうがいの程度に応じてサービスの提供をしていこうというものです。たくさんの問題を抱えた新しい法律がまさに施行されようとしています。そうした日本の動きと照らし合わせながら、オーストラリアやスウェーデン、オランダの政策に関する話を聞いていただければ幸いです。

　さて、最初にお話をしていただくのは、オーストラリアから来られたレスリー・アイリーン・チェノウエスさんです。大学で教員をされておられますが、長い間ソーシャルワーカーとして働いてこられた方です。ご専門は政策です。この間、私どもと脱施設化と地域生活支援に関する共同研究を行ってまいりました。では、自己紹介なども含め、早速ですが、レスリーさんに30分ほどお話をしていただきたいと思います。よろしくお願いいたします。

オーストラリアにおけるしょうがい者政策の現状と課題
(レスリー・アイリーン・チュノウエス)

レスリー・アイリーン・チェノウエス氏（オーストラリア：クイーンズランド大学上級講師）

ご紹介ありがとうございます。今日はご招待いただきましてありがとうございます。そして立教大学にもお礼を申し上げたいと思います。お招きいただきましてありがとうございます。日本に来て嬉しく思っております。

私が今日お話しする内容ですが、社会政策と実践ということ、それからしょうがい者への影響はどうなっているかということをオーストラリアの文脈でお話し申し上げます。

今日話す内容でございますが、政策がどのように変わってきたかという歴史的な経緯、そして政策がしょうがい者に大きな影響を及ぼしてきたということ。それからどういったモデルを使ってきたかということ。さらに、私どもは連邦政府ですので州の政策がどうなっているか、州の守備範囲はどこなのか。それから国の政策、国の守備範囲はどうなのかということ。それから何が行われているのかというオーストラリアでの実践例。そして最後になりますが、問題点、ジレンマ、私どもが抱えております課題についてもお話を申し上げたいと思います。

1980年代に大きな変化がございました。政策も大きく変わりました。国際障害者年もありました。これは1981年でしたが、その当時オーストラリア政府が全国的に協議を始めました。すなわち、しょうがい者団体と協議をし、しょうがい者本人や家族、サービスプロバイダーの人たちにいろいろと質問をしたわけです。そして、その後の政策の枠組みがつくられまし

た。Handicapped Programs Review（ハンディキャップド・プログラムズ・レビュー）と呼んでおります。

　1986年に非常に重要な法律ができました。これは、Disability Service Act（障害者サービス法）と呼ばれるものです。原則、目標といったものが記され、次にしょうがい者のサービスをどのように提供していくのかが記述されています。目標の中には、コミュニティの中で生活をすることとか、あるいは個々の能力を発達させるような生活の仕方、それから自己決定といったことがうたわれております。そして、どの組織であってもサービスを提供する場合には5年間で変わり、この法にうたわれた政策目標に合わせなければいけないとしました。さもないと資金が変わらないと考えたからです。

　それからしょうがい者差別禁止法が1992年にでき、しょうがい者を差別することは法律違反となったわけです。

　このように1990年代初頭に変化が起きました。サービス提供の権限を州に委譲するようにもなりました。いろいろなサービス法ができ、それぞれの州で実施されるようになりました。このような法律は現在改定が進行中です。

　オーストラリアの政策を理解するために、まず連邦政府は非常に複雑であるということを申し上げておきたいと思います。中央政府はキャンベラにあり、こちらで政策の方向性を決めます。すべての資金をコントロールし、どういったところで税金を徴収するのかということを決めております。そしてその後、お金を地方に委ね、責任も地方に委ねています。州は、福祉、医療、教育、住宅といったしょうがい者に対するサービスを全部やっております。1980年代末から地方分権体制が整えられ、国で枠組みを決めて、州がお金をもらい、サービスを提供するという形になってきました。

　国のシステム、州のシステムがあるわけですが、それぞれについてもう少し話をしていきたいと思います。

　まず州の責任からお話しします。1992年以降、州政府からほとんどの人たちがいろいろな形でのサービスを受けることができるようになりました。

第3章　オーストラリア・スウェーデン・オランダのしょうがい者福祉の実態と課題

私はクイーンズランド州に住んでおりますが、オーストラリアで面積では第2位、人口では第3位の州です。このクイーンズランド州を例に引きます。それぞれの州が提供するサービスは、運営に関しては政府がやっております。地方自治体のやるサービスがあるほかに、それ以外の非政府組織（NGO）でもしょうがい者へのサービスを提供しております。どの州にも、地方自治体のサービスもあればNGOのサービスもあるということです。しかし資金としては、州政府からお金が出る形になっております。政府、地方自治体はサービスを提供する側でもあり、実際にこれを外注してサービスを買うということもやっています。

　公的なしょうがい者サービスですが、グループホームという形をよくとります。そしてほかのいろいろな活動はNGOに任せているというところがあります。中には、住宅に関するサポート、個人的なケアのサポート、家族に対する資金サポート、それから家族が在宅で見ている場合のレスパイトケアなどがあります。NGOはコミュニティへのアクセス、外出サービスといったものもやっております。資金はアドヴォカシーにも使われていますが、これは不十分だと思っております。それから情報サービスにも使われています。さまざまなタイプの情報サービスを用意し、いろいろな人たちに必要な情報を流したりするわけです。

　州政府による直接サービスは減ってきております。オーストラリアでは、すべての地方自治体、政府は直接サービスは自分たちではやりたくないということで外注する形態が多くなっております。それではどういった組織が政府の資金をもらってしょうがい者サービスを担っているかと言いますと、教会、慈善団体などです。多くのしょうがい者サービスがカトリック系の教会によって提供されております。中には、非常に大きな慈善団体もあります。特定のしょうがい者グループを対象につくり、今も活動しております。例えば大規模な脳性麻痺者や知的しょうがい者のためのNGOですが、基本的にキリスト教団体がベースになっています。地方自治体と同じくらいの規模を

もっているものもあります。

　ということで、実際に地方自治体がNGOに外注する形になっていますが、ただ、サービスの基準を設定するという役割は地方自治体が担っています。すなわち、地方自治体の資金をもらってサービスを提供する側においては、基準に合わせなければいけないということになります。

　このように、しょうがい者サービスで住宅、家族への支援、在宅支援といったものが非常に大きな柱になってきています。それ以外にほかの部門と関わるサービスもあります。これはすべての市民を対象としておりますが、特にしょうがい者に大きな影響をもつようなサービス、家族に大きな影響をもつサービスはそれ以外にもあります。

　こういったものについて全部はお話しできませんが、最も重要なものを三つ選びました。まず教育から取り上げていきましょう。初等・中等教育は州がやっております。教育はもちろん無料です。こういったシステムの中で専門家によるいろいろなしょうがい児向けのサービスがあります。子どもによっては養護学校へ行く子どももいますが、こういった子どもは少ないようです。特にサポートが必要な子どもだけが養護学校へ行きますが、ほとんどの子どもは一般の地域の学校へ行きます。学校の中にスペシャルユニットという特別なユニットがあって、そこでサポートを受けて授業を受けるという形になります。1日のうち何時間かはそういったところへ出て、それ以外の授業は普通教室にいるという子どもたちもおります。そして、子どもたちの中に一般のクラスに統合されている子どもたちもいます。

　これに関しては、オーストラリア全体でいろいろな議論が出ておりまして、インクルーシブ教育でいいのかどうかということです。人によっては資源が足りないのではないか、一般の学校に入れてもサポートできないではないかということを言う人もおります。それと同じように、多くの家族、親にとってみれば絶対に子どもはインクルーシブ教育でなければいけないと言う人もいます。もちろん流れとしてはインクルーシブ教育のほうに動いていますが、

まだまだ道は遠いという感じがいたします。

　それから二つめの分野、これは住宅関係です。ここでも我がクイーンズランド州の政府は国から資金が来ます。その中で一定の公共住宅をつくっています。この公共住宅ですが、通常、所得の低い人たちの賃貸料はそれほど高くありません。民間部門の住宅に比べると賃貸料が安いのです。それから住宅部門がもう一つ担っている責任は、しょうがい者がアクセスできる住宅をつくる義務を負っているということです。また住宅局のほうでは住宅の改修を行い、しょうがい者がアクセスできるようにしています。オーストラリアでは、持ち家志向が非常に強く、周りに庭が欲しいという傾向があります。アパートに住むようになってきたのはこの10年のことです。最近では万人向けのアパートの建設が求められるようになりました。しかし、これが標準になっているとは申しかねます。また、住宅局は待機者がものすごく多いというのが事実です。

　次は医療の関係です。これは民間、公共部門両方にまたがっています。ほとんどのしょうがいのある人はしょうがい年金を受けておりまして、プライマリー・ヘルスケアについては無料で治療を受けることができます。これは国からお金が出る場合もありますし、プライマリーケアは国民簡易保険制度をとっており、コミュニティの中で一般開業医に診てもらうことができます。これについては無料です。実際にはヘルスケアカードと呼ばれる医療保険さえ持っていれば無料ということになります。

　州の医療局はまた、車いすやその他の機器類を提供します。これも無料です。ただ選択肢が限られているという弱みがあります。3種類の車いすしかない、4番目の種類はだめ。それが欲しかったら余分にお金を払いなさいと言われるわけです。しかも機器、補助具といったものを使おうとすると、ずいぶん待たされることがあります。こういったようなことが州政府では起きております。

　次に、しょうがい者のために幾つもの重要な分野、所得保障、社会保障制

度に責任を負っているのが国です。国にセンターリングという非常に大きな省庁がありまして、ケアラー、すなわち介護者のための給付をしています。それからリハビリのサービスも一部やっています。しょうがい者はほとんどの場合、16歳になったらしょうがい年金を受けられます。家族と一緒に住んでいてもしょうがい年金を受けることができます。これによって基本的な所得が得られます。あまり大した額ではありませんが、その年金によってヘルスケアでも輸送・交通・電力料金・税金についても減免が認められています。

それ以外に国は二つの重要な手当を払っています。Child disability allowance、これは大した金額ではありませんが、家族に払われるしょうがい児手当です。しかしこの資格認定が非常に厳しくなってきました。家族でしょうがい児を抱えていても50％しかもらっていないというところもあります。それから、介護者の年金。これは満額年金がもらえますが、フルタイムで介護をしている人、成人しょうがい者をケアしている人たちに手当が払われます。通常は家族の人が介護者年金をもらうことができます。

また国では、援助付き就労もやっています。実際に買う側、売る側、提供する側が分けるという形になっておりますが、外注をし、実際に仕事をしたいということ。要するに競争市場でもって仕事をしたいという方に援助付き就労をやっているわけです。一般就労をしている人もいます。それ以外に小企業で働きたいという方もいます。パートタイムで働く人たちにも、援助つき就労が提供されております。このやり方は少し変わってまいりました。利益を目的とする組織が出てきまして、そうしたところでも援助付き就労を出すようになってきました。これはあまりうまくいっておりませんが。

ということで、しょうがい者のためのプログラムがたくさんありますが、家族は、いろいろなサービス、サポートを受けるために交渉しなければいけません。なかなか大変です。継続的にやらなくてはいけませんので。いろいろな問題が出てきます。いろいろなサービスの間の調整を図り、個々のニー

ズを満たしていかなければなりませんが、調整が難しいのです。

　きちんとしたサービスの役所があり、きれいに見えます。でも、いろいろな部局に交渉し、常にやるということになりますと、いろいろな人と交渉しなくてはいけません。なかなかうまくいかないわけです。お役所のほうはきちんとしているかもしれませんが、実際の生活というのはいろいろと複雑に入り組んでいますから、教育、在宅のケア、いろいろなことを交渉するのは並大抵なことではありません。非常に複雑です。しかも、政府の部局はそれぞれ管轄地域が違います。一つの地域に住んでいる人に、医療に関してはこの部局、ほかのサービスに関してはほかの部局というようなことが出てきます。

　もう一つの問題としては、複数のニーズがあった場合には、どのサービスにもうまく当てはまらないということが出てきます。これは精神病と知的しょうがいとでニーズが違うとか、どのリービスにも合致しないという場合が出てきます。権利擁護をもっと進めることによって、どのサービスにも入らない、狭間に落ちてしまう人を救わなくてはいけないと思っております。

　次に、実践面でどういうことが行われているのかということをお話ししたいと思います。オーストラリアでは一般的にコミュニティベースの支援が行われています。施設に住む人が減って、コミュニティベースになってきたからです。

　まず最初に、当事者中心のアプローチということです。計画をするときにも当事者をそこに交えて、当事者が発言権を持った形でサービスが企画立案されなければいけないということです。いろいろな人が参加します。友人、家族、スタッフ、当事者をよく知っている人が交渉に参加します。コミュニケーションも大事です。

　二つめはファミリーセンターアプローチ、しょうがい児を抱えた家族を中心としたアプローチです。家族はやはり支援の中心と考えられています。しょうがい者の87%が家族と一緒に住んでいますから、家族が支援の根源

になります。家族支援サービス、早期介入サービス、こういったところでも家族中心に考えていきます。家族に対してもサービスを提供します。在宅介護であれば、たくさんの時間を使わなければいけません。しょうがい児だけではなくほかの子どもも面倒をみなくてはいけませんので、家族に対するサポートも必要となります。例えば新しい乾燥機とか洗濯機を買うにもいろいろな支援が必要となります。「個別資金パッケージ」と呼んでおりますが、特に施設からコミュニティタイプの生活に移ってくる人に対して資金をつけるということです。直接その人にお金を払うわけではありません。ただその予算の裏付けがあって、その人のために使われるということです。実際のサービスに対して予算がつくわけです。それに対してどのサービスを使いたいかにも選択肢が与えられます。あるプロバイダーが嫌いだから別のプロバイダーに切り替えるということもできます。

　それからもう一つは、シェアドケアというアプローチを取っています。これはより新しい方法で、非常にサポートニーズの高い子どもたち、それから医療上非常に手の込んだニーズを必要とする方のためのアプローチです。ホストファミリーもこのケアを担うというものでありまして、非常に柔軟な形のアレンジメントになっています。本来の家族、それからホストファミリーが一緒になってどのような形でサポートするかを考えます。子どもは産みの親と一緒に暮らすことはもちろんできるわけです。家族のない子どもの場合にも、ホストファミリーがケアをします。そしてその家族の一員になるというやり方もあります。ほとんどがコミュニティを中心とした選択肢です。

　既に申し上げましたように、実際にコミュニティの中に住んでいるけれども、本当にインクルーシブな形で生活できるのかというジレンマがあります。幾つかジレンマがありますが、政策、実践面でこうしたジレンマに直面しています。

　最初のジレンマは、インクルージョンと専門家のサービスをどのような形でやるかということです。私たちは、フルインクルージョン、完全包合とい

うことを考えています。地域で普通の生活を送り、普通の学校へ行くことが望ましいと考えていますが、本当にそんなことが全員に可能なのかという議論が出てきております。完全にインクルージョンすることは不可能で、特に非常に医療ニーズの高い子どもたち、あるいは問題行動のある人たちは無理ではないかということが言われています。ということでやはり、問題行動のある人は特別な住宅に集めてしまえというようなことが言われています。

　もう一つのジレンマとしては、しょうがいサービスとコストの問題です。しょうがい者のサポートの需要はたくさんありますが、使える予算は限られています。そのため、満たされないニーズがたくさんあります。しょうがい児、しょうがい者、あるいはその家族が本当に必要なサポートが一部しか得られない、自動的にそういったサービスが受けられるわけではないという状態になっています。

　個別給付ということでやっていますが、パッケージをもらった人はきちんとサポートが受けられる、でもパッケージのない人はサポートの量が減るということで、極めて不公平な形になっています。また、オーストラリアには、農村、あるいは僻地に住んでいる人たちの問題があります。サービスの提供は、農村部、遠隔地の場合は極めて困難で、サービスの数も少なく、選択肢の数も非常に少ないというのが実態です。新しい方法を今開発しようとしています。ローカルエリア・コーディネーションということをやっています。これは西オーストラリア、クイーンズランド、ニューサウスウェールズで実行されています。もし関心があれば後でお話をさせていただきます。

　それからもう一つ心配なのは、連邦政府が新自由主義、新保守主義という考え方に傾いていることです。政府の関与は小さくしよう、権限は委譲しよう、政府から民間へしょうがい者のケアを任せよう、そして福祉のセーフティーネットを切り下げようということです。これに私は大変心を痛めています。しょうがい年金の資格がはるかに厳しくなりました。しょうがいのある人が年金を受けられないような状態がくるのではないかと思われます。こ

れはいいことかもしれません。こういった手当が切り下げられることによって多くの人が就労する可能性がでてくるかもしれません。でも、雇用も難しくなってくると思います。雇用に関するサポートはどうなっていくのだろうかという心配もあります。

　まとめますと、非常に複雑なシステムになっておりまして、政策、プログラムの面でも、州・国のプログラムがいろいろあります。政策としていい側面もあります。だだし、十分な資金があって、政府が言っていることを現実に実行していくことができるかどうかということ、そして人々の生活をよくしていかれるかどうかということにかかってきます。

　この辺で終わりにさせていただきたいと思います。（拍手）

河東田　ありがとうございました。1981年の国際しょうがい者年から大きく変わってきたオーストラリアのしょうがい者政策について、政策の面からさまざまなレベルのお話をいただきました。私どもが学ばなければいけない内容をたくさん示して下さったように思います。一方、これほどまでに政策を前に進めようとしてもなかなか前に進んでいかない側面もあるということが伝えられたように思います。

　では次に、スウェーデンから来られたアンデシュ・ベリィストロームさんにお話をいただきます。

　アンデシュさんは、長い間脱施設化の問題に関わってこられました。並行して知的なしょうがいをもつ方々の具体的な支援を現場の責任者（総合施設長）としても行ってこられました。この1月、その責任者の地位を、しょうがい当事者に譲りました。そして本人中心の新しい組織を運営していくことになりました。私たちには想像できない、本人を中心とした取り組みを側面から支えてこられた方です。今日は、スウェーデンのしょうがい者政策ということでお話しいただきますが、彼が所属をしているグルンデン協会についても言及がなされるのではないかと思います。では、よろしくお願いいたし

ます。

スウェーデンにおけるしょうがい者をめぐる百年の歴史
（アンデシュ・ベリィストローム）

アンデシュ・ベリィストローム氏（スウェーデン：イェテボリ グルンデン協会コーチ）

ありがとうございます。このような形で、皆さんにスウェーデンの歴史についてお話しできますことをとてもうれしく思います。

現状に満足できないということはどこでもあると思いますが、もしそういう状態であっても、百年間の変化を比べてみますと、しょうがい者の歴史ではいいこともいろいろあったように思います。

スウェーデンでは、すべては1890年に始まりました。しょうがい者に対して初めて組織立った方法で援助の手が差し伸べられたのです。しょうがい者の改革といったものが、全体の福祉政策に大きなインパクトを与えました。

では皆様を、スウェーデンのしょうがい者の歴史百年の旅にご招待したいと思います。

始まりは1890年でした。この年に、初めて公的な援助がなされるようになりました。入所施設の設立が検討されるようになったのは、産業革命の開始によって社会的排除の傾向が出てきたその結果でした。その結果、多くの人たちが突然仕事とお金を失い、産業の発展とともに人口が増加した都会で路上生活者として生活することになりました。そういった人たちの多くはしょうがい者でした。

「慈善」という言葉は、新しく富裕階層となった人たちが口にする言葉でした。彼らは新しい貧困と闘う慈善活動に貢献することを望んでいました。

こうして知的しょうがい者を対象とした、スウェーデンで最初の入所施設が1896年にイェテボリの郊外で設立されました。当時の状況を生かして募金活動を開始した1人の女性、エマニュエル・カールバックという人が設立したものです。それ以降、今では過去の歴史となった施設が100年以上にわたって存在することになりました。この施設の伝統は、過去に施設で生活をしていた多くの人たちがグループホームやデイセンターで生活し働いている現在でも、福祉サービスの内容に影響を与えています。

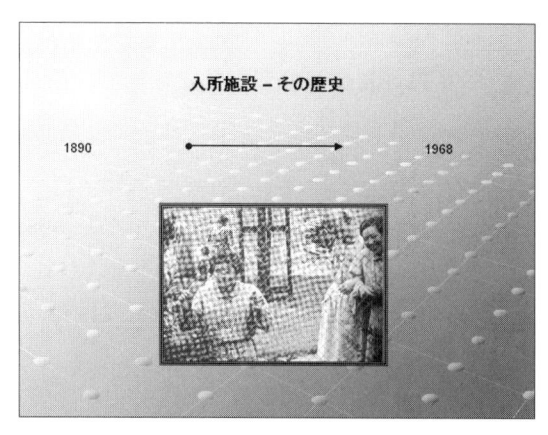

　最初の施設が設立されたとき、その目的は、しょうがい者を助け援助するということにありました。しかしそれは、地域社会が財政的に支援ができる範囲内で行われました。株式市場が暴落して経済不況が到来すると、地域社会は突然財政的に余裕がなくなってしまい、慈善はもはや興味のないものとなってしまいました。しょうがい者のためにお金を費やすという意思はなくなってしまって、その代わりにしょうがい者を排除し、彼らを最も経済的なやり方で隔離するという考え方に変わってしまいました。

　1930年から1950年の間というのは、スウェーデンのしょうがい者の歴史において暗黒時代でした。多くの大規模入所施設が設立されることになりました。まるで巨大軍事施設、兵舎のようにいろいろ建てられたわけですが、清潔で完璧な社会という幻想に適合しないしょうがい者を排除するために施設がつくられたのでした。そこで人々はさまざまな人体実験の対象となりました。そのやり方は強制収容所にとても近いものでした。強制不妊手術を認める法律がつくられ、何千人もの男性や女性が強制的に避妊・去勢をさせら

れ、多くの場合、本人には全く知らされることもなく行われました。

　1955年に最初の親の会が設立されて、彼らが主張したことの一つは、施設での生活はもうたくさんだということでした。福祉施設を終わらせなければならないということでした。この親の会では医療保健局の医療検査官をマスコミ会見者とともに入所施設に連れて行きました。その翌日には、スウェーデン国民は、報道を通じて、スウェーデンで実際に起こっているとても信じられないような恐ろしい光景を目の当たりにすることになりました、それは衝撃的な出来事でしたし、これをきっかけにして新しい時代が始まりました。

　政府は調査を開始し、新しい法制度の制定に取り組み始めました。10年後1967年、新しい法律が制定されました。すなわち、知的しょうがい者援護法です。しかし、施設で治療するという考え方は依然として残っていました。施設の状況は近代化されて、施設の運営責任は国から地方に移されました。知的しょうがい者援護局が開設されました。しょうがい者は、住居・援助・活動の機会・教育の機会を与えられることになりました。しかし、福祉サービスは入所施設に集中し、入所施設モデルというものがこれまで以上に強くなり、より多くの人たちが入所施設に入れられることになりました。入所施設そのものは近代化し、住居は改善し、新しい住居が建てられましたが、入所施設での生活内容は全く変わりませんでした。特別な規則や構造を持つ生活は継続し、しょうがい者はさまざまな鎮静剤によって力を奪われ、嫌がらせや虐待は日常的な出来事でした。

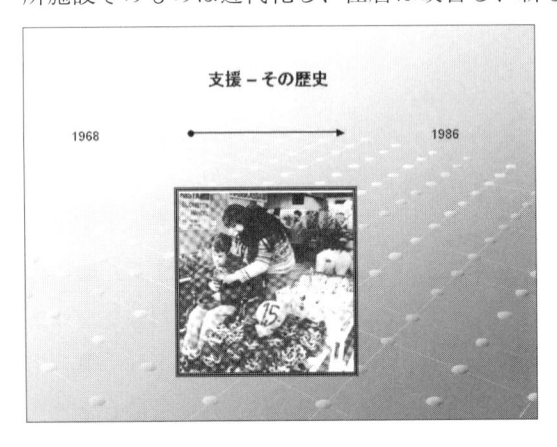

　同じ時期、親の会は調査機関を開設して、入所施設

以外の別の生活形態に関しての研究を始めました。そして、最初のグループホームが実験的に設立されました。しょうがい者は新しい状況にすぐに適応することがわかり、このことが入所施設の時代を終わらせることになったのです。こうした新しい経験に勇気づけられて、入所施設で生活をしていた人たちが施設での生活に抵抗するようになりました。彼らは変革を求め始めたわけです。ストックホルム市郊外にある大規模入所施設で生活する人たちは、県援護局の前で個室を要求するデモを行いました。これがセルフアドヴォカシー運動の始まりでした。

　全国的に、入所施設やデイセンターの中にアドヴォカシー団体がつくられました。親の会でも多くの当事者が議論に参加し始めました。政府は、新しい法律制定に取り組み始めることを決定し、1984年には新しい法律政策の責任がある政府の委員会では、すべてのセルフアドヴォカシー団体が発言することを求めました。全国的に多くのグループが発言する機会を持つことになったわけです。そのとき既に多くの団体は、特別な法律を制定する際に、一つの特別な団体だけに頼むことは差別的だと考えるようになっていました。そして多くの団体が発言すれば、現在の社会福祉サービスを大幅に改善することができるだろうと考えたのです。

　1985年に新しい知的しょうがい者援護法が制定されることが決まりました。初めて知的しょうがい者は、地域社会のすべての人に提供されている社会福祉、及医療サービスを利用できる社会の一員であると考えられるようになったのです。このような新しい法律、そしてまた新しい考え、そして法律のアイデアを示すために、オーケ・ヨハンソンさんのような当事者が前線に立って民主主義、人権の擁護という運動を始めるようになりました。彼は日本でも世界でも有名な人物です。

　さて、新しい法律ですが、これはこれまでの法律を補完するものと考えられました。上訴権が認められましたが、今までになかったことです。だれも自分の意思に反して援助を強制されることはなくなったのです。そして支援

の責任は県援護局、地方のオフィスに存在する特別政策委員会が定めました。また児童や青少年を施設に入所させることはもはやできなくなりました。また県は、施設閉鎖の計画というものを示さなければならなくなりました。

　スウェーデンの多くの場所で、施設閉鎖の取り組みが始まりました。イェテボリ市でも同様であります。イェテボリ市においては、グルンデンという名前のセルフアドヴォカシー団体が設立されました。それ以来グルンデンは、知的しょうがい者福祉サービスの発展に影響を与えてきたわけです。

　1985年から1996年にかけて、イェテボリ市におきましては、500人規模の入所施設から5〜6人という小規模住居に移行するにあたって約千人が支援を受けました。多くの人々はアパートでの自立生活に移行するための支援を受けました。しかしグループホームにおいては、従来の施設モデルに基づいた支援がなされていました。言ってしまえば、施設福祉の伝統が人々の生活に影響を与えていたのです。

　さて、新しい法律が制定されてから1年後には、政府は個人のニーズ、影響、そしてまた社会参加の観点から支援を提供するための方策を探求するために、新たな調査を開始しました。その調査の目的は、福祉サービス提供の責任というものを、県の知的しょうがい者援護局から市町村に移行させるというものでした。そしてまた援護局を閉鎖させるということも、その目的でありました。このようにして、民主的な体制が形成され始めたわけです。

　1994年には新しい法律が制定されました。この法律ですべてのしょうがい者はついに地域社会の一員となったのです。新しい福祉サービスを利用す

るためには、彼らが望んでいることを申請しなくてはいけません。もし行政当局がその申請を拒否したら、法廷に訴えるという上訴権も保障されるようになったのです。セルフアドヴォカシー団体は、完全なインクルージョンを要求しました。特別法によるその法律でしょうがい者と位置づけることに抵抗をしたわけです。

　グループホームのための新しい基準が設けられました。古い体質のグループホームが変わり始めました。グループホームで生活するすべての人は、一人ひとりにキッチン・寝室・居間の空間のあるアパートで生活することが保障されるようになりました。しょうがい者を対象としたグループホームの人数は五人以下にすることが決められました。それでも施設福祉の伝統が影響を与え続けたのです。

　しかし施設閉鎖の取り組みというものは継続しました。1998年にはイェテボリの郊外にある大規模施設のストレッテレッドの最後の入居者がグループホームにある自分自身のアパートに移りました。政府は施設閉鎖の期限を決めました。1999年12月31日です。その日までにすべての施設を閉鎖しなければいけないことになりました。その日までに施設を閉鎖しない自治体には、重いペナルティが課せられることになりました。そして、その日以後は入所施設というものは法律で禁止されることになったわけです。

　未だに多くの入所施設が残されています。しかしそれらを入所施設として考えるべきかどうかということ、これは現在議論の対象となっています。我が国には社会サービス法があります。しかしその法律の性格から見ましても、

旧弊を改めなければなりません。人々は自己決定権、そしてまた自らの生活を自己管理するということをますます要求するようになっています。つまり、何がよい生活で何がそうではないかということを自分で決めることができるようになったのです。他人の考えに従うことはなくなったのです。今日(こんにち)の法律はインクルージョンや自己決定というものを保障しています。何がよい生活かというようなこと、また合理的だと考えられる生活水準とは何かということを定めているのが社会サービス法で、この社会サービス法が最終的な判断を任されています。

　セルフアドヴォカシー団体である私どもは入所施設を容認しません。グルンデン協会では、入所施設撲滅運動を始めています。入所施設を壊そうというキャンペーンです。当事者はいかなる形態の入所施設も容認することはしません。個人は自らの生活を自己管理する権利を持たなければいけないと主張しているのです。新しいこのような人々の要求に応えるためにどうしたらいいかについては、新たに調査がなされることになっています。しかし、どのような形でこの調査をするかについては、まだ決まっていません。

　しかし確かなことが一つあります。それは当事者本人が発言することです。時間はかかるかもしれません。10年や20年かかるかもしれませんが、10年後、20年後には、スウェーデンにおいて施設の伝統というものは終焉を迎えることになるでしょう。しかしこのことは、当事者の声がどれほど強いかにかかっているのです。私たちが確実にわかっていることがあります。もし、親の会が1955年に組織化されなかったらどうだったでしょう。もしセルフアドヴォカシー団体が1970年代に登場しなければどうだったでしょう。もし、グルンデンが1985年に設立されなければどうだったでしょうか。もしこのような動きがなかったら、スウェーデンにはまだ多くの大規模施設が残っていたかもしれないのです。

　私は、スウェーデンにおける現在の状況に関しましては、まだまだ批判すべき点があると考えております。今日は、グルンデンにおける支援者、そ

して労働者としての観点から、しょうがい者福祉の歴史について述べてきました。グルンデンでは、私は当事者の立場で仕事をしております。当事者のために親がどのような努力をしたのか、どのような影響力を行使したのか、そしてまた本人がどのように今日の状況に影響を与えてきたのか、努力してきたのかということに関しまして、私は満足しております。

　私はこのように願っております。将来、私たちは、しょうがい者が特別な法律を必要とするような特別な人たちであると位置づけられることのないようなコミュニティをつくりだすことができるでしょう。だれもが普通の生活を送れる、そのようなコミュニティがつくれるようになると考えております。

　ご覧いただいておりますのが、グルンデン協会のメンバーです。まるで政治家のように正装をしています。これは市庁舎の前で撮った記念写真です。これは新しい時代の到来を示しております。そしてまた人々が力を持つと、そしてまた自分の人生を決めていくというその時代を示しております。皆様のご静聴を感謝申し上げます。（拍手）

河東田　ありがとうございました。アンデシュさんは、知的しょうがいの方々に焦点を当てながら話をしてくださいましたが、最後の最後まで残されていたのが知的しょうがいの方であったということを考えていただきますと、今日お話しいただいた長い歴史と実態をご理解いただけるのではないかと思います。

　なお、日本になくてスウェーデンやオーストラリアなどにあるものは、自

己決定と密接に関連する上訴権、つまり裁判所に訴える権利ではないかと思います。後ほど論議をしたいと思っています。

　ところで皆さん、機能的な住まいということはおわかりいただけたでしょうか。今、私どもは個室を要求していろいろな取り組みを行っています。何とか個室をつくろうとしておりますけれども、機能的な住まいというのは、バス、トイレ、キッチン、寝室、居間、家の機能をすべて備えたもののことを言います。その他もろもろ、自己決定の問題やら本人たちがさまざまな取り組みを行っていくというようなことが示され、そして最後には、今後政治の場で活躍していくのは彼らなんだ、ということで、政治家になった彼らの様子を写真を通して見せていただいたように思います。夢物語では終わらせたくない光景ですね。（拍手）

　では次に、ウイリアム・ヴェステヴェルさんにお願いしたいと思います。そして彼の支援をロール・コックさんにお願いしたいと思います。

　当初ロール・コックさんから説明していただくことになっていたのですが、今日ウイリアムさんが、「今日提示する内容は我々がつくったものだ」と主張されました。ではつくった本人が説明をすべきだろうということになりまして、ウイリアムさんが報告をすることになりました。ウイリアムさんは、LFB という知的なしょうがいをもつ方々がつくった全国組織のトップに位置する方です。所長とも会長とも言われる存在の方です。LFB には知的なしょうがいをもつ方々が大勢仕事をされています。ロール・コックさんたちは、LFB で働く彼らの支援をされています。そうした関係を頭に入れながらウイリアムさんの話を聞いていただきたいと思います。

　ではウイリアムさん、お願いいたします。

オランダにおける新しい支援法と当事者運動の求めるもの
（ウイリアム・ヴェステヴェル）

　皆様こんにちは。今日皆様の前でお話ができてうれしく思います。河東田

先生にまず、この機会を与えていただいたことを感謝いたします。今日のお話は、新しいWMO（社会支援法）という法律が制定されることについてです。これは社会支援に関わるもので、2006年に新しい法律が施行される予定です。そして、いろいろな法律が一つに統合されます。社会支援のための法律ということです。我々にとって、そして我々の組織にとっても大事なものです。組織として活動するに際しても、権利やお金の問題に関しても関係してくるからです。

ウイリアム・ヴェステヴェル氏（オランダ：オンダリングシュタルク連盟代表）

　WMO、これは一体何でしょう。これは、新しい法律の名前です。いろいろな法律があって、それが一つの法律になります。WMOというのは社会支援の法律です。私たちにとって大事であり、私たちのメンバーにとって大事です。WMO以前には、政府のほうからこれだけのお金を出すから、こういうケアをしなさいという内容の法律がありました。この新しい法律が施行されることによって、本人自身が支援を求めるという動きが必要となってきます。ですから、我々の組織としてもどういうことでやっていくのか、そしてどうやってお金をきちんと確保できるかということを考えていかなければいけません。当事者たちに対するサポートを考えるということは、周りの人に対するエンパワメントでもあると考えています。

　一番大きく変わることは、さまざまな保護規定がなくなるということです。すべての人たちが責任を取っていくということが必要になります。家族や友人、ボランティアによって提供される支援、それらをまとめて組織化し、財政的な問題を考えながら自らの責任でやっていくことになります。そしてさらに、変更点としては予算削減が示されています。これは非常によくないこ

とです。なぜよくないか。ルールが明確でないこともあるし、法律によって適用する内容が違うということもあります。ですから、どういうふうにやればいいのかがわからないと、資金確保も難しくなります。

　市町村で、何を優先するかということを決めることができるようになります。ということは、市当局でお金を出せる、出せないを決めるわけです。私はこれは間違っていると思います。何を欲しいか、どういうケアを欲しいかを人々は知っています。そして今度、この新しい法律では市がそれを決めると言っています。人のために決める、市が決めていくということは間違っていると思います。

　いつ、どういうふうに行われるのか。2006年7月1日、この日をもって発効します。段階を追っての実施となります。2006年にまず実施されるのは、住まい、環境などに関するものです。

　AWBZ（現行法）でカバーされていたものは何か、これはWMOの前の特別な人のための法律、しょうがい者のための法律です。この法律ではどういう種類のお金があるのか、どういうケアができるのかということがわからないところがありました。この法律は依存が主体となった保護法でした。それは我々が望むものではありませんでした。そしてAWBZというのは、個人の医療ケアに関わるものであり、また介護やいろいろな待遇、居住、滞在というところに関わっていました。しかし、こういうことを全く知らない人もいましたし、施設にいる人たちは施設がすべてだと思っていたわけです。

　次は新法の内容について述べます。地方自治体への権限委譲ということです。どういうサービスの内容になるかを市のほうで決めます。これはいいことではありません。なぜかということは後でまたご説明いたします。サポートを得るのかどうか。そしてそれぞれの状況をどう見て、だれがサポートが必要かどうかを決めていくわけです。そしてどういうサポートを得ることができるかも決められます。サポートの質も決められます。そして応益負担も求められます。

サービス受給の手続きは、福祉事務所あるいは施設に行って申し込みます。そして「あなたはこういうことが必要です。これがお金です」と言われます。このような手続きは、必要ないと私たちは思っています。相手はしょうがいがあると思って対応します。いったんそう思えばそう思い込んでしまいます。しかししょうがい者としてではなく、普通の人間として扱ってほしいわけです。

　PGB、これは個人予算、Personal budget（パーソナル・バジェット）ということです。それを説明します。私も、私の妻も、個人予算というものを持っています。我々の子どもを扶養するためのお金、あるいはそのお金を我々が望む人に託して、私たち自身がそのお金のコントロールができるというものです。ほかの人がちゃんとした仕事をしないときには、「あなたはさようなら。ほかの人を雇うわ」ということができます。それが PGB の一つの例です。

　しかし WMO になったときにどうなるのか、その中にどういう内容が含まれるのかはわかっていません。PGB が入っていればいいと思いますが。市に権限をすべて委譲してしまうと、市における自由な政策立案が可能になる反面、当事者によるコントロールを失い、選択の自由を失うという悪い側面が生じる可能性があります。WMO の考えというのは、自分で自分のことをやるということです。まずは自分で解決することを考える。わからないときには家族の人たち、ボランティアに支援を求める。そして、そういうことが自分でできないときに、市で支援をスタートします。いいこともありますが、よくないこともあります。市に対しての質問は、うまくいかないということをどこでどう判断するのか、市当局はそういうことをどう考えているのかということです。そのようなことを知りたいと思います。

　全国のしょうがい者団体はどう考えているか。いろいろな団体、組織があります。そういう人たちは、旧法 AWBZ の現状維持ということを求めて抗議していますが、私たちはそれには反対です。私たちが求めるのは、よい

WMO です。我々の声に耳を傾けて、我々が何を望むかを取り込んでほしい、そうすればいい WMO になります。

では、一人ひとりが何ができるか。自分が町で活発に活動する。ほかの人たちとともに行動する。どこか地元に機関がないか探す。そしてここに知的しょうがい者がいるということを気づいてもらう。ともに 10 項目のマニフェストを市の政策に取り込んでもらうよう行動すべきです。

こちらがマニフェストです。これは今検討中のことであり、こういう項目を国の法律、市町村の法律、政府の法律に取り入れてほしいと思っています。ほかの団体とともにこういうことを主張してきています。今大きな議論が政府と LFB、そのほかの組織との間で行われています。そして保健省とも話し合いを行っています。どういうことを盛り込んでほしいかというと、ケアを受ける権利、自らの手で方向性を決める、それに加えて PGB、そして独立的で客観的な適用が欲しい。制限付きの自由というものを各地方の政策の中で考えて欲しい。市町村はケアを提供するための課題を示してほしい。十分な支援資源が欲しい。サービスの質をコントロールさせてほしい。当事者にとってよいケア、よいサポートが欲しい。このようにやらなければいけないことはたくさんあります。LFB は仲間のために何ができるかを考え、それぞれのローカルの場で計画概要を把握し、自分の人生について話す、そしてどうマネジメントしたいかを考えていく必要があります。

私たちは常に深刻な SOS を発信しているのです。今まで知的しょうがいをもっている人々は、社会において一歩退いた立場に甘んじていました。常にそうだったのです。つまりほかの人々の決定に従わざるを得なかったわけです。そして私たちは平等には扱われていませんでした。私たちはいつもほかの人々に追随していかなければいけなかったのです。オランダにおきましては、今危険が到来しようとしています。人々の人生、またしょうがいをもつ人々の生活が脅かされようとしています。そのような状況に私は警鐘を鳴らしたいと思います。どうもありがとうございました。

1. 社会支援法（WMO）

2. 社会支援法とは何か

新法の特徴

さまざまな法律を一本化
：それが社会支援法
（the WMO）

3. 最も変わったこと

決定

さまざまな保護規定がなくなり、自己責任が求められるようになったこと。

家族、友人、ボランティアがやってくれたことも、財政的な負担も。

4. さらに多くの変化が

財政支援の削減
国からの支援内容の不透明さ
福祉の主体は地方自治体

5. いつ・どのように

Calender

施行期日：2006年7月1日から徐々に
2006年前半：住まい、環境などの整備

6. 旧法 AWBZ が保障するのは何か？

- 個人に関わる健康ケア一般
- 保健・医療
- 福祉サービス一般
- 居住関連

7. 新法の内容

地方自治体への権限委譲：

- サービス受給者の決定
- 誰が必要とされる支援を決定するか
- どんなサービスを受けられるか
- 質の良いサービスを受けるためには
  - 応益負担が求められる

8. PGB

- 社会支援法には不明確な部分がある
- 内容相互の関連性
- 自治体における自由な政策立案
- 結果：理解不足と選択の自由の欠如

社会支援法の理念 **=自己決定と自己責任** ケアを受けるなら応益負担を 何かを決める前に： 　家族やボランティアに聞いてみよう 　自治体の支援には間違いがあるかも知れないから	**しょうがいしゃ団体には何ができるか**　10 旧法AWBZの良い点を残し、 新法の良い点を取り入れる ための働きかけを。
一人ひとりができること　11 ・自分の住んでいる自治体への積極的な働きかけを ・一般の人たちと共同の取り組みを ・自治体の計画策定への参加・参画を ・知的しょうがいしゃのことを一緒に知らせよう ・自治体の計画策定に 10項目から成るマニフェスト を盛り込ませること	**マニフェストの内容**　12 　全国共通の法制度 　サービスを受ける権利 　自己決定と自己責任 　自立と客観性 　地方自治体における自由の制限 　サービス提供における市民の役割 　十分な支援資源 　サービスの質の管理 　基本となるピア・サポート
プログラムの強化と　13 **当事者の占める位置（LFB）** ・あなたのためにLFBは何ができるか ・地方自治体の計画概要の把握 ・当事者を中心とした取り組みを	**S.O.S.**　14 今日まで、知的しょうがいしゃたちは、い つも脇に置かれていた。 オランダでは、自己管理の難しい人たち の市民権が十分に守られていなかった。

　河東田　ありがとうございました。ウイリアムさんは、国のしょうがい者政策に関するさまざまな審議にかかわる委員会に代表として参加をされておられます。委員会で知り得た情報を仲間に伝えたり、委員会で発言する際に使用したものを私たちに示して下さったように思います。

　ところで、今お示しいただいた WMO と AWBZ の関係がよくわからなかったのですが、WMO は今、示されている法律で来年施行されるものだと

思います。そしてAWBZも、内容を見ていきますと医療ケア法のようなものかと思いますが、これはまだ生きている法律でしょうか。そしてもう一つ、これはしょうがい者のためだけの法律ではなくて、一般的なオランダ国民すべてに関わる法律なのか、その二つだけお教えいただけませんでしょうか。

ウイリアム　いい質問をいただきまして、ありがとうございます。AWBZ法ですが、これは現行の法律です。ただしこの法律の施行は停止されます。つまりWMO、新しい法律が制定されますとこの法律は廃棄されることになります。ただし、新法がどのような内容のものになるかということはまだ誰もわからないのです。情報も与えられておりません。そのような中で私たちはいろいろな話し合いを政府当局との間で試みてきました。そしてまた保健省とも話し合いをもって、いろいろな情報を得て整理をしてみたわけです。得た情報は共有していこうと思ってはいますが、なかなか難しいです。AWBZ法は、WMOが施行されましても少し残るだろうと思っています。ただし予算は大幅に削減されるでしょう。現行の予算の10%のみがこの特別法に残り、残りの90%の予算は新しいWMOの施行に使われると思います。それでよろしいでしょうか。

河東田　オランダ国民全体に関わる、つまりしょうがいをもっている方だけではなくて全体に関わる法律なのでしょうか。

ウイリアム　AWBZはしょうがいをもった人々の特別法です。これはすべてのしょうがいをもった人々に対しての特別法です。

河東田　WMOは障害者自立支援法のような法律だと整理しておいてよろしいですね。

ウイリアム　そうですね。

河東田　ありがとうございました。ではこれから三者の間でやりとりを進めていきたいと思います。

　かなり幅広い、さまざまなレベルにわたるお話だったと思います。各国の法律の説明をしていただきましたが、お互いにどう思われたのか、その辺からお話を伺えればと思います。では、私の右隣のアンデシュさんから、オーストラリアとオランダの法律の内容を聞いて、類似点、相違点も含めまして、どう感じたのかお話しいただけませんでしょうか。

オーストラリア・スウェーデン・オランダのしょうがい者政策
——法制度と当事者の声

アンデシュ　オランダでの今の進捗状況についても学ばせていただいたわけですが、スウェーデンと非常に似通ったところがあると思います。特にスウェーデンの1986年の知的しょうがい者援護法が出たその前後と非常に似通っていると思っています。やはり当事者がそのような新しい法律でいろいろな影響を受けるわけですから、本人が声を上げなくてはいけないと私は思います。当事者が発言をすること、これは委員会にとっても歓迎すべきことではないかと思います。行政、政府にとりましても、そのような当事者の意見を聴くことは非常に重要だと思います。それがうまくいくかどうかはわかりませんが、ぜひともオランダの皆さんが新しい法律の制定に関しまして、いろいろと積極的に関与されることを期待したいと思います。

　また、いろいろな議論がオランダでなされているということを聞いたわけですが、これもスウェーデンの1985年前後と非常に似通っているという感想をもちました。やはり今でも当事者団体がいろいろな要請をしております。そしてまたグルンデン協会におきましても、いろいろな現状に関しては満足していない、そのことに関しての状況の改善というものを求めております。

私たちは実は、社会福祉法というものを求めております。そして特に高齢者のためのニーズというもの、そして支援というものがコミュニティで提供できるようなそのような法律的な枠組みが欲しいということで現在活動をしています。そのような状況において、地方行政が主体となってそのようなサービスを提供できることがいいのではないかと考えております。つまり高齢者に対してのサービスとか、しょうがい者に対してもそのような地方の力というもの、地方の積極的な取り組みというものを求めています。そのようなこともしております。

　またレスリーさんから聞いたオーストラリアの現状ですが、さまざまな試みがなされているということですが、グルンデン協会が今メンバーで考えているようなこと、個人の責任ということなども、非常に関連性がある、類似性があると思っています。そのような状況に関して、まだまだ十分に知らないところで私の意見を述べることまではできないと思います。また突然のご指名でしたので、これ以上の感想は言えないことをお許しください。

河東田　ありがとうございました。アンデシュさんからはオランダの取り組みが1986年の法律が施行されるときとよく似ているという話が出されました。それを単純に聞いてしまいますと、約20年近い開きがオランダとスウェーデンにあるのかと思われてしまいますが、その点に関してウイリアムさん、何かご意見がございましたら。

ウイリアム　アンデシュさんがいろいろと言ってくれましたが、私はまだあなたとは友情を感じていますから大丈夫です。（笑）スウェーデンでもいろいろな経験をなされたと思います。スウェーデンでは法律が制定されました。そしてまた施設の閉鎖というようなことが決断されたわけです。オーストラリアでもそうですよね。ちょっと様子は違うかもしれませんが。しかしオランダにおきましては、施設を閉鎖するなんてことは思いも及ばないのが現状

です。政府は、どこに住みたいかの自由を与えていません。つまり、施設で生活をしている人々に関しましても、結局選択ができません。つまり、施設で生活をしていますから外の世界を知りません。ですから選択も与えられていませんし、また与えられているとしましてもそれがわからないのです。ですから、そのような状況を変えるべく、今私たちはプロジェクトを立ち上げようとしています。

　また、新しい法律、このWMO、日本の自立支援法に近いものでありますが、それがスウェーデンで20数年前に施行されたわけです。そこで施設を閉鎖するというようなスウェーデンの動きというものが始まったと理解しています。そういうことを考えますと、オランダでも同様の社会支援法、また自立支援法というものがこれから策定される必要があります。これはやがて施設閉鎖にもつながるのではないか、そのようなとっかかりになるのではないかと思っています。政府のこのような対応の中で、親も働きを始めています。

　まだまだ親のほうでも理解が足りません。「施設を閉鎖するなんてとんでもない。自分の息子、娘は施設にいれば幸せに、安全に暮らせるんだ」ということを言っている人もいるわけです。身体しょうがい、精神しょうがい、知的しょうがい、しょうがいの種別を問わず自立し、権利と責任を持って、施設閉鎖の方向に進んで行かなくてはいけないと思っています。

河東田　アンデシュさんにもう一つだけ伺って、レスリーさんにも同じようなことを伺ってみたいと思います。先ほどアンデシュさんは、さまざまな社会変革、取り組みを前に進めるためには、本人の発言を求めること、本人の発言こそが政策に反映されなければいけないとおっしゃられました。何となくわかるようでわからないんですね。どんなふうに発言をし、発言したことがどんなふうに政策に結びつくような力となっていくのか、その辺を具体的にお教えいただけたらありがたいと思いますがいかがでしょうか。

アンデシュ　当事者の声というものですね。そしてまたその意見表明というもの、これは大きなインパクトを持っていると思います。法律がどのように制定されるかということにも影響力を行使します。そしてまた、いろいろな情報というものも集めていく必要があるでしょう。例えば新しい法律というものがつくられるときには、人々の同意を得ていかなくてはいけません。そのためには十分な情報というものが提供されなくてはいけないのです。情報がわかりにくい形で、ほんの一部にしか開示されないことでは困ります。そういうことでも私たちは働きかけをしています。わかりやすい形で、情報が入手できるようにしております。また教育関係の機関においても、いろいろなグループをつくっています。デイセンター、通所のセンターなどに行きましても、そこにいる人々が膝をつき合わせていろいろな議論をします。こういう変革が必要だ、こういう法案がいいということで、いろいろな意見をとりまとめて提言を委員会や法律の審査委員会に出しております。そのような意見というものは十分な配慮をもって受け入れられています。本人がそのような声を上げていくということ、それがまた影響を持っています。

　つまり、本人が声を上げたのだから、ちゃんと耳を傾けようじゃないかということで立法がなされていきます。しかしまだまだ足りないことがあります。または法律などでも欠落しているようなところがあるかと思います。いろいろな組織があります。そしてまたさまざまな組織が、いろいろなしょうがい者を代表しておりまして、時には彼らの意見が背反することもあるわけです。しかしそのような中においても、協力し、何らかの可能性を見出していきたいと思っております。グルンデン協会においても、意見の異なる組織、そして人々からのとりまとめというものを行っています。そして政治家に、例えば手紙を出すということもしています。そして私たちの意見を聴いてもらうように努力をしています。

河東田　ありがとうございました。では、レスリーさん、ほかの国のしょうがい者政策について何かお感じになったことがございましたらお話しいただけますでしょうか。

レスリー　河東田先生、ご指名ありがとうございます。座って考えていたんですが、どうも共通のテーマがあると思います。その一つ、とりわけオランダの新しい法律とオーストラリアとの共通性ですが、個人の責任ということが盛り込まれているような気がします。これは原則としてはいいことだと思います。個人が責任を負うということです。個人の責任において決定を下すということ自体はいいことだと思います。そしてそれが新しい法律に反映されているということはいい方向だと思いますが、スウェーデンの場合はLSS（機能的なしょうがいをもつ人々のための援助とサービスに関する法律）などに関してはどうなっているのか、それについて話し合ってもいいと思いますが、こういった傾向が社会政策、オーストラリアの政府などに関しましても重要なテーマになっております。しかし原則としてそういう方向性はいいけれども、議論の余地はあるということです。例えば政策などを見てみますと、政府の資金そのものが削られているということです。政府からの資金提供が削られていくということ、それはしょうがい者にとってどういう意味をもたらすのでしょうか。

　当事者が非常に強いエンパワメントの力を持って積極的に発言するということができれば、LFBやグルンデンといったところは非常に強い、積極的なモデルとして学ぶべきことは多いですが、オーストラリアの「弱者」を見てみますと、それほどエンパワメントが進められていないと言う人たちもいるわけです。そういった人たちが個人の責任において何でもやれと言われ、政府からの予算がカットされたら、それはどういうことを意味するでしょうか。私たちのサポート、彼らのためのサポートはどういうことになるのかということです。例えばしょうがい年金、前も話が出ましたが、その問題なども絡

んでくると思います。しょうがい年金を受給する資格があるということになります。しかし資金がカットされてしまいますと、このような人たちの支援というのはどうやってやらなければならないのでしょうか。ですからここにやはり注意しなければならない点があると思います。

　幾つかのアイデアの中では、例えば諸刃の剣であるという言い方もできると思います。今のお話を伺っていてまず思ったのがそのことです。個人の責任、政府の資金がカットされるということは、ジレンマを伴う諸刃の剣だということです。

河東田　ひととおり、お互いが報告し合った内容についての感想をいただいたわけですが、私から幾つか伺ったうえで、皆様からもご意見、ご質問等いただければと思います。三つの国々、それぞれそれなりに福祉の進み方の違いが明らかになってきたと思います。でも、目指す方向は自己決定であるとか、地域でのさまざまな暮らしの質をよくしていくといった事柄が多々伝えられてきただろうと思います。今、とりわけ、例えば社会サービス法であるとか、スウェーデンでいいますとLSS、「機能的なしょうがいをもつ人々のための援助とサービスに関する法律」というとても長い名前の法律、それからオーストラリアでもオランダでも、同じように自立支援法のようなものが示されたと思います。

　例えばスウェーデンなどで言いますと、LSSの第1条に、「ほかの人々と同様の生活状態を得る権利がある」という内容が示されております。このことがしょうがいをもつ方々へのサービスの提供を考える際に大きな意味を持ってくるだろうと思います。この内容が、スウェーデンで今どんなふうに進められているのかをお伺いしたいと思います。それからオランダやオーストラリアで今施行されている法律の内容に、「ほかの人々と同様の生活状態」という表記があるのかどうか、それをお教えいただければと思います。

　アンデシュさんに実態をお伝えいただく前に、まずレスリーさんに伺いま

す。オーストラリアの自立支援法のようなものの内容に、「ほかの人々と同様の生活状態を得る権利がある」こんな表記がありますでしょうか。

レスリー　オーストラリアの法律というのは、しょうがい者のサービスについてのものです。そのしょうがい者のサービスというものが一番高い優先順位になっていると思います。どのようにしてそのサービスを提供するか、どのような基準でそのサービスを提供するか、あるいは提供の原則がどういうものかということが書いてあります。しかしそれは、まだ十分ではありません。しょうがい者に対する法的な支援という意味では十分な内容ではありません。しょうがい者自身がこのようなサービスに満足行かなかった場合どうするかということでは、やはり法律的なサポートが必要なわけですが、しかしこのあたりが不十分だと思います。ですから、これは今後もっと拡充する必要があると思います。

　私たちの法律というのは、本当にしょうがい者向けのサービスに関するものだけなのです。オーストラリアでは、そういったしょうがい者の権利に関する条項というものがありません。

河東田　オランダではいかがでしょうか。

ウイリアム　まず最初に申し上げたいことがあります。親の会というのがあります。私たちの建物の中にも五つ入っています。それはいいことです。親の会と一緒に仕事をしています。もう何百万というレベルの予算もあります。非常にオープンな団体ですので一緒に活動をしていますが、親の会の主張というのが、子どもを施設に置いてくれという主張です。そういう働きかけを政府にしていまして、政府の側ではどうしていいかわからないわけです。親の会とLFBとの関係というのも、やはり時に厳しいものがあります。

　予算ということで言いますと、98万ユーロ（1ユーロ＝138円、2005年11

月初旬）の予算がありますが、LFB では 35 人が働いています。提供されるサービスというのは、6 万ユーロ分の提供になります。これは地方レベルですが、小レベルのオフィスは 3 万ユーロ規模の予算になります。それから特別のプラットホームと言いますか、基本の枠組みがありまして、それに向けての予算になります。オフィスの運営に関わる予算になっています。LFB を運営するにはこれだけでは不十分です。ですから、行政当局に対してもっと予算をくれ、職員をもっと配備してくれということを言っています。WMO を施行しますとまたもっと予算が必要になりますが、なかなか聞いてもらえません。

　これまでもいろいろな話し合いをしてまいりました。行政当局も、重要性は認めてくれていますが、しかし理解はあっても予算がないということです。この団体を成長させるためには、やはりお金が必要なわけで、政府からの資金がこれ以上増えないときにどうやって団体を成長させることができるかということです。いろいろな省庁に働きかけても、そのうち成長できるかもしれないけれど、とにかく今は予算がないということです。しかし将来は将来としても、現状とにかくしょうがい者を支援していかなければならないわけです。私はしょうがい者ですが、しかし我々に対して当局がちゃんと話を聞いてくれないということが我々にとっての非常に大きな不利な状況になっています。

河東田　ありがとうございました。私の思いとしては、とてもよい法制度が用意されて、その法制度に基づいてしっかりしたサービスの内容が提供されていくことが必要なのではないかと思って、質問をしています。そこで、スウェーデンが持っている LSS という 1994 年に施行された法律が、ある種のモデルを示してくれているのではないかと思います。その法律の第 1 条に、先ほども申し上げましたように、「ほかの人々と同様の生活状態を得ることができる」と明記されています。そういう文言が示されていますと、それに

基づいていろいろなものを整備していくことになるわけです。このような条項を持っているスウェーデンの実態はどうなのか、伺いたいと思います。アンデシュさん、いかがでしょうか。

アンデシュ　まず最初に申し上げなければならないのは、スウェーデンで今起こっていることというのは、施設を閉鎖することなしには実現できないということです。ウイリアムさんがおっしゃったこととも関係することですが、とにかく施設の閉鎖ということが新しい法律制度の中で一番優先順位が高いことだと思います。その上で、施設の文化というものは残っているわけで、当事者がそれを変えていかなければならないということであります。これは大変な作業になります。

　現状に対して失望が広がっていますが、影響とか参加といったことの原則、例えば自己決定ということの原則が現実にはうまく機能していないという問題です。当事者が望むほどにはちゃんと機能していないということです。つまり施設収容という文化がまだ残っている。例えばソーシャルワーカーと言われているような人たち、担当官とか、あるいはグループホームの運営にあたっても、その施設中心的な考え方が残ってしまっているということです。それが現状です。

　昔ですと、サービスを与える能力というのは、お金があるかどうかに関わってきたわけです。コミュニティにお金があるかどうかによってどういうサービスが与えられるかが決まってきたようなところがあります。人々の生活もそれによって決まってくるということです。より多くの人たちが、そのサービス提供の申請をしますが、それが断られるケースが非常に増えてきているということです。

　それからまた、経済的な理由による判断というものがかなり申請却下の理由になっているわけです。しかし、必要があれば地方当局はサービスを提供しなければいけないと思います。しかし、いろいろな変化というのは、法律

があるからと言ってすべてが一気に変わるわけではありません。例えばサービスが申請されたときも、本当に必要かどうかという判断はほかの人たちが判断してしまっているということがあります。サポートを必要としている当事者にとって、よい生活、よい生き方というのは何かという判断をほかの人にゆだねてしまっているという現状があると思います。とにかく、原則があったとしても、それからいい変化が生まれるということは自動的には起こってこないわけで、やはり常に働きかけがいると思います。もちろん法律は重要ですが。その重要性はいくら強調してもし過ぎることはないと思いますが、法律があった上でなおかつ当事者自身の働きかけが必要だと思います。

河東田　ありがとうございました。三つの国々の成熟の度合いが少しわかってまいりました。例えばオランダですと、今度新しくつくられる法律はまだまだ不十分だということで、怒りも含めながらもっと改善をしていかなければいけないということが示されていたと思います。それは私たちがこれから持とうとする障害者自立支援法の内容づくりと大きく関わってくるということを教えていただいたように思います。

　スウェーデンのように、少し先をいく法律や制度はうまくつくったけれども、人々の心に宿っている施設的なものが根強く残り続けているということを、アンデシュさんから何度か口を酸っぱくして伝えられました。これが世界各国のしょうがい者をめぐる実態なのかもしれません。

　ここで皆さんとも少しやりとりをさせていただきたいと思います。どなたかご質問・ご意見等ございましたらお手を挙げてください。お二人から手が挙がりました。ではこちらの方。よろしくお願いいたします。

質疑応答

質問者　三つの国の方に、もし簡単に答えられるなら3点簡単に、できる範囲で結構です。1点は、親の会との対立についてです。三つの国では、施

設入所をめぐって親との対立はあるのでしょうか。それからもう1点は、知的しょうがいという概念の中に、学習しょうがいとか高機能自閉症とか、ADHDとか軽度の人がどれぐらい含まれるのかという点です。さらにもう1点は、どの国も知的しょうがい者の自己決定ということを大切にしておられますが、どの段階で支援をされているのか、幼児期からの自己決定をはぐくむような支援なのかどうか、私は幼児期あたりが専門なものですから、その辺をお聞きしたいと思います。

河東田　ありがとうございました。3人それぞれにお願いしようと思います。
　まず1点目、親の会との対立の問題です。いかがでしょう。ではレスリーさん、オーストラリアではいかがですか。

レスリー　現実に即した問題ですが、親の会との対立というのは、実際に施設の閉鎖のときにオーストラリアでも経験しました。でも親との対立は減ってきました。施設そのものがなくなってきましたし、自己決定に関しては親御さんからむしろそういった強い意見が出てきます。ですから、親との対立というのは、施設解体をするときに一番高まります。しかしながら状況が変わってくると、多くの親たちは真剣な姿勢で、やはり自分たちの子どもたちによい人生を送ってもらいたいということで、別の手段が出てきた段階でもはや対立をしなくなります。もちろん一部には反対意見があります。しかし、対立ははるかに減っていきます。

河東田　ウイリアムさん、いかがですか。

ウイリアム　親の会とは協力をしています。親の会と言っても実際にはいろいろな意見があります。親の会の理事会では、ある一定の結論を出しますが、何かあいまいなところ、グレーエリアというのはあります。どういう意味な

のかよくわからないという人もいます。やはり家に住まわせたいという人もおります。依然として自宅に住みたいという人もいます。施設にいるほうが安全だという考え方をする人も確かにいます。安全という問題ではなかなか苦労します。一部のグループで、親の中には子どもを外に出したくないという人もいます。その人たちを実際に言葉で説得しようとしています。子どもにとってだれが決定するのが一番いいのか、あなたが決定するのか、あるいは子どもさんが決定するのが一番いいのかということを問いかけます。そういうふうに親御さんには問いかけたいと思っています。

　本人、親との対立ということですが、よくあることです。親と本人との間でいろいろな対立があっても、それは自然なことだと思います。親は親だし、子どものことはよく知っています。こういう対立があることがむしろ自然です。やはり親との対立、こういったものは続いていってもいいと思います。

　私どもでも、自己決定に関して話をします。誰が、いつ、自己決定権に縛りをかけるのかという議論が出ました。でもそれは不可能です。私どもの町では、多重しょうがいをもった人がおりまして、そういった人たちでも自分たちの生活をコントロールできるようになってきております。それから学習しょうがいの範囲、学習しょうがいというときにどういう意味を指すのかということですが、それは学習しょうがいをもっている人によって違ってきます。私が決めることでもありませんし、やはり本人が決めることだと思います。

河東田　ありがとうございます。どこにでもさまざまな対立、意見の違いがあることがわかりました。それから、日本と他の三つの国との大きな違いは、親の会がさまざまな作業所とか事業所を持っているかどうかです。スウェーデンにはそれがありません。もしなければ、親御さんたちは圧力団体になればいいわけです。ロビー活動をすればいいわけです。さまざまな要求を、自治体や政府に伝えていくという役割だけが残りますから、目的に沿った行動

がしやすくなります。それが大きな違いの一つなのではないかと思って伺っていました。

　では、次の2点目に移りますが、彼らがラーニングディスアビリティと言っておられるのは、我々が言っている知的しょうがいというふうに受けとめていただければよろしいと思います。ですから、「学習しょうがい」という日本語に置き換えてしまうと認識上の違いが生じてしまうかもしれません。でもなおかつ、重いしょうがいをもっている人たちをどう受けとめながら、どう一緒に考え行動をしていくかという問題が残ってくるだろうと思いますので、その点について、ウイリアムさん、もしお考えがございましたらお教えください。

ウイリアム　いい質問ですね。実際に、この人たちも自分たちの好きなように生きる権利を持っております。社会というものがあるわけですから、施設だけが道ではないということです。そして施設は解体する。政府も施設収容を望んでいない。しかし、政府は親が施設解体を怖がっていると思っています。重度のしょうがいをもった人たち、議論は必ず出てきます。どう対処するかということで。重度のしょうがいをもった人たちにとって、大きな施設というのはやはり危険です。施設というのは決して安全な住まいではないのです。むしろ施設は危険な場所なのです。近代的な施設もその文化も危険なものだということを申し上げておきたいと思います。したがって、絶対に施設は閉鎖しなければいけないと思っております。

　重度のしょうがいをもった人たちに関する議論というのは、政治家がよく使います。そして重度のしょうがいのある人たち、あるいは親を捕虜にして、人質に取っておきたい。そして施設の解体ということを議論するときに、親、本人を人質に取りたいということです。でも、重度の知的しょうがいがある人であっても、施設にいたいと思う人はだれもいません。でも、重度のしょうがい者がいるから、親が望んでいるから施設は閉鎖しないということを

よく言います。政治家の一部、労働党は、LFBと対立をしています。大きな闘いがそういった政治家との間にあります。やはり政治家というのは、お金を数えるのが好きですから。スウェーデンの政治家は当初施設閉鎖に反対をしておりました。最終的に、施設を閉鎖してお金が節約できることがわかった、そこで施設の閉鎖に賛成するようになった、と聞いています。というのは、施設の運営にはものすごく金がかかっていますから。やがて、政治家の考え方も変えることができます。そして政治家を説得することによって、地域生活を推し進めていくことができるわけです。

レスリー 私も全く同じ意見です。私どもが学んだことの一つとして、最も重度のしょうがいをかかえている人たち、我々が彼らと話をする方法を探すということです。多くの人たちが実際には自分の意見を言うことができるんです。自分が何をしたいのか、人生に何を求めているのかということは、多くの人がコミュニケーションできるわけです。したがって、我々がそのことを学ばなくてはいけません。どうやって重度のしょうがい者と話をするか、その方法を我々が見つけなければいけないのです。

河東田 日本で、例えば重症心身しょうがい者と言われている方々に支援をしているよく知られているところが幾つもあります。横浜の「朋」であるとか、「青葉園」とか、そういったところにいらっしゃる方々は、目で合図をしたり、足で合図をしたり、そういうコミュニケーションの仕方があるということを教えてくれます。我々は、そういう方たちにはものを言う力がないなどとすぐ思ってしまいますが、そうではないということを彼らは示してくれていると思います。そのことを今レスリーさんはおっしゃってくださったように思います。

　では、自己決定をどの段階ではぐくんでいったらいいのかという、これも難しい質問がございました。レスリーさん、お答えいただけますか。お願い

いたします。

レスリー 自己決定を考えたときに、どこで何を我々が決め始めるのかということを考えなくてはいけないと思います。人生においてはいろいろと決めていかなくてはいけないこと、例えば、好きな物、嫌いな物を決めていかなくてはいけません。しょうがいがあろうとなかろうとこの点は同じです。ですから、子どもが大きくなって思春期に差しかかり、そして青年になっていくなかで、自分で意思決定をします。ありとあらゆることについて意思決定をします。これは能力の発達の過程です。ある日突然、自己決定力をもつわけではありません。したがってしょうがい者の場合にも健常者と全く同じだと思います。我々は人生のなかで意思決定をします。方向を決めていきます。国によって文化的な違いはあるかと思います。したがってそういう意味においては、日本でどうなっているのか必ずしもわかりませんが、やはりしょうがい者も、健常者と同じではないでしょうか。

河東田 どんな時も、彼らが自己決定をはぐくむ機会があるんだということをおっしゃっていただいたように思います。
　さて、もう1人の方が手を挙げてくださいました。よろしくお願いいたします。

質問者 埼玉で支援者をしております。二つお聞きします。一つは、日本では2003年に大きな制度改革があって、サービスの量というものが以前に比べると大きく拡大しました。そのサービスの担い手の多くが営利事業者です。当事者団体やNGO、NPOもサービス提供の担い手となっているのですが、まだまだ割合としては小さい。そんな中で、サービスが増えたのはいいけれども、サービスの内容というものが営利事業者によって担われているということで、いろいろな弊害が起きています。皆さんの国で、公共サービス

の民営化とか、営利事業者が担うサービスの弊害みたいなことがありましたら教えていただきたいというのが1点です。

　それからもう一つ、日本では2003年以降、サービスの担い手の資格が大変強化されていて、高度な専門性を持っていないと支援ができないという形になっています。私たちはこれまで、地域で志がある人だったら誰でも関わってほしいということで活動をしてきましたが、実際、資格の強化というものが社会的な連帯を阻害している現状があります。つまり、高度な教育を受けていないとしょうがい者には関わってはいけないというような雰囲気が出てきています。そういった支援の質を高めていくということと、社会的連帯を保証するということの兼ね合いみたいなあたりで、もし皆さんの国の事情がお話いただけたらと思います。

河東田　今、二つほど質問が出されました。1点目の民営化の問題。これは第一部（第4章参照）でレスリーさんが盛んにおっしゃっておられましたので、レスリーさんにまず振りたいと思います。いかがでしょうか。

レスリー　ご質問者の言うとおりだと思います。サービスの提供者が営利団体、営利会社ということになると、お金を儲けるということが大事になります。そうしますと、サービスの質が問題になってくるわけです。営利会社の役割はあると思います。もし直接の支払いというシステムがあれば、そしてしょうがいをもっている人たちが選択ができて、雇用したり解雇したり、あなたのサービスはよくないからお金は払わないとか、そういうことができればという前提です。そして我々の経験からすると、そういう直接的な支払いというシステムは、オーストラリアにはありません。しかも選択の幅もそれほどはないわけです。ですから、それはやはり心配だと思いますし、懸念しております。人々を支援するというビジネス、普通の生活をするためのサービスを提供するということは、普通の商品を扱うビジネスとは違っています。

そこについて私はとても心配をしています。

河東田　では、ウイリアムさんいかがですか。民営化の問題です。

ウイリアム　民営化について、私は何も知りません。

ロール・コック　ずいぶん正直な答えですね。

ウイリアム　私はそういう人は知りませんし、会ったこともないし、それについて話すことはできません。でも、普通の大きな施設のマネージャーの人たち、彼らは人々からのお金を自分の懐へと入れています。ケアが必要であり、そして車のレンタルも高くしています。スウェーデンにはボルボという車もあります。私たちはオランダですが、スウェーデンの経済はそういう意味ではいいんでしょうね。私の国はそうでもありません。

　彼らはいろいろなことをやっています。エンパワメントということで、お金を人々から集めます。しかしそのエンパワメントのためのお金を車のレンタルに使ったり、新しいビルを建てたりとかということに使っています。それが実際に起こっています。ですからそれに対して私たちは闘いを続けています。そして今後も闘いを続けていきます。私もボルボが欲しいです。

河東田　ではアンデシュさんに答えていただきますが、スウェーデンは何でも公的にサービスが保障されていると思っていたのですが、だんだん民営化が進んできているのではないでしょうか。その点も含めてお答えいただければと思います。

アンデシュ　スウェーデンでも、民営のプロバイダー、支援団体がありますが、規則が非常に厳しいです。そこで民営の会社の営利目的に制限を課して

います。ですから、利益を追求する会社が知的しょうがい者にサービスを提供するということではなくて、LSS の法律に従ってやらなければいけません。そしてそれに従っている限りはボルボの車を買うことはできないでしょう。しかし民営のプロバイダーもいます。ボルボやほかの車も運転していますが、そういうお金はそこで得たものではないと思います。ただ問題は、その一部はサービスの質についてあまり考えていない。よいサービスの質ということではなく、自分たちの法律に従ってどういう形で自分たちの野心を満たしていくか、そして自己決定というような原則があるわけですが、それをどうやっていくかと。それは大きなことですが、そういう会社の野心に比べるとそれほど大きくは認められないかもしれないわけです。小規模な組織がいいと考える人たちもいます。というのも、そういう小さな規模でサービスが提供されればもっと選択肢が増えるからです。

河東田 少しずつ、構造的に変化が起こっているということをまず認識しないといけないようです。
　では、二つ目の質問に移ります。資格化の問題が出てきていて、支援の質の向上と連帯ということを考えると、どうも矛盾が生じているのではないかということですが、レスリーさん、いかがですか。オーストラリアでは。

レスリー もう一つ、営利会社ということについてのコメントを言いますと、過去オーストラリアでもこういうことがありました。民間の会社では、何が起こっているのか非常に追及しにくいのです。民営化された事業所では何が起こっているかわからないという実態があります。ここには契約がありますので、契約の段階で注意が必要です。
　サービスプロバイダーの資格ということについて、オーストラリアはプラス面、マイナス面、いろいろあります。一部には資格を求める人がいます。コミュニティがそういう資格を設定している場合もあります。ご指摘のよ

うに、ネットワークをつくり、そしてコミュニティに生きていくという中では、必ずしも書類が必要ではないこともあります。そういう資格がなくてもうまくやれるという人もいるわけです。ですから私たちの課題としては、アレンジメントが必要です。フォーマルな、あるいはインフォーマルなサポートをどうブレンドしていくかということです。交渉は難しいところもあります。しかし、トレーニングをしてスキルアップをしていくことはいいことです。一方で、そのほかの質というものがあります。それは、単なる資格の問題ではありません。それは態度、そして創造性、革新的であるということです。問題を解決していこうという態度、そういう能力というものがあります。その両方が必要だと思っています。

河東田　もう6分ぐらいしかなくなりました。大変申し訳ありませんが、お二人への質問はこれで打ち切りにさせていだきたいと思います。今、私は、国立市の地域保健福祉計画の策定にかかわっています。実は、国立で今ご質問があった内容に深く関わるものが出てきております。私が関わっているしょうがいしゃ計画の中に、市独自の介助制度の創設という事業名を入れました。それは二つの内容を持っています。一つは、非常に支援の仕方が難しくなってきておりますので、国の制度ではまかないきれないようなものを市独自で何とかできないだろうかということです。それで私たちは、ダイレクトペイメント（直接給付）の方式がとれないだろうかという検討に入りました。

　そしてもう一つ、資格化の問題です。独自の介助制度をつくるなかで、資格を取り外して、だれもがヘルパーになれるような状態にしていこう、そんな検討にも入りました。さまざまな制限はありますが、国立のように、当事者の要求に基づいた自治体独自の計画を立てるチャンスが到来しているように思います。ぜひ各自治体で、そうした機会をとらえながら、当事者とともに各自治体独自のサービスをつくり上げていっていただきたいと思います。

では、時間がやってまいりましたので、最後にお一人ずつ、シンポジストとしてご登壇いただいた感想を伺い、その上で最後の締めに入っていきたいと思います。
　ではまた同じように、レスリーさんから、一言、今日の感想と我々へのメッセージをお願いいたします。

レスリー　今日は本当に有益でした。三つの国の状況を知り、そして日本においての状況も知ることができました。特に私が感銘を受けたのは、いろいろな課題が共通しているということです。人は人、そしてそれが一番大事なメッセージだと思っています。どの国でも、しょうがいをもつ人たちが普通のコミュニティに生きるべきだと信じている人がいます。そしてそれが今のここの共通の考えであり、それは本当に心温まることだと思います。

ウイリアム　今日はずいぶん長い1日でした。オーストラリア、スウェーデン、日本、オランダについていろいろと話をしてきました。第1部の議論の後半では、プライバシーの尊重ということについてもお話をしました（第4章参照）。一番大事なことを忘れています。プライバシーと尊厳ということです。多くの人たちはショックを受けたようです。グループホームで生活している方が自らの部屋のドアに鍵がないということを聞いて、そしてそんなことはありえないと。自分の部屋の鍵を自分で持てるように闘うべきだと。それは自分のプライベートな部屋ではないかという話がありました。議論は、鍵のことで話が尽きました。例えば支援者が入ってくるのでその時には鍵を渡したほうがいいだろうと日本の方が言いました。しかし、鍵はプライバシーの第一歩ですから、1人の人間であり、そしてまた自分の個室であるという空間を守る、それがプライバシーの第一歩であるということを私は話しました。同意してくださった方もいらっしゃいますし、「ちょっと」と首を傾けている方もいらっしゃいました。今日1日の会議、非常に有益でした。

でも長かったですね。人によっては、ちょっと居眠りされていた方もいらっしゃるように思います。実は、私は数えていたんですが、10人の方が居眠りをされていた時もありました。2時間のディスカッションはなかなか長いと思います。やはり間に休憩を入れるといいと思います。第1部のほうでは休憩を入れました。そうでないと集中力がとぎれてしまいますので、みんな寝てしまうということもあるかと思います。午後もなかなか長いセッションでありました。

いずれにしましても、ぜひとも日本で多くの成功を達成をしていただけることを願っておりますし、またいつかお目にかかれることを楽しみにしています。

河東田 ロール・コックさん、一言お願いいたします。

ロール・コック 感想を述べさせていただきます。今朝、いろいろなことを話しました。特別なことも話しました。非常に興味深かったです。私もずいぶん学ぶことができました。非常によい学びの経験でした。いろいろな国でいろいろな状況があるということですね。今日は数カ国からの代表が参加している会議でしたが、ときには「ハレルヤ」と喜びの声を上げたようなこともありました。しかしときには、「ああ、大変だな」と率直に実感したこともあります。私も20年間、このような仕事に従事してまいりました。しょうがいをもった人々とともに生きてきたわけです。非常にやりがいがありました。しかし、まだまだやるべきことは数多くあります。私はオランダの小さな組織

ロール・コック氏（オランダ：オンダリングシュタルク連盟コーチ）

で、そんなにたくさんの人がいるわけではなく、そしてまたすべての人々が世界といろいろな結びつきを持てるわけではなく、しかし私どもは日本に来る機会を得ることができました。また母国オランダでは、まだ日々人々がさらなる権利獲得のために働いています。人のために何をすることができるのか、自分のために何をすることができるか。それを考えますと、いろいろな状況の中で厳しいときもありましょうが、やはり進んで行かなくてはならないと思います。

　私は56歳ですが、いろいろなアイデアを持っています。何かをしたいとも思っています。65歳までに私のやりたいことがあります。学ばなくてはいけないことがたくさんあります。毎日毎日学習しなければいけないことがあります。そしてこういう機会でも学んでいます。知らないことが多すぎます。皆さんは私よりも若い、その人たちから私は学んでいます。もう遅すぎるかな、年をとりすぎたかと思ってしまうこともありますが。でも、今日は若い人たちに接して、そのような感覚を思い出しました。ただし、あまり走らないで、走りすぎないでいってくれたら、私も頑張って追いつくこともできるかと思います。

アンデシュ　でも、一緒に走ることはできると思います。私と一緒に走りましょう。私は第1部ではコーチング・支援についてということを皆様とともに話し合いました（第4章参照）。状況をよく考えますと、ほかの人の生活について語ることはおこがましいかと思います。今までもいろいろな会議に出席してまいりました。しかし、他人のことを発表するということではなくて、自らのことを話していかなくてはいけないと思います。私も、急ぎすぎるということはしません。ゆっくりと時間をかけて学んでいきたいと思います。

　セルフアドヴォケート、本人のセクションですが、グルンデン協会、そしてまた日本の方々からの発表も聴く機会を得ました。非常にいいディスカッ

ションが行われていました。完全には参加できなかったのですが、非常にいい雰囲気だったと感じることができました。以前、グルンデン協会を訪れて下さった大阪の方々とも再会することができて非常にうれしく思っています。また、いろいろな国の人々とも旧交を温めることができ、また新しい友達を得ることもできました。

　そして、施設の閉鎖、解体というようなトピック、これも語り合いました。将来のさらなる進展のために、解体ということについても話し合っていかなくてはいけないと思います。それについて私は、何度か話す機会を得ることができました。日本におきましても、そのような関心が高まっていることをうれしく思っています。小さな会議でも大きな会議でも、また高いレベルでも、このような話し合いというもの、可能性というものが追求されることを願っています。というようなところで、私のコメントを終了させていただきます。どうもありがとうございました。

河東田　最後に何を伝えて終わろうかと思いながらメモしましたが、それはもう脇に置きます。先ほど国立市の策定委員会の報告をさせていただきました。私自身は、とてもいい計画ができたのではないかと思っています。それはしょうがいをもっている方たちと一緒につくったからです。その委員会には、知的・身体・精神の代表の方が参加していました。知的の方が参加された委員会は、恐らくあまりないのではないかと思います。それ以上に、毎回毎回の委員会のときに、20名から30名近い当事者の方々が我々を取り囲んで、傍聴するために参加をしていたのです。本人たちがいてくれて本人たちの声を聴きながらものごとを進めていかないと本物にはならないんだなということを、私は当事者委員や傍聴している当事者から教わりました。彼らのところに出かけ、彼らの声を聴いてその計画に反映させていかなければならないと思いました。私は、計画を立てるときの姿勢はそうであらねばならないと思わされたのです。

「さまざまな認識の仕方、そして規則の体系、つまり規則をつくるときは人々の幸福や自己実現に方向付けられるときに初めて意味を持つ」。この言葉をシンポジウムのまとめにしたいと思います。レスリーさん、ウイリアムさん、ロールさん、アンデシュさん、遠くオーストラリア、そしてオランダ、スウェーデンから来られたこの4人の方々に感謝申し上げます。4人の方々に再度拍手をお願いしたいと思います。（拍手）

河東田　これで閉会といたしますが、今日は多くの方々にご協力をいただいてこの会が設けられました。ご協力いただいた方々に御礼を申し上げ、締めたいと思います。皆様、お気をつけてお帰りください。ありがとうございました。（拍手）

第 4 章

みて、きいて、はなしあおう、元気の出る話
――地域移行・本人支援・地域生活支援国際フォーラムからのメッセージ――

はじめに

　本章では、2005年11月3日（9：30～15：00）、立教大学池袋キャンパス8号館1階～3階各教室で行われた「地域移行・本人支援・地域生活支援国際フォーラム」（主催：立教大学地域移行研究センター、共催：財団法人日本障害者リハビリテーション協会、立教大学アミューズメントリサーチセンター福祉プロジェクト、参加者：250人、全体進行：小林幸恵、戸沢竜也）の報告を行う。

　2005年10月31日、多くのしょうがい者団体が、慎重審議、もしくは反対を訴えているにもかかわらず、障害者自立支援法が可決されてしまった。とても残念な出来事の一つになってしまったが、この障害者自立支援法は、2006年4月から順次実施されていくことになる。この法律は、身体・知的・精神のしょうがいごとに異なる福祉サービスを一本化するとともに、利用者に原則1割の負担を求める内容となっている。またこの法律は、これまでのしょうがい種別のサービスのあり方から、しょうがいの程度別に変わるなど、大きな変化が伴ってきている。今後、各自治体でどのようにサービスの質を落とさずに取り組みがなされていくのかが求められていく。その意味で、各自治体との連携や働きかけが今後とも求められていると思われる。

　このように日本では福祉に関わる大きな変化が起こってきているが、この間私たちは、地域移行と地域生活支援に関する研究に取り組んできた。今回その結果を示すとともに、各方面から多くの方においでいただき、さまざまな論議をこの場で行っていきたいと思った。この度、スウェーデン、オランダ、オーストラリアからご本人を含む関係者を招へいし、先進事例を出していただきながら、私どもが行ってきた調査結果などとの突き合わせをさせていただこうと思った。また、調査結果や国際フォーラムの内容に本人の声も反映させたいと思い、大阪「かえる会」の皆さんや、埼玉「わらじの会」の

皆さん、そして本人活動の支援を長年行ってこられた花崎三千子さんのお力添えをいただくことにした。この国際フォーラムでのやりとりを通して得られた結果を、地域移行だけではなく、本人支援のあり方などからも多くのことを学び、私たちの取り組み、または実践に生かしていきたいと思っている。

(河東田 博)

「地域移行・本人支援・地域生活支援国際フォーラム」プログラム

(午前の部)

全体会 (9：30 〜 10：00)

　　記念講演 1 ：「スウェーデンにおける本人活動と地域生活支援」
　　　　　　　　イェテボリ・グルンデン協会（スウェーデン）
　　　　　　　　マーリン・アシュテレイ・グスタフソン（理事）
　　　　　　　　ジェーン・ハルビ（理事）

分科会 1 (10：10 〜 12：00)

　　第 1 分科会：本人活動とエンパワメント（本人向け分科会）
　　　　　　　　（大阪「かえる会」を中心に企画）
　　　　講師・助言者：
　　　　　マーリン・アシュテレイ・グスタフソン（スウェーデン・グルンデン協会）
　　　　　ヴィレム・クワッケル（オランダ・オンダリングシュタルク連盟）
　　　　　（支援者：リッチェ・オーメン、オンダリングシュタルク連盟支援者）
　　第 2 分科会：地域で自立して生きていくために（本人向け分科会）
　　　　　　　　（埼玉「わらじの会」を中心に企画）
　　　　講師・助言者：
　　　　　ジェーン・ハルビ（スウェーデン・グルンデン協会）
　　　　　ウイリアム・ヴェステヴェル（オランダ・オンダリングシュタ

ルク連盟)
　　　　(支援者：アン-クリスティン・ハルト、グルンデン協会支援者)
　第3分科会：本人活動の支援のあり方(支援者向け分科会)
　　　　　(企画者：花崎三千子、札幌みんなの会支援者)
　　　コーディネーター：花崎三千子
　　　　発題者1：アンデシュ・ベリィストローム(グルンデン協会支援者)
　　　　発題者2：ロール・コック(オンダリングシュタルク連盟支援者)
　　　　発題者3：光増昌久(札幌みんなの会支援者)
　　　　発題者4：本田隆光(ふれんずトトロ支援者)
　第4分科会(10：10～午後まで継続)：地域移行と地域生活支援を考える(支援者向け分科会)
　　　　講演1：レスリー・アイリーン・チェノウエス
　　　　　　(オーストラリア・クイーンズランド大学上級講師)
　　　　講演2：小林繁市(伊達市地域生活支援センター所長)

(昼食・休憩) 12：00～13：00

(午後の部)
分科会2 (13：00～14：20)
　第1～3分科会(本人・支援者合同分科会)
　　　「話し合おう――私たちの夢と希望――」
　第4分科会(支援者向け分科会)
　　　研究報告：杉田穏子(立教女学院短期大学助教授)
　　　シンポジウム：地域移行と地域生活支援を考える
　　　　シンポジスト：レスリー・アイリーン・チェノウエス(オーストラリア)
　　　　　　　　　　　小林繁市(伊達市地域生活支援センター)

　　　　　杉田穏子（立教女学院短期大学）
　　　コーディネーター：河東田博（立教大学）

全体会（14：30 〜 15：00）
　　記念講演 2 :「オランダにおける本人活動と地域生活支援」
　　　　　オランダ・オンダリングシュタルク連盟（LFB　本人全国自治組織）
　　　　　　　ウイリアム・ヴェステヴェル（所長）
　　　　　　　ヴィレム・クワッケル（北部地区所長）

記念講演 1

スウェーデンにおける本人活動と地域生活支援

マーリン・アシュテレイ・グスタフソン（理事）
ジェーン・ハルビ（理事）
（スウェーデン・グルンデン協会）

　マーリン・アシュテレイ、ジェーン・ハルビと申します。スウェーデンのグルンデン協会からまいりました。今日は、グルンデン協会についてお話しいたします。

　グルンデン協会は、FUBという親の会の一部としてスタートしましたが、2000年に独立いたしました。

　私たちの活動は、幾つかの部分からなっていまして、まず理事会、プロジェクト担当グループ、メディア、映画、ウェブサイトのデザイン作成、カフェ（コーヒーショップ）、余暇活動、それから旅行などに分かれています。

　事業を統括している執行部のメンバーは5人。2人のコーチもいます。

　グルンデン協会には、ほかの組織と同じように規約があります。この規約の中にはグルンデン協会独特の内容も含まれています。みんなに自分たちの生活について決定や話し合いをする際にぜひ参加してほしい、ほかの人たちと同じようにみんなにも教育を受ける権利、働いたり同じような生活をするような権利を持ってほしい、差別と偏見と闘います、しょうがい者に対するほかの人たちの態度を変えてほしいといった内容が、グルンデン協会独特の規約の中身です。

　グルンデン協会のメディアグループの活動内容ですが、新聞や雑誌をつくったり、ラジオ番組を製作したり、フィルムや映画を製作したり、情報提

グルンデンについて

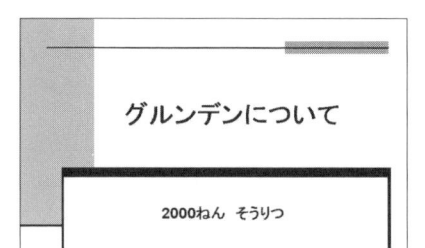

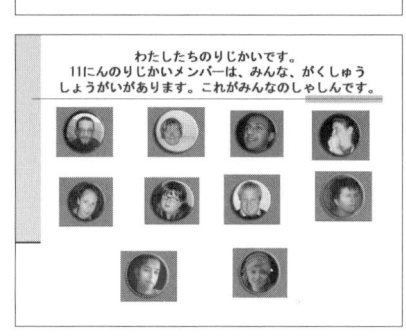

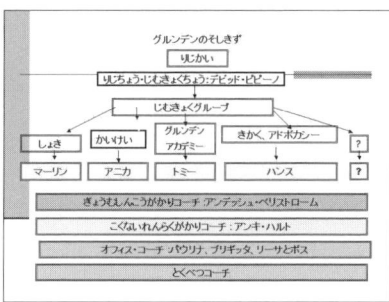

2000ねん そうりつ

いくつかにわかれて、仕事(しごと)をします。

たとえば:
りじかい
プロジェクト
メディア
えいが
ウェヴ・デザイン
カフェ
よか
きゅうじつのりょこう

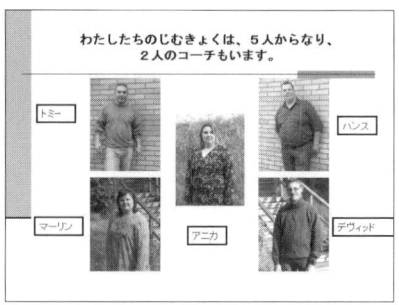

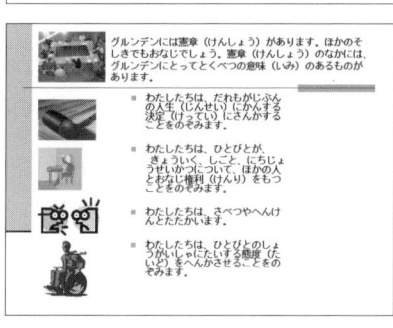

わたしたちのりじかいです。
11にんのりじかいメンバーは、みんな、がくしゅうしょうがいがあります。これがみんなのしゃしんです。

わたしたちのじむきょくは、5人からなり、2人のコーチもいます。

トミー　ハンス
マーリン　アニカ　デヴィッド

グルンデンのそしきず

りじかい
りちょう・じむきょくちょう:デビッド・ピピーノ
じむきょくグループ
しき　かいけい　グルンデンアカデミー　きかく、アドボカシー　?
マーリン　アニカ　トミー　ハンス　?
きょうむえんこうがかりコーチ アンテッシュ・ベリストローム
こくないれんらくがかりコーチ:アンキ・ハルト
オフィス・コーチ パウリナ、ブリギッタ、リーサとボス
とくべつコーチ

グルンデンには憲章(けんしょう)があります。ほかのそしきでもおなじでしょう。憲章(けんしょう)のなかには、グルンデンにとってとくべつの意味(しみ)のあるものがあります。

- わたしたちは、だれもがじぶんの人生(じんせい)にかんする決定(けってい)にさんかすることをのぞみます。
- わたしたちは、ひとびとが、きょういく、しごと、にちじょうせいかつについて、ほかの人とおなじ権利(けんり)をもつことをのぞみます。
- わたしたちは、さべつやへんけんとたたかいます。
- わたしたちは、ひとびとのしょうがいしゃにたいする態度(たいど)をへんかさせることをのぞみます。

グルンデン メディア

グルンデンのなかまがつくっているのは、
- しんぶんやざっし
- ラジオプログラム
- えいが
- じょうほう
- ウェブサイト
- そのた

コーヒーショップ

- グルンデンのメンバーは、ちゅうしょくのゲストのために、おいしい食事(しょくじ)をつくっています。パンやケーキもつくります。ビンゴゲームのときは、よるもひらいています。
- コーヒー・ショップは、おいしくてけんこうてきな食事(しょくじ)をだしていることで、とくべつ賞(しょう)をもらいました。

第4章　みて、きいて、はなしあおう、元気の出る話

えいがとウェブサイト

- グルンデンでは、じぶんでえいがをつくっています。
- グルンデンのウェブサイトだけでなく、ほかのそしきのウェブサイトもつくりました。

メンバーのよかかつどう

わたしたちは、1しゅうかんに2かい、よるにオープンハウスをします。たとえば、パンをつくるとか、グラフィック・ペインティングをするとか、ダンスのゆうべをするとか、コンピューターやITルームもオープンにしています。

わたしたちは、ひるまは、1しゅうかんに2かい、アイスランドのうまで、じょうばをします。パーティーをひらくときもあります。

きゅうかのりょこう

わたしたちは、まいとし、イエテボリにすむ200にんぐらいのひとのために、りょこうをきかくしています。

たいていは、ふつうのかんこうりょこうですが、おんなだけのたび、つりのたび、おんがくのたびなど、とくべつのテーマにあわせたりょこうもあります。

わたしたちは、できるだけしょうにんずうでりょこうすることにしています。メンバーは6にんをこえないようにし、ガイドもふたりまでです。

プロジェクト

- インターネットにしたしむためのITプロジェクト
- ひととのかんけい、あい、セックスについての「クリクリ」プロジェクト
- ぎかい選挙(せんきょ)のじょうほうにかんする「やさしいとうひょう」プロジェクト
- ほんとの仕事(しごと)につくための「しごと」プロジェクト

- グルンデンはかずかずの賞(しょう)をもらっています。
  ♪EUから、しゃかいとうごうのためのさいりょうの仕事(しごと)におくられる金(きん)メダル
  ♪イエテボリ市からは、ちかづきやすさ賞(しょう)。
  ♪スウェーデン・フィルム・インスティテュートから、短編映画部門(たんぺんえいがぶもん)の2とう賞(しょう)
  ♪ローズ・マリー・デイビット賞(しょう)

こくさいかつどう

- グルンデンは、せかいじゅうにしられています。わたしたちは、こくさいかいぎになんどもしゅっせきしています。またオランダやその他のヨーロッパのくにときょうりょくかんけいをもっています。
- わたしたちは、にほんやチリで、セルフ・アドボカシーのプロジェクトのしごともしています。

供をしたり、ウェブサイトをつくったり、ほかにもたくさんの活動をしています。

　グルンデンのメンバーは、お昼を食べにいらっしゃるお客様のために、おいしい食事を用意しています。パンやペストリーをつくったり、夜になるとビンゴゲームをして楽しんだりする、そういうコーヒーショップを経営して

います。このコーヒーショップは食べ物がとてもおいしくて、健康的な食事を提供するということで特別賞を受賞しました。

　それから映画やウェブサイトのデザインをやっているグループでは、映画の自主製作をやったり、あるいは私たちのため、またほかの人のためのウェブサイトづくりをやったりしています。私たちのウェブサイトのアドレスは、www.grunden.se です。

　余暇活動のグループですが、1週間に2晩、オープンハウスという催しをやっています。例えばパンをつくったり、ペインティングをするような会をやったり、ダンスをしたり、映画を鑑賞したりしています。それからコンピューターとITの部屋を開放しています。また、1週間に2日乗馬も楽しんでいます。アイスランドの馬に乗って乗馬をしたり、またパーティをするときもあります。

　旅行の活動ですが、イェテボリ市にグルンデン協会がありますが、その町の人たち200人ぐらいがこの旅行に参加しています。普通の旅行の場合もありますし、女性のための旅行、釣り、音楽を楽しむための旅行など、特別なテーマごとの旅行もあります。だいたい出かけるときは、6人以上にならないような小さなグループで2人のガイド付きで出かけます。

　プロジェクトに関わる活動ですが、いろいろなプロジェクトがあります。インターネットにアクセスできるようにするためのITプロジェクト。それから人間関係や愛やセックスなどについて語り合うプロジェクト「クリック」というものがあります。それからまた、国政選挙をより投票がしやすいようにするための情報提供などの活動も含まれます。また本当の意味で、やりがいのある仕事を得るための就労、仕事、職業に関するプロジェクトもあります。

　グルンデン協会はいろいろな賞を受賞していますが、その中には、EUの社会統合に関する活動に与えられた金メダル、それからイェテボリ市のアクセスの問題を取り上げたときにも表彰されました。また、スウェーデンの

映画協会から、短編映画部門で2等賞をもらったこともあります。またローズ・マリー・デイビッド賞も受賞しました。

　私どものグルンデン協会は、まず第一ステップとしてスウェーデン国内の団体としてスタートしました。政府の資金を申請して、2006年1月から活動が開始できると期待しています。それから、しょうがい者のグループとして、サービスの本部をイェテボリに置いて、自分たちの活動をし、2人のコーチに支えられながら進めていきたいと思っています。それからまた、地域のオフィスも5カ所設けました。東に1カ所、西に1カ所、北に2カ所、南に1カ所です。これら全部がうまく軌道に乗るのに3年ぐらいかかると思います。

　次に、国際的な活動ですが、グルンデン協会は世界じゅうにその名前を知られています。幾つかの国際会議やシンポジウムなどに参加しています。これは、オランダやヨーロッパのほかの国々と一緒に企画した会議などです。それからまた、日本とチリにおいても本人支援のための活動を行っています。以上です。ありがとうございました。（拍手）

第1分科会　本人活動とエンパワメント

講師・助言者

マーリン・アシュテレイ・グスタフソン（スウェーデン・グルンデン協会）

ヴィレム・クワッケル（オランダ・LFB）

（支援者：リッチェ・オーメン、オランダ・LFB）

第1分科会　企画内容について

「元気のでる」話をしよう！

1．ねらい
★元気に活動している当事者の話をきく
★参加している当事者も、元気に活動してほしい
★参加している支援者は、当事者が元気に活動できるよう、きちんと支援をしてほしい

2．内容
★みんなであいさつをしよう
★元気のでる話をきこう
　・スウェーデンの当事者
　・オランダの当事者
　・かえる会の当事者
★どうしたら元気がでるか、話し合おう
★みんなで、もりあがろう！

●午前の部

A　そろそろ始めてもよろしいでしょうか。（拍手）
　皆さん、おはようございます。今から「『元気のでる』話をしよう！」という分科会を始めます。大阪から来ました、ミス日本のAです。（一同笑い）今日は司会をします。よろしくお願いします。この分科会は、「『元気のでる』話をしよう！」という分科会です。元気に活動しているスウェーデン、オランダ、日本の「かえる会」の話を聞きます。参加をしている当事者の皆さんには、この話を聞いて元気になってほしいと思います。また支援者の皆さんには、当事者が元気に活動できるために、どのような支援をしたらいいのか考えてほしいと思います。
　まず中身に入る前に、ここに集まった人たちはお互い知らない人ばかりだと思うので、自己紹介をしたいと思います。隣の人や前や後ろの人と自己紹介をします。名前やどこから来たか、生活のことや仕事のこと、趣味などを話すのもいいかもしれません。自己紹介をした後は、お互いにほめ合ってください。「あなたのその笑顔はすてきですね」「あなたのそのひとみ、すてきですね」などと、お互いのすてきなところを探してほめてください。そして最後に握手をして別れます。終わったら、また後ろや前の人と自己紹介をしてほめ合い、最後に握手をしてください。皆さん、わかりましたか。それでは始めましょう。

（会場内で参加者が互いに自己紹介しあう。）

A　皆さん、たくさんの人とあいさつできましたか。そろそろ終わりなので、席についてください。それでは、早速中身に入っていきたいと思います。まずは内容の確認をしましょう。まずは元気の出る話を聞こうということで、スウェーデン、オランダ、日本の「かえる会」の当事者の話を聞きます。ス

ウェーデン、オランダ、「かえる会」がどのような活動をしているか、自分たちと同じことをしているのか違うことをしているのか、元気が出るということですが、本当に元気が出るのでしょうか。楽しみですね。その後に質問をする時間があります。ここまでが午前の部です。その後は、昼御飯のため、1時間休憩をします。午後からは、皆さんから意見を出してください。午前中に聞いたスウェーデン、オランダ、「かえる会」の活動の話を参考に、どうしたら元気が出るかを話し合ってください。そして、最後に元気が出る話をして、皆さんが元気になったらこの分科会は終わりです。

　それではまず、元気の出る話を聞こうということで、スウェーデン、オランダ、日本の「かえる会」の話を順番に聞いてもらおうと思います。トップバッターは、スウェーデンの話です。スウェーデンのマーリンさんから話をしてもらいます。マーリンさん、それではよろしくお願いします。

私のエンパワメントの道しるべ
（マーリン・アシュテレイ・グスタフソン）

　では、始めます。私はエンパワメントについて感じることをお話しします。私のエンパワメントの道しるべとして、子どものころの話、学校のこと、アメリカでの経験、私生活、そして今についてお話しします。

　私は1972年に生まれました。ですが、そのときお母さんは私の世話をすることができませんでした。そこで乳児院に移らなければなりませんでした。その後、私をかわいがってくれる家族と一緒に住むことができました。そこに10カ月ぐらい住んでから、男の人と女の人がやってきて、自分たちの子どもになれる子どもがいないかと探しに来ました。それで、私がついていくことになって、その人たちと週末を一緒に過ごしました。その後で2人が私を気に入ってくれたので、乳児院に来て、「ぜひ、この子をください」と言いました。乳児院に私をくださいと言ってくれたので、私はこの2人と一緒に住むことになりました。2人は私を長女として迎えてくれました。その後、

男の子や女の子のきょうだいができて、私のことをとてもかわいがってくれました。

　次に私の学校についてお話しします。4年生になったとき、先生たちは、なぜ私が学校の勉強についていけないんだろうと頭をひねりました。「この子が怠け者だからなんだろうか」「それとも勉強の理解に問題があるからなんだろうか」「勉強がわからないんだろうか」と。それで、初めのうちは普通学校に通っていました。でも5年生になったとき、普通学校ではなくて養護学校に移りました。それは先生たちと私の両親が、私の問題を話し合って決めてくれたことです。新しい養護学校に移ってから、私は頭がいい子になりました。そこでは、ほかの子たちよりもちょっと進んでいたからです。でも、私はアメリカに住んだことがありますが、アメリカでは知的しょうがいがある人でも、知的しょうがいのない人と同じクラスで勉強していました。それはとてもよいことだと思いました。

　もう学校を出てからだいぶたちますけれども、その後の私生活についてお話ししたいと思います。私はとても幸せな私生活を送っています。つまり、結婚もしましたし子どもも生まれました。学校を出てから13年になりますが、ずっとグルンデン協会で働いています。初めはグルンデンの受付係で、電話に出たり人に伝言をしていました。やがてキッチンで働くようになって、それも10年間続けています。それからまたオフィスで働くようになりました。スターバックスでも働いていました。いろんな機会があるので、こういう仕事ができるのはとてもいいことだと思います。またグルンデン協会の理事会で書記をしています。世界のいろいろな場所の世界大会に出る場合、私たちが働きかけている問題について、世界ではどうなっているのかということを知ることは、とても大事なことだと思います。

　私は5年前に母親になりました。男の子がいます。しかしそのことでいろんな出来事がありました。私は最初、妊娠していることを誰にも話さなかったのです。でもそれは、決していいことではなかったと思います。自分の

子を自分で育てるのではなく、里親に預けなければならないということが嫌だったので、妊娠していることを誰にも言いませんでした。私はそのときとても悲しくて、その1年は悲しい1年でした。産んでも自分の子どもと一緒に住むことができなかったからです。でも本当のことを言うと、それが一番よかったかもしれません。私のその男の子が、自分の人生をうまくスタートすることができたからです。今、その子が5歳になりました。現在は、私が選んだ家族と一緒にその男の子は暮らしています。でも私も、1週間に一度その子と会うことになっています。そのときが、1週間の中で一番楽しいときです。私は最近結婚しました。この結婚相手の男性はとてもすてきな人で、大好きです。

　私は現在、グルンデン協会で働いています。これまでいいことも悪いことも経験しましたが、そのおかげでどんどん強くなったし、ひとりだちができるようになったと思います。私が仕事をするとき、コーチがいつもついていなければならないということも、今ではなくなりました。自分自身に自信が持てるようになりました。私と同じ状況に置かれた人たちにも、もっとひとりだちできるチャンスをあげることが大事だと思っています。こうして仕事を通じて強くなることができたのは、私の仕事にとってもいいことだと思います。

　エンパワメントをどのように使うかについて考えていることは、知的しょうがいのある人で親になりたい人や親になった人を助けることです。これからも知的しょうがいのある人で親になりたい人、親になった人、いろいろな問題を抱える人がいると思いますが、そういった人たちを私は助けてあげることができると思います。そのようにして、エンパワメントを使っていくことができると思います。地域社会やソーシャルワーカーの人たちの、正しい情報や支援さえあれば、私たちは子どもの世話を手伝ってもらうことができるわけです。ですから、自分の子どもと無理やり別れるのではなくて、そのような支援を得て自分で育てることができるようになると思います。親になったり親になりたい人は、一緒になってもっと強くなり、お互いに助け

合って自分たちの権利のために闘う必要があると思います。

　私がエンパワメントを使って実現したいことは、「本当の仕事」をふやすことです。つまり、年金をもらいながらデイセンターで活動するというのではなくて、本当の給料をもらえる仕事をふやしたいのです。「あの人はきちんと仕事ができた」といった例や、「自分にもできた」といった経験のある人がたくさんいますから、デイセンターの活動をどうするか、そんな話し合いをするのが時間のむだに思えることがあります。私たちは、「本当の仕事」を実現するためのいろいろなやり方を学ぶ必要があります。「本当の仕事」、お給料をもらえる仕事を持った人たちに起きるいろいろなすばらしいことを、お互いに語っていく必要、話し合っていく必要があると思います。

　もう一つ頑張ろうと思っているのは、女性の問題です。私たちのオフィスの仲間は、女性の問題に取り組むプロジェクトを立ち上げました。この問題は、私たちの組織にとって本当に大事なことだと思います。社会の中で差別されたり、性的に虐待されて、地域社会から何の支援も受けられない女性がたくさんいます。ですから、大変、急を要する、急いでやらなければならない仕事だと思います。その上、知的しょうがいのある女性は、もっと難しい立場に置かれています。孤立していて助けを求める先がないという場合が多いからです。彼女たちが、社会の中で本当に差別されて、ひとりぼっちになっている場合が多いからです。グルンデン協会では、この問題やそのほかの問題に真剣に取り組んでいます。

　私と一緒に働いてくれている仲間と、私たちは毎日いろんなことを学んでいます。新しい経験を積んで、その結果に基づいて先に進んでいきます。だんだん強くなっていきますし、また自分に対する自信も出てきます。それが私にとって大きな満足になっています。

　それではこれで最後ですが、皆さんどうもありがとうございました。いつかスウェーデンでお会いしたいと思います。（拍手）

エンパワメントについて かんじること

マーリン・アシュテレイ・グスタフソン

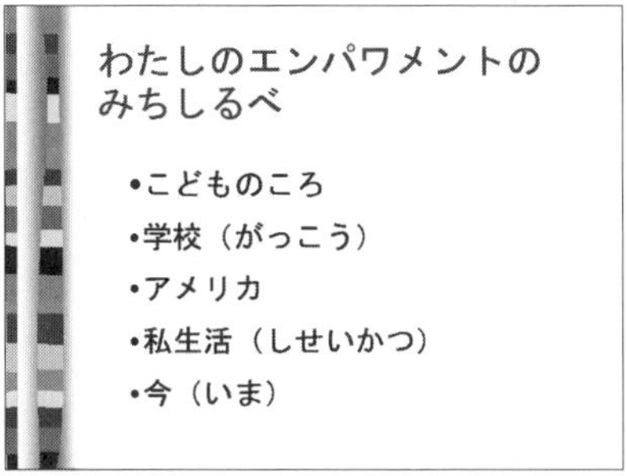

わたしのエンパワメントのみちしるべ

- こどものころ
- 学校（がっこう）
- アメリカ
- 私生活（しせいかつ）
- 今（いま）

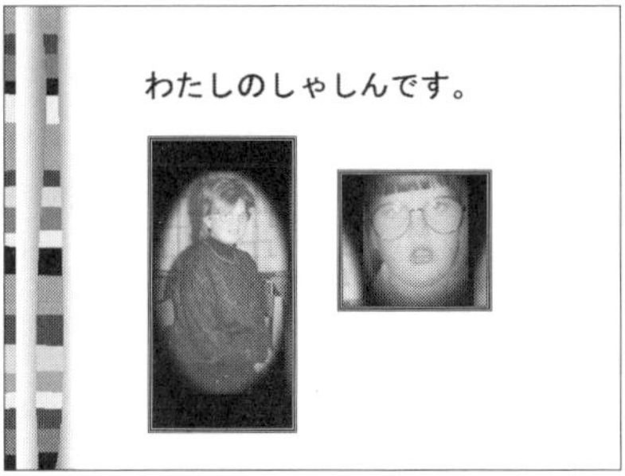

わたしのしゃしんです。

こどものころ

- わたしは、1972年にうまれましたが、おかあさんは、世話（せわ）ができませんでした。わたしは、乳児院（にゅうじいん）にいきました。
- のちに、わたしをあいしてくれたかぞくの養女（ようじょ）になりました。

学校（がっこう）

- がっこうのべんきょうはむずかしかったです。わたしは普通学校（ふつうがっこう）から養護学校（ようごがっこう）にうつりました。

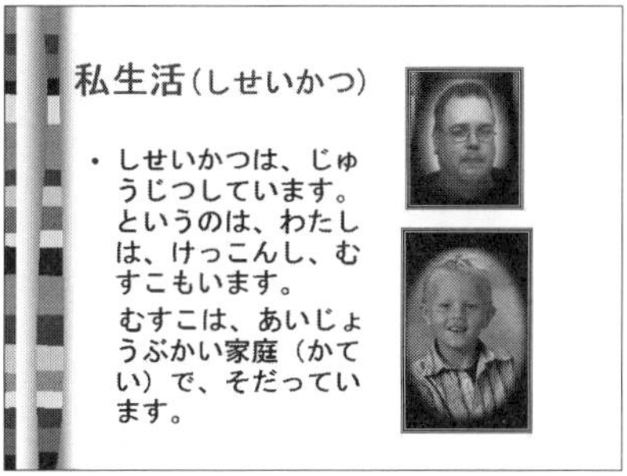

私生活（しせいかつ）

- しせいかつは、じゅうじつしています。というのは、わたしは、けっこんし、むすこもいます。むすこは、あいじょうぶかい家庭（かてい）で、そだっています。

今（いま）

- わたしは、いまグルンデンで、とてもたのしくはたらいています。

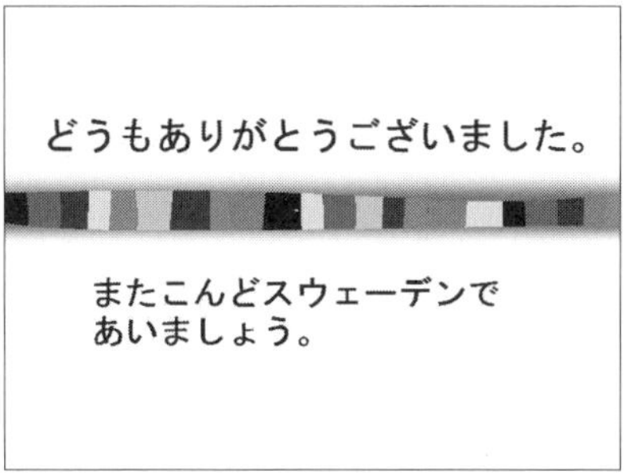

どうもありがとうございました。

またこんどスウェーデンであいましょう。

A　ありがとうございました。続いてオランダのヴィレムさんです。それではよろしくお願いします。(拍手)

エンパワメントとセルフアドヴォカシー
(ヴィレム・クワッケル)

　おはようございます。ヴィレム・クワッケルと申します。オランダから来ました。エンパワメントの分科会に、皆さんようこそおいでくださいました。お互いに一緒に学び合いたいと思います。

　雨が降った後には、太陽が輝きます。つまり、施設は曇りの状態ですが、ちゃんと太陽が輝くような組織になると確信しています。LFBという組織で働きながら、いつか太陽の輝くようなところで生活できるようにしたいと思っています。

　私が話す内容は、私の生活について、エンパワメントについて、いろいろな発展についてです。

　私と同じく私の両親も知的しょうがい者でした。私のエンパワメントは、子どものころから始まっていました。私の里親の家族のところで、既に始まっていました。その家族とは2〜3年一緒に住みました。

　私たちは、学習する権利、発達する権利というものがあります。ほかの人たちより学習のスピードは遅いかもしれませんが、学習する権利というものが私たちにもあるのです。私が学校で勉強したかったことを、今、LFBという組織の中で勉強しています。

　私自身の経験についてお話しします。私は以前、ある施設におりました。そこでの経験は私にとっては全然エンパワメントできるものではありませんでした。24人の人と一緒に住まなければならなかったし、またそれは自分が選んだ人たちではなかったからです。そこで一緒に暮らしている人たちは、別に友達だったわけではありませんでしたし、楽しいとは思いませんでした。ですから、こういう大勢の人が一緒に施設で暮らすというのは、私にとって

は全然エンパワメントできるものではありませんでした。

　私は、以前、腹話術をやっていたことがあります。それはどういう意味かと言いますと、要するに自分は口をあけているだけで、ほかの人が代わりにしゃべっていたからです。私は腹話術の人形にすぎなかったということです。ですからエンパワメントでも何でもなかったわけです。施設に住んでいる人というのは、自分が操り人形のように感じている場合が多いと思います。自分で動いているのではなくて、誰かに動かされているという感じです。それは決していいことではありません。それから、複数のしょうがいをもっている人も、やはりエンパワメントをもつ権利があると思います。

　家族についてお話しします。私には今、一緒に住んでいる女性（妻）がいます。そして猫も家族の一員として住んでいます。子どもは持たないことにしました。そのかわりに猫を飼っています。子どもを育てるのは、ちょっと無理があるだろうと思ったので、子どもは持たないことを自分で選びました。私自身が自分でそうしようと決めたのです。

　次にセルフアドヴォカシーについて述べます。しょうがい者という意識をもったときに、本当にしょうがい者という姿が見えてくると思います。自分自身がしょうがい者意識を持って積極的に発言をしてこそ、初めてほかの人の支援ができるようになると思います。何か約束をするときも、自分で電話をかけて約束をします。約束をしたことは、きちんと約束どおりにやって責任を果たします。エンパワメントするということは、自分でやり、責任を果たすということです。そうすることが大事だと思います。

　次に情報について。短く、はっきりと、思っていることを率直に言うということが大事だと思います。それがよいことだと思います。私たちがお互いに話をするということが大事なのであって、私たちのことを他の人にしゃべってもらうということではありません。私たちこそが、専門家なのです。ですから、当事者として議会に対しても発言します。それこそがエンパワメントです。知的しょうがいをもっている人たちのための、またそういう人た

ち自身によるワークショップが開催されています。過去においては、いろいろな会議やシンポジウムが行われました。知的しょうがいについての会議やシンポジウムでしたが、それは知的しょうがい者のための会議やシンポジウムではありませんでした。

　次にノーマライゼーション、みんなで一緒になってという意味です。私たちにも、目や耳や鼻があります。手もあります。ですから、それを自分たち自身で使いたいわけです。何をするにしても私たち自身が参加したいですし、また誰からも、親からも支援者からもちゃんと尊敬されたいと思います。

　みんなと同じように生きたい、私たちもまた一緒に生きたいということです。まさに、このエンパワメント、当事者が自分たちの力で決定するという権利こそ、私の人生になくてはならない考え方です。長い間、話を聞いていただいてありがとうございました。(拍手)

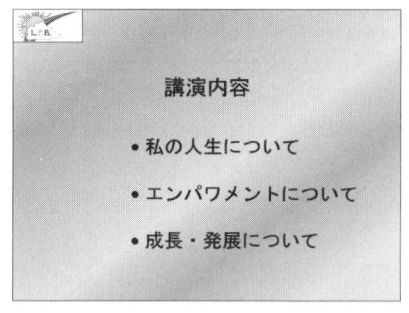

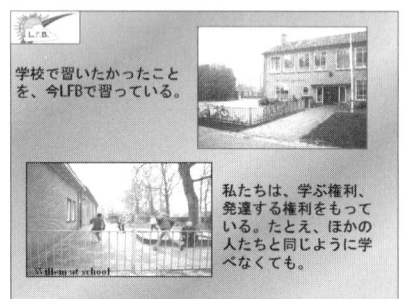

私の経験から

入所施設での生活は、エンパワメントにはつながらなかった。

24人の人たちと一緒に住んでいたが、誰と住むかは選べなかった。同室の人たちは友達ではなかった。ここでの生活は楽しいものではなかった。

入所施設での生活は、エンパワメントを育まない。

私は腹話術師のようなものだった。いつも他の人たちがやっているのをまねて行っていた。心の中では私のやりたいことがわかっていても、何も言い出せなかった。

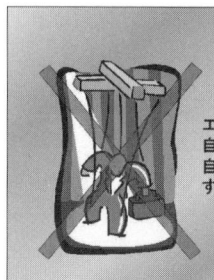

エンパワメントとは、自信を回復し、自己決定できるようにすることである。

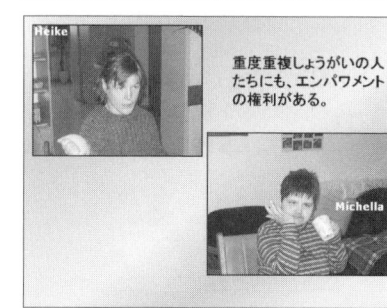

重度重複しょうがいの人たちにも、エンパワメントの権利がある。

Work

誰でも、気持ちよく働け、幸せだと感じるところで働く権利をもっています。

セルフ・アドヴォカシー運動

アポイントメントをとる

責任を持って約束を履行できるようにしましょう。

第4章 みて、きいて、はなしあおう、元気の出る話 111

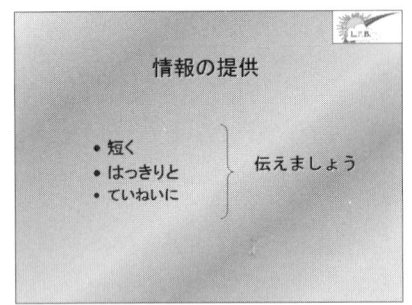

情報の提供

- 短く
- はっきりと
- ていねいに

伝えましょう

当事者のことは当事者と共に

私たち自身が専門家です

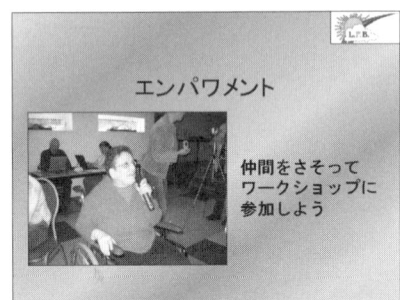

エンパワメント

仲間をさそって
ワークショップに
参加しよう

ノーマライゼーション

誰もが
同じ人間なのです

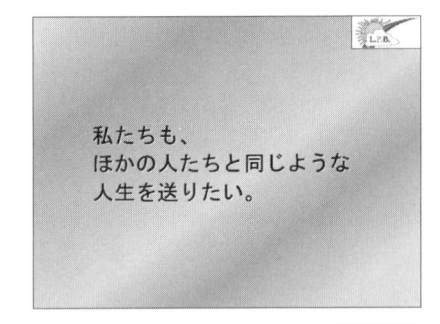

私たちも、
ほかの人たちと同じような
人生を送りたい。

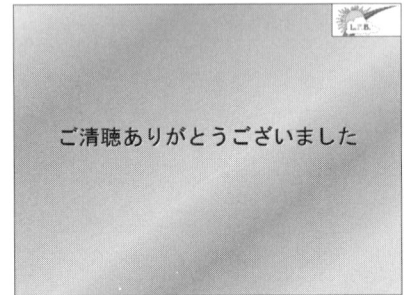

'エンパワメント'

ご清聴ありがとうございました

A　ありがとうございました。猫と一緒に生活しているということですが、猫はかわいいですよね。私も猫になりたいです。（笑）

　ここで少し休憩を取りたいと思います。11時10分まで休憩します。

（休　憩）

A　では始めます。生田さん、緊張していませんか。大阪代表でっせ。がんばりや。よろしくお願いします。

当事者中心とは──「かえる会」の活動から
（生田　進）

生田　ではいきます。大阪の「パンジー」で、「かえる会」の活動をしている生田です。これから「かえる会」の活動の報告をします。話を三つします。一つ目は、なぜ、「かえる会」をつくったのか。二つ目は、「かえる会」ではどんなことをしているのか。三つ目は、これから何をしたいのかです。

　一つ目は、なぜ、「かえる会」をつくったのか話をします。今から5年前に、「パンジー」が大きな集会をしました。その集会で「パンジー」のことを振り返りました。「パンジー」は、まだまだ当事者が中心になっていませんでした。それで僕たち当事者は、その集会で、「職員だけで決めるな」という話を発表しました。その集会の後で、「パンジー」のこれからのことについて話し合いました。スウェーデンのグルンデン協会と「パンジー」を比べてみました。グルンデン協会では当事者が中心でした。「パンジー」では支援者が中心でした。それで、「パンジー」も当事者中心に変えていこうと思いました。

　まず、会の名前も当事者で決め、「かえる会」という名前にしました。「パンジー」や社会を変えていきたいからです。夏休みに支援者と当事者で、グルンデン協会を見学に行きました。理事長のハンスや理事のアンナから、グルンデン協会の説明をしてもらいました。スウェーデンでは入所施設が解体

されて、入所施設はありませんでした。日本でも入所施設はもう要らないと訴えていこうと思いました。グルンデン協会では、当事者がゆっくりしたペースで活動していました。それがすごくいいと思いました。

　2002年4月に、念願の「ピープルファースト」の事務所をつくることができました。事務所の名前は、「はっしんきち　ザ☆ハート」にしました。心臓が血液を送り出すように、当事者の活動をここから大阪に発信していきたいと思ってつけました。こうやって、「かえる会」が始まっていきました。

　次に、「かえる会」が今やっている活動について話をします。毎週1回、「かえる会」をしています。まず、「パンジー」や「パンジーⅡ」、グループホームで起こったことを報告してもらいます。問題が起こったときは、みんなで考えています。この前は、アルバイトの介護者がしたらいけないことをしました。そういうことはやめてほしいと、1回注意しました。でも1カ月たって、また同じようなことをしてしまいました。それで、やめてもらうことに決めました。「かえる会」の会議が終わったら、当事者がパソコンで「かえる会新聞」をつくって、「パンジー」や「わくわく」に送っています。

　次に職員の面接のことを話します。3年前に初めて面接をしました。初めてのことなので、支援者にも入ってもらいました。それでもとても緊張しました。全員面接するのに3日間かかりました。とても疲れました。去年は、失敗してもいいから当事者だけでやってみることにしました。質問をたくさんしました。「職員は給料を幾らもらっているのか」「働いていて楽しいときはどんなときか」「しんどいときはどんなときか」「当事者が理事長になることをどう思うか」「何年働くつもりか」などの質問をしました。当事者だけで面接をやってよかったです。自信がつきました。ちょっとふざけて答える職員もいました。ふざけたりうそを言う職員はだめだと思います。若い職員の中には、ひどい施設として問題になっている「カリタスの家」のことを知らない人もいました。もっと勉強してもらわないとだめだと思いました。

　次に、職員の勉強会の講師をした話をします。「職員に言いたいこと」と

いう話をしました。僕は、こんな厳しいことを言ったら「やめる」と言う職員がいるかもしれないと思いました。職員44人の前に立つと、ものすごく緊張して怖かったです。でも、話をしようと決めたことを言いました。「職員は偉そうにするな」「すぐに『待って』と言う。どのぐらい待たなあかんのか、不安になる」「きつい言い方や大きな声は嫌です」「職員は当事者の話を聞いてほしい」「『パンジー』の車がぽこぽこになっている。車の中もきれいにしてほしい。荒い運転はやめてほしい」「職員は会議が多すぎる」「当事者が知らないで職員だけが知っているのはおかしい」「困ったときや新しいことをするときは、『かえる会』で決めます」「今の『パンジー』では、まだまだ当事者の力が小さくて、職員の力が大きい」「当事者の力が大きくなるように、職員に助けてほしいです。いっぱいきついことを言ったけど乗り越えてほしい」と言いました。職員は真剣に聞いてくれました。僕とＣさんで、講師料を3万円もらいました。

　最後に、これから何をしたいのか話をします。新しい人にも「かえる会」の活動を覚えてほしいです。みんなすごく力を持っています。理事はずっと同じ人がやらなくても、交代したらいいと思います。僕とＣさんは理事会に出ています。当事者の理事を、あと2人ぐらい増やしたほうがいいと思います。将来は当事者が理事長になると思っています。でも、赤字にならないようにうまくやれるかどうか心配です。

　最後に僕の話を少しだけします。僕は1年前に結婚しました。（拍手）新婚旅行は鳥羽に行きました。台風に遭って帰ってこられませんでした。同じ旅館にもう1日泊まりました。忘れられない思い出になりました。僕の夢は、よくはやる場所で喫茶店をすることです。ぎょうさんお客さんが来る、はやる店にしたいです。家賃が高いからもうけるのは大変だと思います。でも、商売が好きだからやってみたいです。店長をしてみたいと思っています。皆さん、僕の話をわかってくれましたか。（拍手）これで僕の話を終わります。ありがとうございました。（拍手）

A　生田さん、どうもありがとうございました。とてもすばらしい話をしてくれました。まいどおおきに。(笑)

　スウェーデン、オランダ、日本の「かえる会」と三つの話を聞きましたが、どうでしたか。それぞれの活動の話が聞けて、私は感動しました。とてもハッピーな気分になりました。(拍手)

質疑応答

A　今から12時まで質問の時間です。3人に質問はありますか。質問がある人は手を挙げてください。はい、そこのベッカムに似ているDさん、どうぞ。(笑)

D　よく言うわ。参ったよ。おれ、言おうと思ったのに変なこと言って。(笑)皆さん、こんにちは。僕は大阪の「パンジー」のDです。よろしくお願いします。外人の人、わかるかな、名前。真ん中はわかってるんだけど、一番最後、全然何だかわかんなくなっちゃって。最後わかんなくなったんですよ。真ん中はわかってるんですよ。何だか最後がわかんなくなって。あれは何？何ていう人？　あの人、一番向こうの。僕も子どものころ、僕は学校でもおくれちゃって。学校でも何にもできないで……何ていうかな……。ちょっとごめんなさい、変なこと言っちゃって。学校に1年おくれて、2年から学校に行って、2年生から6年生まで行っていて、それでも学校で何にもできないで、ぶらぶら遊んでいて、それで何にもできないで……。それでとうとう、高校へ行っても1年しか行かなくて。もうやめちゃって。もうずっとあれだね……。今、言ったのはどうですか。感想何かありますか。僕の言っていることわかりましたか。

マーリン　ちょっと今、英語の単語を探しているところなんですが、なかなか思いつかない。でも、全部学校に通いきれなかったというのは本当に大変

だったと思います。スウェーデンでは義務教育、15歳まではどんな人もみんなが学校に行くということになってるんですよね。本当に大変だったろうとお察しいたします。(拍手)

D　ありがとうございました。どうもすみませんでした。

マーリン　たとえしょうがいをもっていても、やはりみんなと同じように学校に行って、それを終わらせようとするのは大事なことだと思います。それができなかったというのは、本当に大変だったと思いますし、ご苦労だったと思います。

D　はい、どうもありがとうございました。(拍手)

A　ほかに質問は。

ヴィレム　世界じゅうの人が、知的しょうがいをもっている人の学習の仕方というものをちゃんと理解しなければいけないと思います。知的しょうがいをもっている人でも学習ができます。でも、違いというのはあるわけで、知的しょうがい者独特の違いというものを世界じゅうの人に理解してもらいたいと思います。私は今、LFBという団体に属して、そこで仕事をするようになってからも学習を続けています。大人になってからも勉強ができるということが、日本の人にとっても大切なことだと思います。(拍手)

D　どうもありがとうございました。

A　ありがとうございました。はい、クリントンに似ているEさん、どうぞ。

E　Eです。国際フォーラムに生田君のことが載っていないんですが……。私の発言は短いので、もう一つ何か質問するね。（東京に）泊まっている途中で……、ぎょうさん、泊まってるやんか。それで、熱出たら私を連れてきた人に責任持って、デコさわってもらっていいですか。

マーリン　ちょっと意味がわからなかったんですけれども、熱をはかってもらいたいんですか。（笑）まじめに答えますと、もちろん本当に熱が出たら大変ですから、そのときは絶対ちゃんと熱をはかってもらってください。

A　ありがとうございました。はい。藤井フミヤさんに似ているFさん、どうぞ。

F　給料は、なんぼもらっているんですか。

マーリン　グルンデン協会で仕事をしていますけれども、ここでは給料ではなくて、年金という呼び方をしています。16歳以上になりますと、しょうがい者年金という形で知的しょうがいをもった人にお金が与えられますが、先ほどから「本当の仕事」が欲しいと、エンパワメントをやることによって「本当の仕事」につきたいと言っていたのは、そういう年金に頼るのではなくて、自分がした仕事に対する報酬として、自分が仕事をやったことに対してお給料としてお金を払ってもらえるような、そういう仕事がしたいという意味だったと思います。今は年金という形でお金をもらっています。

ヴィレム　オランダの場合は、デイケアセンターやワークショップで働いている人に対して、保証金みたいな形でお金が払われています。1カ月600ユーロから1,500ユーロぐらいですね

生田　それでは、僕からちょっと答えさせていただきます。「ピープルファースト」の事務所で働いているんだけど、それはホームヘルパーとして使っています。2人使っています。2人かな。4時間だな。給料は、事務所で5,500円と、あと年金と生活保護をもらって暮らしています。それで僕の仕事を頑張っています。

A　あと1人、質問。はい、グレーの服の方、どうぞ。

G　話を聞いていて、ちょっと理解できることがあって。自分も親が、小さいときに頭がおかしくなって自殺しちゃって、自分はおばあちゃんとおじいちゃんに引き取られました。小学校3年まで普通学級にいたけれど、どうも勉強というかそういうのがおくれたので、小学校4年から特殊学級に通っていました。だから、さっきの話じゃないんだけど。何ていうか、普通にやっていければいい。だから、全然困るというかそういうのがなくて、生かされてるって感じでいたんですけど。7年前にピープルファーストに出会って、こんなことしていてはいけないと思い、今では町田で本人の会をつくり、少しでも仲間の悩みとかをわかっていけるように頑張っています。(拍手)

A　これで質問を終わります。マーリンさん、ヴィレムさん、生田さん、ありがとうございました。(拍手) 最後に一言ずつお願いします。

マーリン　どうもありがとうございました。私、今日ここにこうして来られたことをとても誇りに思っています。皆さんも、一生懸命私たちの話を聞いてくださってありがとうございました。元気の出るアイディアをいろいろと出し合って交流できたと思います。それから、私のE-mailアドレスを先ほどお知らせしましたが、そこにアクセスしてくれれば、私と今後も引き続き交流ができますので、以後もよろしくお願いいたします。本当にありがとう

ございました。すばらしいパーソナリティの皆さんにお目にかかることができました。(拍手)

ヴィレム　エンパワメントということについて一言お話ししたいと思います。支援者の皆さんと政府に対して、それから自分自身に対して、自分が何をやりたいのか、自分がどういうことを決めたいのかということをしっかりと主張する、それこそがエンパワメントだと思います。今日は皆さん、おいでいただいてどうもありがとうございました。(拍手)

生田　僕の話はどうでしたか。「かえる会」の話、聞いてくれました？　これからずっと何年も、こういうふうにやっていきたいと思います。どうもありがとうございました。(拍手)

Ａ　これで午前の部を終わります。午後は、どうしたら元気になれるかを、皆さんに考えて意見を発表してもらいます。それでは、昼御飯を食べてから1時にお会いしましょう。ありがとうございました。(拍手)

●午後の部　元気の出るはなし

Ａ　前半に聞いたスウェーデン、オランダ、「かえる会」の話を参考に、どうしたら元気が出るか意見を出し合いましょう。スウェーデンのマーリンさんには、グルンデン協会の活動のこと、家族のこと、そして働いていて給料がもらえるようにしたいという話を、オランダのヴィレムさんには、施設にいたときは操り人形のようで、今は自分で決めて生活しているという話を、「かえる会」の生田さんには、職員に面接をしていること、「ザ☆ハート」という当事者の事務所をつくったという話をしてもらいました。会場にいる皆さんは、地元に戻ってどうしたら元気が出るようになると思いますか。意見のある方は手を挙げて言ってください。どうしたらいいか考えてください。

支援者の方も考えてください。はい、男前のDさん、どうぞ。

D　皆さん、大阪は大阪で、外人は外人で固まって、みんなで話をちゃんと言って、どんどん言ってゆっくりして……。みんなで外人だの大阪だの、二つに分かれて話そう。みんなで固まって話をすれば元気になって、もりもり元気で、負けないように頑張れると思います。（拍手）以上。

A　ありがとうございます。笑顔がすてきなHさん、どうぞ。

H　私が元気が出るのは、「パンジーⅡ」で朝の会をしているときに、「パンジーⅡ」のみんなが話を聞いてくれたら元気が出ます。（拍手）

A　キムタク似のFさん、どうぞ。

F　行政が、ガイドヘルパーとかホームヘルパーとか、ちゃんと使えるようにしてほしい。そうでないと、みんな出て行かれないから元気になれないと思うから、みんなで頑張りましょう。（拍手）

A　ありがとうございました。男前のIさん、どうぞ。立ってください。

I　僕は「パンジー」の「織田裕二」です。（拍手）入所施設から出てグループホームで生活できてよかったです。入所施設では時間が決められて、9時に電気を消され、外にも出られませんでした。お金も持たせてもらえませんでした。今は液晶テレビを買ってグループホームで見ています。これから、もし事件があったら、レインボーブリッジに行って封鎖してきます。（一同笑い）（拍手）

A　ありがとうございました。あした新潟に行く男前のBさん、どうぞ。

B　そんなの関係あらへんで。（笑）東大阪市でグループホームにおるんだけど、みんなと仲間同士で焼肉大会をやりたいです。それが元気になります。皆さん協力して、友達だと思って元気よく迎えることになります。すばらしいねえ。（拍手）

A　ほかにありませんか。はい、あした東京でナンパするJさん、どうぞ。

J　だれがナンパするって？　その通り。僕は、支援者は明るくなったら元気になれると思います。（拍手）

A　ありがとうございました。ほかにありませんか。男前のヴィレムさん、どうぞ。

ヴィレム　差別がなくなって、生活の質がみんな同じように高くなって、そしてみんなと同じような生活ができれば、とってもハッピーになります。（拍手）

A　ありがとうございました。ほかにありませんか。マーリンさん、どうぞ。

マーリン　（静かに聞いて下さい！）　私が忘れてはならないと思うのは、知的しょうがい者というのは、とっても大事な社会のメンバーです。大事な人たちなんだということです。しょうがいがあって、いろいろ不利な面はありますけれども、でも、私たちもちゃんと自立しなければいけない。これがとっても大事なことだと思います。それができればハッピーだと思います。（拍手）

A　ありがとうございました。どうぞ。

K　今、マーリンさんは自分が話しているときに皆さんがお話ししていたので、「静かに聞いて！」とおっしゃったんですよ。だから聞いてあげてください。やっぱり人のお話を聞くのが、元気が出ることの一つにもなるんじゃないかなと私は思います。やっぱり皆さんも、自分の話を人に聞いてほしいわけだから、皆さんもやっぱり、英語を聞いているときはちょっとわかりにくいかもしれないけれども、聞いてあげてください。お願いします。

A　ありがとうございました。ほかにありませんか。はい、男前のLさん、どうぞ。

L　やっぱりビールを飲んで家で寝てるのが、一番楽しいです。

A　ありがとうございました。はい、「織田裕二」さん、どうぞ。

I　湾岸署の「青島」です。「パンジー」でマフィンをつくっているときが楽しいです。そして、たくさん売れたときが幸せです。（拍手）

A　ありがとうございました。はい、Dさん、どうぞ。

D　外人の人、知ってるかなと思って。覚えてください。「パンジー」に、後でまた来てください。どういうのでもいいから、1回でもいつでもいいから来てください。泊まってください。「パンジー」は、おいしいパンだの、あんパンだの食パンだのいろいろありますから、今、ちょうどチョコレートを売ってます。ポテトも売ってますから。外人の人、チョコレートだの、あんパンだの食パンだのいろいろ買ってください。おいしいと思いますから。

第4章　みて、きいて、はなしあおう、元気の出る話　123

で、1回、何とか泊まってください。お願いします。以上。(拍手)

A　ありがとうございました。ほかにありませんか。どうぞ。

M　町田市では2年に1度コンサートをやったりしています。ミュージカルや歌を歌ったりしているときや、あとおなべの会とか、ミュージカルのサークルに参加させてもらっているときが元気になれると思います。いろいろな人とコミュニケーションがとれるからです。(拍手)

A　ありがとうございました。そろそろ時間が来ましたので、あと1人で最後にしたいと思います。手を挙げてください。はい、「織田裕二」さん、どうぞ。

I　僕は入所施設にいたんだけど、入所施設の職員はとても厳しくて嫌でした。今はグループホームの「パンジー」に来て、「てくてく」でいつも介護者といろんな冗談を言ったりして遊んでいます。それが一番楽しいです。(拍手)

A　ありがとうございました。たくさんの意見を出してくれてありがとうございます。ちなみに私は、だんなさんに優しく「おいで」と言われたとき、胸がキュンとなって元気が出ます。(拍手)
　それでは、最後はみんなで元気が出る話をして大いに盛り上がりましょう。「パンジー」のNさん、「パンジーⅡ」のOさん、よろしくお願いします。(拍手)

O　ハロー。(笑)大阪から来ましたOです。(拍手)私は、「たんぽぽグループホーム」に住んでいます。元気が出る話は大好きです。意見を言う人は、

手を挙げて言ってほしい。意見を言った人には大きな拍手をしてほしい。(拍手) みんなわかりましたか。わかった人は拍手。(拍手) 次は、Nくんの自己紹介です。どうぞよろしくお願いします。大きな声で言ってや。聞こえへんで、小さな声じゃ。

N （笑）ハロー。大阪から来たNです。(拍手) 最近、一人暮らしを始めました。マンションで気楽に暮らしています。買い物は介護者と一緒に行っています。メニューは自分で決めています。好きなことは、音楽を集めることです。わかった人は拍手してほしいです。(拍手)

O　前を見てください。まずNさんが言います。みんなも大きな声で言ってください。

N　アイムハッピー。
会場　アイムハッピー。
N　みんなに優しい。
会場　みんなに優しい。
N　何でもできる。
会場　何でもできる
N　自分で決める。
会場　自分で決める。
N　たたかっている。
会場　たたかっている。
N　私はかっこいい。
会場　私はかっこいい。(笑)

O　拍手。(拍手) きょうは「アイムハッピー」と、「自分で決める」をしま

す。みんないっぱい意見を言ってください。お願いします。せーの。せーの、元気が出る話を始めるぞ。(拍手)
N　アイムハッピー。
会場　アイムハッピー。
N　アイムハッピー。
会場　アイムハッピー。

N　拍手。(拍手)しんどくても頑張ってるときがハッピーです。(拍手)みんなはどんなときがハッピーですか、教えて下さーい。

P　私は、阪神タイガースが勝ったときがハッピーでーす。(拍手)
O　どんどん言ってください。
F　マフィンをつくるとか、いろんな人に支えてもらって、ここまでやっていけていることがハッピーです。(拍手)
O　はい、どうぞ。
Q　私は、「福山雅治」と「佐藤寛之」を見たら、アイムハッピーです。(拍手)
O　きれいな服、着ている人。
R　家の祭りが一番楽しいです。みこしをやっているのが一番楽しいです。(拍手)
O　はい、どうぞ。立って言ってください。みんなに聞こえるように大きな声で言ってください。
D　マイクが壊れるので、高くします。僕が一番楽しいのは、パン屋さんでパンをこしらえて配達に行ったり、……行かれないけれども、山の学校に行ったりいろいろ行くので、それが楽しいと思います。これから寒くなりますから頑張って行きます。外人の人、頑張ってください。いえーい。終わり。以上。(拍手)

O　言いたいことないですか。Sさんは？　はい、どうぞ。Sさん、話したいことありませんか。Sさん、どうぞ。
S　販売に行っているときです。(拍手)
O　ありがとうございました。ほかにありませんか。
N　ヴィレムさん、どうぞ。
ヴィレム　自由、それが私を一番幸せにします。自由なとき、とってもハッピーです。(拍手)
O　ありがとうございました。
ヴィレム　それから、支援者の方からとってもいいサポートを得られたときも、とってもハッピーです。(拍手)
O　はい、Bさん、どうぞ。
B　私はスナック行くのが楽しいです。なぜかというと、給料をもらってスーッと走って。自転車を買ってハッピーです。(拍手)
O　はい、立って言ってよ。
L　家で寝ているのが一番ハッピーです。
O　何や、それ。(笑)寝てばっかしか。(笑)向こうの人、手を挙げて意見言ってください。お願いします。
T　みんなで一緒に仕事をしているときと、配達に行っているときがハッピーです。(拍手)
O　ありがとうございます。はい。Eくんですか、手を挙げています。
E　セックスしているとき。
O　何？　何を言ってるかさっぱりわからんもん。
E　セールスの人なんかに、「お母さんいる？」って言ってくれたときです。(拍手)
N　僕の意見は、自分で決めるとハッピーな気持ちになるんです。しんどくてもがんばっているときハッピーです。(拍手)次はOさんです。

第4章　みて、きいて、はなしあおう、元気の出る話

O　自分で決める。
会場　自分で決める。
O　自分で決める。
会場　自分で決める。

O　自分で決めたことは何ですか。手を挙げて言ってください。自分で決めたこと。
P　「パンジー」のPといいますが、私は服を買っているときがかっこいいです。(拍手)
O　はい、どうぞ。何ですか。
U　自分で決めたことやろ。
O　うん。
U　この服は自分で決めました。(拍手)
O　ほかにありませんか。はい、Dさん。マイクをお願いします。
D　僕のかっこいいのは、今日はかっこいいのがないのでごめんなさい。本当は……。今日は、かっこいいのを着てくるのを忘れました。今度行くのは、かっこいいの、N君と同じかっこいいのを着て行きますから、今日は許してください。本当は、N君とかっこいいのが似ているのを着てくるのを忘れました。それでも、これからN君と一緒に、Oちゃんとデートします。
O　かっこいいやんかなあ。
D　すいませんでした。今日は外人の人、すいませんでした。すいませんでした。これで今日は終わります。
O　かっこいいと思う人。はーい。みんなかっこいいって言ってくれてるで、Dさん。なあ。どうぞ。何を言うの？
E　私は、だれと結婚するかは無論自分で決めれるんやろ。だから、結婚でいいか。
O　結婚ね。私は知らない。(拍手)ほかにありませんか。はい、どうぞ。

I　Iです。僕は自分で決めたことは、液晶テレビのシャープのアクオスの吉永早百合が宣伝しているテレビと、DVDの三菱のやつと、それから電化製品は部屋にたくさん集まっています。自分で決めたものは自分で買いたいと思っています。(拍手)

O　どうぞ。

V　僕は自分で決めたことは、2001年に行ったときが自分で決めたということです。2001年に船で一周をしてきたときは。そうそう、世界一周のことと、それともう一個決めるのは、毎週金曜日に、ここに今、Wさん、横に座っているおしゃれのWさんと一緒に買い物行くのが。Wちゃんと僕と2人で、毎週金曜日に買い物に行くのが。決めたことは世界一周に行ったときと、毎週金曜日に行っていることが。だから自分で決めるのは、前、一周行ったときと、あとWさんと僕と行ったの、買い物を決めたことが楽しいです。(拍手)

O　あと1人、手を挙げてない人。はい、何ですか。Fさん。

F　僕は髪の毛、染めたので楽しいです。僕は甲子園に行って野球を見に行ったのが楽しいです。(拍手)

O　私の意見を言います。私はきのう東京へ行くのに、ファッションショーで着ていた服を着てきました。(拍手)みんな、元気が出ましたか。(拍手)

N・O　これで元気が出る話を終わります。ありがとうございました。(拍手)

A　ありがとうございました。とっても盛り上がりましたね。皆さんもまた地元に戻って、今日話したことを仲間に教えてあげてください。そしてスウェーデン、オランダに負けず、日本の当事者ももっともっと元気になっていきましょう。これで分科会「『元気がでる』話をしよう！」を終わります。司会をしました、元モー娘のAでした。来年ソロデビューします。皆さん、買ってください。ありがとうございました。(拍手)

第2分科会　地域で自立して生きていくために

講師・助言者
ジェーン・ハルビ（スウェーデン・グルンデン協会）
ウイリアム・ヴェステヴェル（オランダ・LFB）
（支援者：アン‐クリスティン・ハルト、スウェーデン・グルンデン協会）

第2分科会 企画内容について
地域で自立して生きていくために
「ごちゃごちゃとあたり前に──地域で共に生きていくということ」

埼玉　わらじの会

　わらじの会は埼玉県東部、越谷・春日部などにまたがり、「しょうがいのある人もない人も地域で共に」と、活動している団体です。活動を始めた28年前は制度なども今と比べてありませんでしたが、地域での支え合いやしょうがいをもっていてもあたり前に生きていこうと暮らしを積み重ねることで段々と活動が広がってきました。会の結成当初はその頃地域にできてきた、大きな団地（武里団地）の自治会、地域のボランティアグループ、また養護学校をつくろうとするグループ[1]などが一緒になって生まれました。ですから最近は少なくなってきたとはいえ、しょうがいの有無にかかわらず、良い地域をつくっていこうとする住民運動的な色合いも強く残っています。ですからわらじの会ではノウハウやマニュアルがまずあるのではなく、まず共にいることから始まる人間関係の中で、しょうがいの程度・区別・有

無などを超えて、地域の人同士顔の見える距離で一緒に何かをしたり笑ったり喧嘩をしたりしながら自分たちなりのそれぞれの暮らしを考えていると言えるかもしれません。

わらじの会は「会」とは言うものの、会費・会則はなく、「来たときが会員」というスタンスで活動をしています。また、会全体では会報の発行・夏の旅行・バザー・クリスマス会などを行っています。この会そのものには職員はおらず、CIL（自立生活センター）わらじと呼ばれる活動拠点群からの応援などももらいながら、ボランタリーな形で運営されています。またわらじの会として青年のボランティア受け入れや普通学校などへの就学運動、しょうがいをもつ人の就労支援なども行っています。

ピースパレード（日比谷での集い）に参加したわらじの会のメンバー

上にも書きましたがCILわらじと呼ばれている活動拠点にはいろいろなタイプのものが必要に応じてできてきました。通所授産所、お店、生活ホーム、などなど。最近はしょうがいをもつ人の就労支援なども他団体や市役所などと連携して進んでいます。

発足当時は土曜・日曜のイベントが中心で運営されていましたが、関わりが進むなかで昼間集まれる場所がほしいということで公民館などを使っていた時代もありました。そうこうするうちにみんなの暮らしの中の必要からデイケア事業所ができたり、自分たちで暮らすための家が農家の分家という形で生活ホームとしてできていったりと、段々と現在のわらじの会の活動拠点ができてきました。

第4章　みて、きいて、はなしあおう、元気の出る話

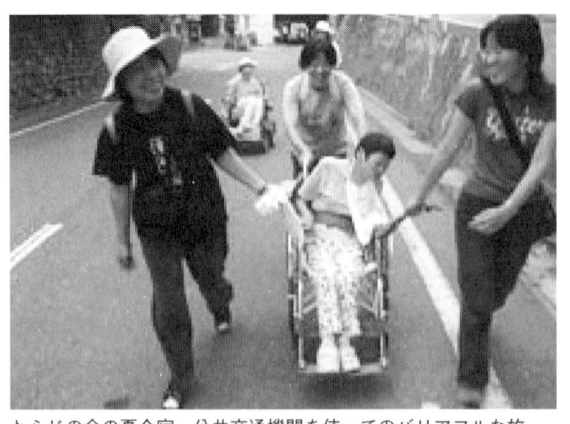

わらじの会の夏合宿。公共交通機関を使ってのバリアフルな旅

活動拠点の内容は簡単に以下のとおりです。
・身体障害者通所授産施設「くらしセンターべしみ」
授産の内容を建物内だけに限定せず、積極的に外とかかわりながら活動。通所のメンバーだけでなく地域のボランティアや子ども、ぶらりと立ち寄る人なども多い。
・地域デイケア施設「パタパタ」
通所デイケア施設。リサイクルショップとして活動もしている。外に出て行く活動が多いが、裂き織りによる製品作りなども。メンバー宅へ出張しての作業も行う。
・ぶてぃっく「ぶあく」
わらじの会のバザーに来た品物を恒常的に売るリサイクルショップ。現在は移転などもあり心機一転新しい形での活動をしょうがい当事者と職員とで試行錯誤中。
・生活ホーム「オエヴィス」「もんてん」
もともとは地域で暮らしていたしょうがいをもつ姉妹のために建てられた農家の分家を間仕切りして生活ホーム化した。生活ホームを経て一人暮らしに至った者も多い。
・ケア・システム「わら細工」
生活ホームとほぼ同時に、地域で暮らすしょうがいをもつ人に介助者を派遣するための組織として活動をスタートした。現在は事業所として支援費も扱いだした。

・越谷市障害者生活支援センター「苞（ぽお）」「べしみ」、「オエヴィス」、「もんてん」の母体である社会福祉法人つぐみ共生会が 2003 年 10 月に越谷市の障害者生活支援事業を受託してスタートしました。

夏合宿にはしょうがいの有無・種別に関係なく毎年 80 〜 100 人が参加

今回のフォーラムでは何人かの暮らしを通して、例えば「しょうがい者と健常者」とか、「知的しょうがいの人と身体しょうがいの人」、「職員と通所者」というふうに別れてしまいがちな人間関係が、ごちゃごちゃと活動をする中で入れ替わったり交じり合ったりしながらものごとが進んでいく様が伝えられたらいいと思っています。またそれは人と人との関係が一方的な形で固まってしまったり、相手の目線で見られなくなってしまったりしないようにするための、わらじの会としての工夫の一つと言えるかもしれません。

今回のフォーラムではここ 10 年に渡り行っている「自立生活体験プログラムぽぽんた」[2]のメンバーを中心に、暮らしと活動にスポットを当てながら話を進めていきます。

注
1) 当時は就学免除により、しょうがいをもつ人は学校に行くことができませんでした。
2) 当事者を主体にしながらも、それだけでなく職員や支援者も混じっ

「自立生活体験プログラムぽぽんた」での会議の様子

第 4 章　みて、きいて、はなしあおう、元気の出る話　133

た自立生活体験プログラム活動です。

● 午前の部

A　司会をやりますAと……

B　「わらじの会」のBと申します。朝早い中、お疲れさまです。

A　これから、第2分科会を始めさせてもらいます。今日は遠いところからお越しいただきありがとうございました。

B　私たちは、埼玉にあります「わらじの会」というところの者です。本日の進行を務めさせていただきます。よろしくお願いします。今日のだいたいの流れですが、まずお迎えした方々からのお話が午前中にあります。3グループあります。オランダの方とスウェーデンの方と、あと私たちの活動を紹介して、午後から地域でのプライバシーの問題といったあたりをディスカッションしていけたらいいなと思っています。質問の時間などもとりますので、会場の方も御遠慮なさらず、ご質問下さい。全員とまではいかないとは思いますが、ざっくばらんに話していけたらいいなと思っております。どうぞよろしくお願いします。

　まずは、今日ははるばるお越しいただいている真ん中のピンクのニットを着ておられるジェーン・ハルビさん。スウェーデンのグルンデン協会からいらっしゃっています。ではまず、ジェーンさんの発表からお願いしたいと思います。どうぞよろしくお願いします。

自分自身で自分の人生をつくりあげるために闘うということ
（ジェーン・ハルビ）

　ジェーン・ハルビと申します。スウェーデンからまいりました。グルンデン協会で働いています。協会ではテレビ番組、そしてラジオ番組をつくっ

ています。雑誌を発行していますし、Web ページもつくっています。また、幾つかのプロジェクトを行っています。一つのプロジェクトは恋愛、そしてセックスについて考えています。これは非常に重要な問題だと思います。そしてこの愛情、恋愛とセックスにつきましては映画もつくりました。養護学校に通っていますと、そのような重要なことについて教わる機会はあまりないですし、また、体がどのように動くのか、働くのかというようなことも知らされないことが多いですから。

私はグルンデン協会のメンバーでありますし、また理事でもあります。理事会に所属しています。この協会は、自らの権利のためにいろいろと闘っています。しょうがいがあっても、私たちは一人ひとり自らの意思、心というものを持っています。私たちは、何も異分子であるわけではありません。危険ではないのです。私たちは1人の人間なのです。

私は理事会の一員として活動をしています。これはとてもいいことだと思っています。というのは、私は理事会においていろいろな決断を下すこともできますし、発言をすることもできるからです。理事会におきましては、自分たちが何を求めているかということを明らかにして闘っています。力を合わせれば、私たちは強くなることができます。

今私は、自分の仕事に非常にやりがいを感じてとても幸せです。とてもすばらしい仕事仲間がいます。彼らは私と同じ立場にいます。そして、私たちは私たちのことを見てほしい、私たちの意見を聞いてほしい、そしてまた敬意を払ってほしいと思っております。そのため、私たちは、たくさんの情報を伝えようといろいろな活動を行っています。グルンデンはそういう意味で、非常に活動的な団体です。私たちは自分たちの権利のために闘っているのです。

自分の人生ですから、人生を自分で決めていくということこそが大切だと思います。そして、何が正しいのか、何が間違っていると思うのか、自分の意見というものも表明していきたい、声に出していきたいと思っております。

そして、何か手助けが必要なときには、声を出して頼んでいきたいと思っています。そして、私たちの権利を獲得していくために闘っていこうと思っています。そのような形で、私たちは自分たちのことを理解してくれる人の輪というものを広げていきたいと考えています。

　しょうがいをもっていると、行政の人たちと衝突することがあります。ときには支援をしてもらうこともあります。しかし時には、支援を強制されることもあります。そんな時には強制されたくないと思います。自分でやりたいと思うこともあるわけですから。

　私たちが願っているのは、本当に普通の生活を送りたいということです。仕事をする、学校に行く、生活をする、そしてお金を稼いで自分の家庭をつくる、自分たちの子どもの世話をする、そういうことを願っています。そう願っているのに、自分というものを見てもらえないのが私の直面している厳しい現実です。例えば行政の人たちのものの見方は、私個人を見るのではなくて、知的しょうがいをもっている人、というふうにしか見てくれません。わかってもらおうとして、私は本当に声を大にして叫びますが、それは無視されてしまうことがあるわけです。私を知ろうとしない。私を知ろうとしないで支援をしてくれても、それは私にとっては状況を悪くするばかりです。

　私はそのような状況の中で、自分を好きになることができないときもありました。自分を信じることができないときもありました。自分のことを信じないで、他の人ばかりに頼るということもありました。でも、私は、何とかうまく克服してきました。今は、夫と息子と一緒に暮らしています。ただし生活は楽ではありません。いろいろなことが私の肩にかかっています。そして、周りの期待というものも大きいのです。そうした状況の中で頑張って生きていかなくてはなりません。頑張っていかなかったら、自分の価値がないように思われてしまうかもしれないからです。ごみのように捨てられてしまうかもしれないという恐れも持っています。

　しかし、何かをしたいと思ったら、何かを望みたいと思ったら、自分に厳

しく、強く生きていかなくてはなりません。そのような形で頑張って、努力して日々を送っていくのだと思います。私は悲しみも感じますし、喜びも感じますし、ときには怒り狂うこともあります。そして、恐ろしくて震えることもあります。これから自分に何が起こるんだろう、自分の周りの人はどうなるんだろうということをよく考えます。そのように思いますと、人生はバラ色ばかりではなく、厳しいこともあると考えています。

今、私は自分が何をしたいかをわかっていますし、それを実行することに幸せを感じています。例えば買い物だって、行って自分で好きなものを買います。そして、好きな時間に起きるということを決めることもできます。または、外から帰ってきたら自分の好きな部屋の隅に座ったり、自分の部屋に閉じこもってしまうこともできます。つまり、何をしたいのか、何をするのかということを、自分で決定していくことが重要なのです。誰か他の人に押しつけられるということではいけないと思います。

結婚はしていますけれども、私は自由を満喫しています。家族で買い物にも行きます。家具を買ったり、部屋の壁紙をどういうものにするかも自分たちで決めます。そういうところに自由を感じるのです。ときには1日中寝巻きのままごろごろしていることもあります。自分が好きなときに起きる、そして好きなときに街に遊びに出かける、または1日中うちにいるということも選んでいくことができます。または、郵便受けに自分あての手紙を見つけるのも喜びの一つです。そのような日々の生活の中で、私は鳥のように自由を感じています。

私はグループホームで生活しようとは思いません。自分の足で立っていくことができ、自分の身の周りのことをすることができれば、グループホームは私には必要ないと思います。もちろん、いろいろな支援は必要に応じて受けていきます。ただ、支援者に、私の人生を左右してもらいたくはありません。私は何をしなくてはいけないか、または、私はどういうふうに考えなくてはいけないかということを指図されたくありません。人にそのようなこと

を指図されるのは、地獄のようなものだと思います。私たちは、一人ひとり大切な存在です。私たち一人ひとりが母親から生まれてきました。その誕生の瞬間から温かさ、安心、愛を受けて育ってきたんです。一人ひとりが決定する力を持っているはずです。しょうがいをもっているからといって、別の人がその人に対していろいろ判断をしてはいけないと思いますし、そんな権利はないと思います。みんな同じなんだと私は考えます。

　自分が望んでいないのに、ほかの人から「何かをしよう」と強制されることがあります。いろいろな機構、組織、法律、ルールというものが、自分の代わりに何かを決めようとすることがあります。でも、それは人間の生活ではありません。それでは、かごの中、おりの中に閉じ込められた動物の生活と同じです。だからこそ、入所施設というものは閉鎖していかなくてはいけない、解体していかなくてはいけないと思います。私たち一人ひとりがユニークでかけがえのない人間なんです。小さなアリでさえ、強制されて巣の中に閉じ込められるということを、よいとは思わないでしょう。それだからこそ、私たちは施設を閉鎖し解体し、押しつぶしてしまうべきだと考えています。

　私たちは、自分の人生をつくりあげていかなくてはいけません。古い、悪しき慣習というものも壊していかなくてはいけません。そのような昔のやり方、悪しき慣習というものを壊していくために、斧を使うこともあるかもしれないし、道具を使うことがあるかもしれません。しかし何よりも一人ひとりが口を開き、声を上げていかなくてはいけないと思っております。自分たちの生活、人生のために私たちは闘っていかなくてはいけません。ほかの人が私の代わりに何らかの決定をするということがあってはいけないのです。

　皆様、どうもありがとうございました。是非とも一緒に闘っていきましょう。（拍手）

たとえアリでさえも！	 **ジェーン・ハルビ** スウェーデンから。 マッツとけっこん。 ヤスミンという むすこ。
 わたしのしごと klick	 グルンデンとりじかい
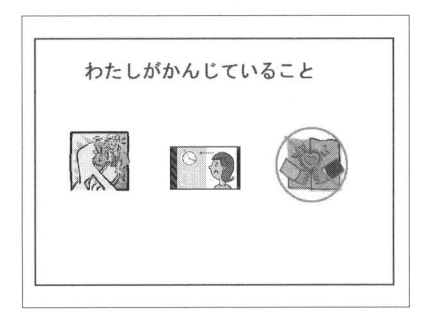 わたしがかんじていること	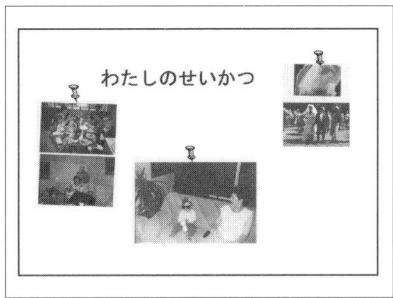 わたしのせいかつ
 しせつはいらない！　じぶんのいえ	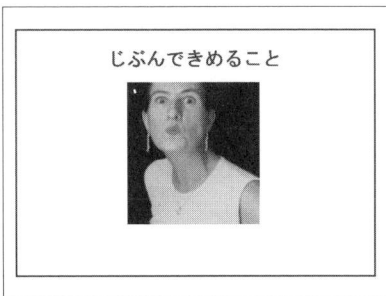 じぶんできめること

第4章　みて、きいて、はなしあおう、元気の出る話

A　ジェーンさん、ありがとうございました。何か、質問等ありますか。
B　もし何か質問がありましたら、是非とも。

C　Cさんは、今日、Dさんと一緒に、「ピープルファースト」で会議をやるCです。よろしくお願いします。

B　今のは、あいさつでよかったですか。
C　はい。
B　はい、すみません。ありがとうございます。

E　自己紹介からやっていったほうがいいんでしょうか。今日横浜から来ましたEです。今日はありがとうございました。私の質問は、（スウェーデンやオランダでは）しょうがい年金とかはあるんでしょうか？　日本はしょうがいのある方はしょうがい年金というのがありますよね。逆にあるのかなあということ、収入はどうなっているのか聞いてほしいです。

ジェーン　生活の資金ですけれども、おっしゃるようなしょうがい者年金を受けています。それと仕事もしていますので、そちらのほうから、わずかですけれどもお給料もいただいています。年金の額ですけれども、1万2千クローネで、ユーロに換算しますと、1,200ユーロ。ですから16～17万円ぐらいですか、それぐらいになるかと思います。

B　結構、会場からも「おー」という声が出ましたけれども。ほかに質問ある方、いらっしゃいますか。あとお一人ということで、よろしいでしょうか。午後からお話ししていただく時間を取りますので、そちらの方、お願いします。お名前とどちらから来られたかも言って下さい。

F　名前はFといいます。よろしくお願いします。今、一番やりたいことは結婚ですが、相手がなかなか見つからないのです。それで、お相手とはどのように知り合って結婚することになったかを教えてほしいのです。（手話を通訳）

ジェーン　実は結婚は2回しています。1回目の夫は、とっても退屈な人だったので別れちゃいました。今の人はとってもすてきな人です。仕事場で出会いました。さっきも紹介の中で言ったんですけれども、協会では映画をつくっています。恋愛ですとか結婚ですとかセックスについての映画をつくっておりまして、2回ほど映画フェスティバルにも出しています。

B　参考になりましたでしょうか。参考になったようです。ありがとうございます。では、午後からまた、ゆっくりお話をしたいと思います。
　それでは次に、オランダのオンダリングシュタルク連盟でよろしいんでしょうか。ちょっと発音がうまくないかもしれませんが、ウイリアム・ヴェステヴェルさんからお話しいただきたいと思います。よろしくお願いします。

地域社会で自分らしく生きるとは
（ウイリアム・ヴェステヴェル）

　今日は分科会2に参加させていただきまして、また、皆様にお目にかかれてうれしく思っています。私はこれから、地域社会で生きる、ということについてお話をさせていただきます。今、まだホッチキスでとめていない資料を先ほど皆様にお配りしました。メモを書いていただけるところがありますので、何か参考になる話が聞けましたら、是非ともそちらにメモなど書いてください。そろそろトイレに行きたいという事情もありまして、私の説明は短くなるかもしれません。冗談ですが。（笑）
　まず自己紹介をさせていただきます。ウイリアム・ヴェステヴェルといい

ます。結婚しておりまして、妻の名前がイルマ、そして2人の息子がいます。10歳のユーリと7歳のブライアンです。私は知的しょうがいをもっていますが、オランダのオンドリングシュタルク連盟の代表（所長）をしております。また「ピープルファースト」、まず第一に人間だ、という名前のグループを率いています。

「地域で生きる」という話ですが、私自身の経験をお話ししたいと思います。どのような家で育ったのか、グループホームの経験について、また、アパート生活をしたことについて、そして、今の家族の生活について段階を追って紹介します。

私は両親に育ててもらいました。それはとってもラッキーなことだったと思います。というのは、時には私のような立場にある子どもたちが、家族から見捨てられてしまって施設で育つというようなことが多々ありますので。生まれたのは別のところで、それから何度か引っ越しをしました。17歳で独立をするまで、両親とともに過ごしました。

17歳のときに母が死にました。家族とちょっともめたというようなこともありましたので、17歳で独立してグループホームで生活しようと決心しました。17歳で決断したときには、グループホームで自立して生活していくというのは悪くないアイデアだなと自分では思っていました。ただしそのグループホームは、24人の人が共同生活をするんですが、そこに入りますと、自分の決断は誤っていたかなと思うようになりました。私の人生の最初の間違いというわけではないですし、これで最後の間違いだというわけでもないのですが。でも、やっぱりちょっと失敗したかなと思いました。施設には、プライバシーがなかったからです。施設では、私という人間を真剣に受けとめてくれなかったというか、むしろ軽んじられたんですね。つまり、自分の人生なのにいろいろなことを自分ではなくて他の人が決めていきました。そのように決められた生活というのは、非常に暗い、暗たんたるものでした。そのグループホームもその周りに建っていた幾つかの建物も今は壊され

ております。グループホームに住んでいた仲間も別のところに移っております。高齢になった人が住んでいるだけで、グループホームの機能はもう果たさなくなっています。

　グループホームで生活したのはわずか6カ月です。6カ月過ぎたところで、自分で自立して生活するしかないと決めて、ホームを出ました。アパートを借りて自立しました。支援スタッフがついてくれて生活をスタートさせました。グループホームとは違って、プライバシーは守られ、より自由な生活を楽しめるだろうと思ったのですが、これがまた違いました。支援スタッフが私を真剣に受けとめてくれなかったからです。サポートスタッフの派遣を要請したときに、「男性がいい」と私は言ったのですが、担当者からは女性を派遣されてしまいましたし、とにかく、「これをしなさい」「あれをしなさい」「あなたのためにこうやったほうがいいと思う」という形で、すべて指図されてしまいました。

　この支援スタッフの女性ですが、「はい、今何時になったからお洗濯をしましょう」「そろそろトイレに行ったほうがいいんじゃない？」と、ありとあらゆる生活の局面で口を出してきました。自分が何をしなければいけないのか、それもまた、いつ、何時にしなければいけないかということまで指図をしてきました。プライバシーが欲しくてアパートに行ったのに、タンスの中はのぞかれるし、個室にも入ってきて、私がやってほしくないようなことをやってくれました。さらにはお金の管理までしようとしました。幾らぐらいのお金があるのか、こういうふうに使ったほうがいいというようなことまで言ってきました。つまり、自分の望まないようなことばかりをされました。つまり、私の言うことを全然聞いてくれなかったのです。

　人生山あり谷ありと言いますけれども、何かこう、つらくて悲しくて嫌なことばかりが多かったように思っております。その中で私も荒れてちょっとぐれてしまいまして、いろいろとお金の問題も起こしてしまいました。部屋代も払えなくなってしまいました。ガス、光熱費も支払いが滞ってしまい、

最終的にこのアパートから追い出されてしまいました。そういうときに、幼なじみのイルマと再会しました。彼女とは8歳のころから知り合っていましたが、長いこと会っていませんでした。しかし、再会後、縁があって一緒に住むようになりました。彼女と一緒に生活をするようになって初めて、自分が自分である、そしてまた1人の人間として周りの人に敬意を持って接してもらっている、認められていると思うようになりました。一緒に1年半くらい暮らし、その後イルマと結婚しました。そしてユーリが生まれました。ユーリは男の子です。そしてブライアン、やはり男の子ですが彼も生まれました。

　結婚して今は幸せに暮らしていますが、結婚当時は本当に大変で、すべてが望ましくない方向に動いていました。すべてが何かおかしな形になってしまいまして、また失敗してしまったかなといろいろと後悔などもしました。しかし、時間がありませんので、今、こと細かくは説明いたしません。そういう大変な状況の中で結婚式当日を迎えました。いろいろなごたごたがありましたが、今となっては非常によい決断をしたな、イルマと結婚してよかったなと思っております。今回は私一人で日本を訪問しておりますが、日本に滞在している間も、家族のことが懐かしくてたまりません。

　今住んでいる家は、私の給料をためて買ったものです。非常にいい支援者を得て、その支援のもとに幸せに暮らしています。自分のプライバシーを守って、楽しみながら生活していくことができるようになりました。

　最後のメッセージです。多くの人が私のことを見て、しょうがい者だと言います。しかし、私はここに集まっている仲間、そして、支援者の方たちに言いたいのです。しょうがいをもっていても人間は人間なんだと。私は私という個人であるんだということ、このことを声を大にして申し上げたいと思います。どうもありがとうございました。（拍手）

地域で生きる
LFB Service Bureau

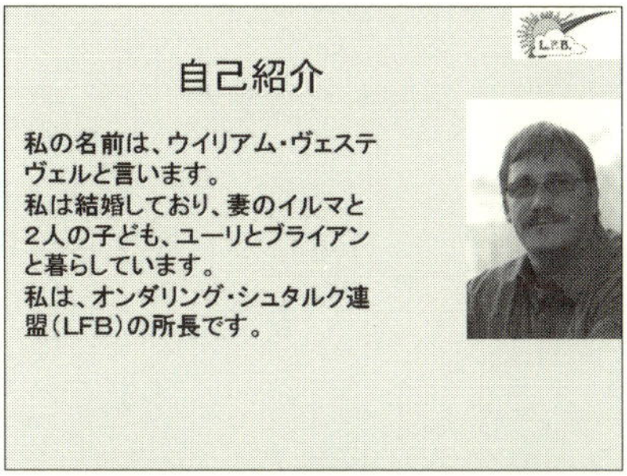

自己紹介
私の名前は、ウイリアム・ヴェステヴェルと言います。
私は結婚しており、妻のイルマと2人の子ども、ユーリとブライアンと暮らしています。
私は、オンダリング・シュタルク連盟（LFB）の所長です。

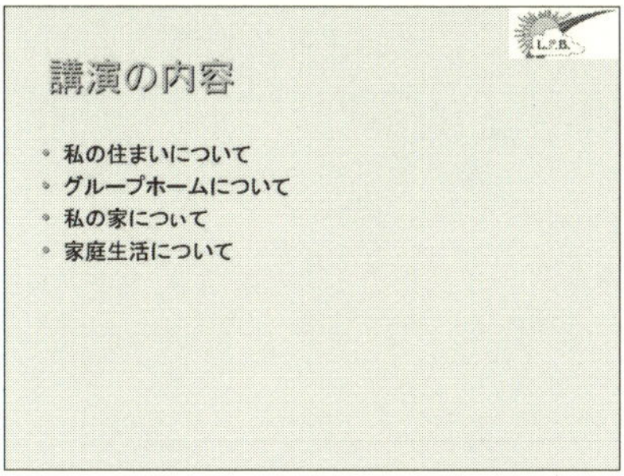

講演の内容
- 私の住まいについて
- グループホームについて
- 私の家について
- 家庭生活について

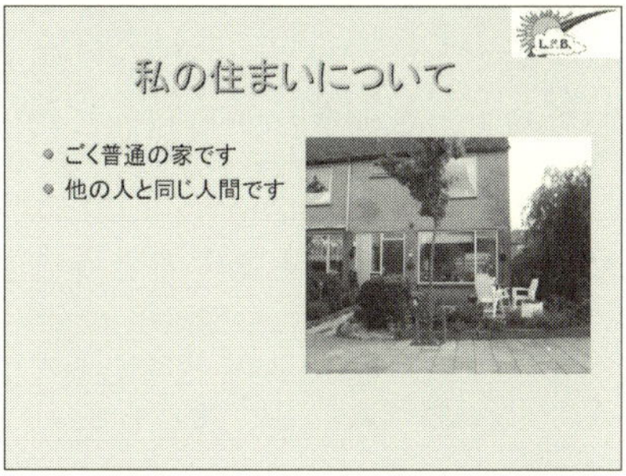

私の住まいについて
- ごく普通の家です
- 他の人と同じ人間です

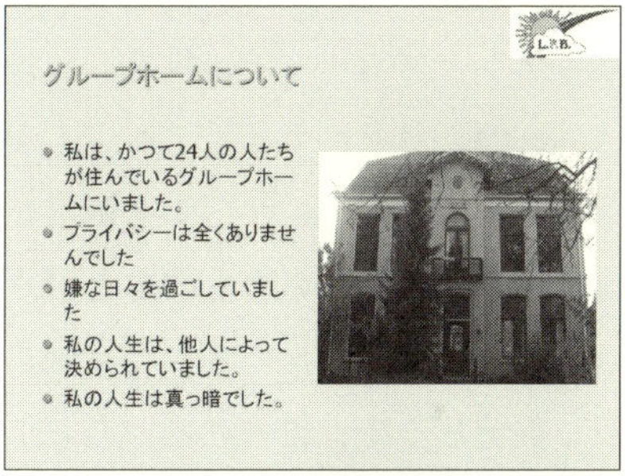

グループホームについて
- 私は、かつて24人の人たちが住んでいるグループホームにいました。
- プライバシーは全くありませんでした
- 嫌な日々を過ごしていました
- 私の人生は、他人によって決められていました。
- 私の人生は真っ暗でした。

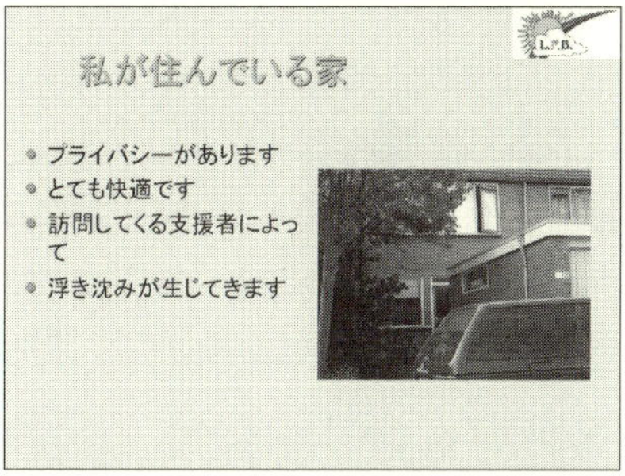

私が住んでいる家
- プライバシーがあります
- とても快適です
- 訪問してくる支援者によって
- 浮き沈みが生じてきます

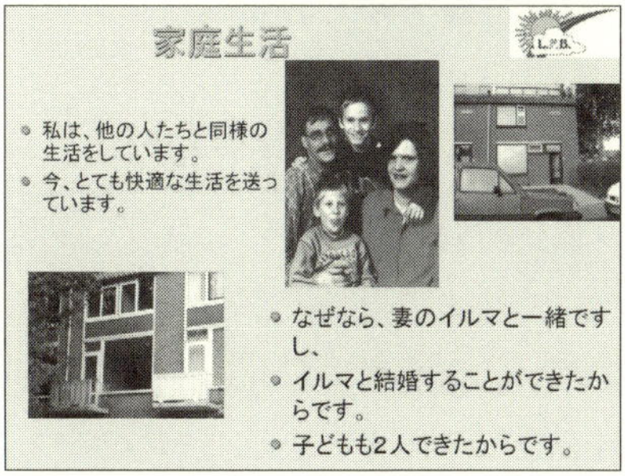

家庭生活
- 私は、他の人たちと同様の生活をしています。
- 今、とても快適な生活を送っています。
- なぜなら、妻のイルマと一緒ですし、
- イルマと結婚することができたからです。
- 子どもも2人できたからです。

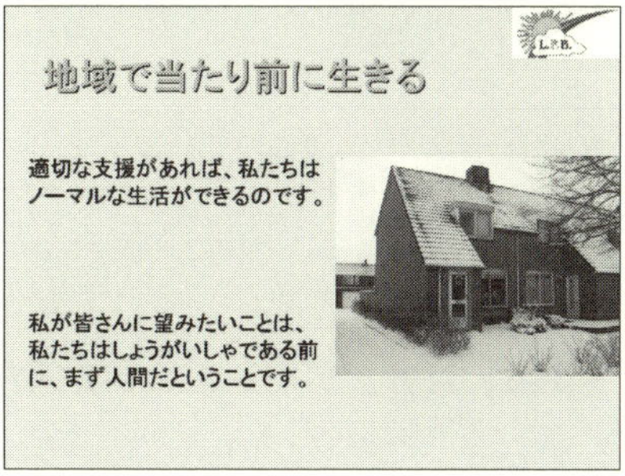

地域で当たり前に生きる
適切な支援があれば、私たちはノーマルな生活ができるのです。

私が皆さんに望みたいことは、私たちはしょうがいしゃである前に、まず人間だということです。

第4章　みて、きいて、はなしあおう、元気の出る話

A　ウイリアムさんありがとうございました。今のウイリアムさんのお話に対して質問等ありますか。どうぞ。

F　私は、今日東京から来ましたFといいます。私も今、実はグループホームで生活をしています。私も、何かいろいろとそういう世話をしてくれる人に、言われなくていいことまでいろいろと言われてしまっているんですが、今のお話で、やっぱりみんな一緒だなあと思っていたんですよね。だから自立も考えてはいるんですけど、まだそこまではいっていません。皆さんのお話をちょっと聞きながら勉強したいと思っています。

ウイリアム　どうもありがとうございました。

A　もうお一人、どうですか。

G　川崎から来ましたGと申します。自分もグループホームで、現在5名ほどの人と一緒に生活しています。プライバシーのことで、ウイリアムさんがさっき言っていましたけれども、私は一戸建てのグループホームで個室を持って生活しています。ただ嫌なのは、おしゃべり相手がいなくなるということです。自分はいつもしゃべっていたいなと思っているんですけど、職員さんのほうが忙しくなっていて、特に朝が一番忙しくて、自分の言いたいことが言えない感じなんです。そういうことはありますか。お願いします。

ウイリアム　私も同じような思いをしたことがあります。これはグループホームを出てからの話ですが、だれも私の話を聞いてくれない、真剣に受けとめてくれないと思い、ぐれて問題を起こしてしまったことがあります。ですから、自分がどういうことを望んでいるのか、何をしてほしいと思っているかを言ったほうがいいと思います。その上で、どのように自分が生きてい

きたいのかということを考えていくのがいいかと思います。グループホームの中でも孤独を感じることがあると思います。自立して1人で生活するということになりますと、余計1人きりになるのではないかと思われるかもしれません。でも、人間って1人で生きているわけではありません。地域の人と何らかの結びつきをつくっていくということが、大切ではないかと思います。一緒に少しずつ輪を広げることによって共に生活し、町を暮らしやすいものにしていくことができるのではないかと考えます。1人で暮らすということではなく、お互いに手を差し伸べあっていけたらいいなと思っています。

B　よろしいですか。
A　ありがとうございました。ここでトイレ休憩に入りますけどよろしいですか。

（休　憩）

しょうがいのある人もない人も地域でごちゃごちゃ一緒に生きる
（わらじの会）

A　始めさせていただきます。私たちは「わらじの会」です。しょうがいのある人もない人も、共に地域で活動しているしょうがい者団体です。埼玉にあります。

B　すみません。司会でありながら発表者で申しわけないんですけれども、「わらじの会」というのは、後からお配りした資料の中にあります。読んでいただければだいたいわかるかなと思いますが、とにかくしょうがいのある人もない人も地域で共に活動しよう、一緒に生きていこう、暮らしていこうということをしている団体です。今日は、どちらかというと、知的の方たちが結構多いフォーラムだとは思うんですけれども、「わらじの会」の中では

しょうがいの種別によって分かれたりはしていません。身体の人も、知的の方も一緒にプログラムとか活動をやっています。今、司会をやってくれていたＡさん、それから私の右隣にいるＨさん、青い紙と緑の紙は彼らの説明が書いてあるんですが、今日は、時間の都合などで詳しくは説明できませんが、本当はこのＡさんもＨさんも、「ぽぽんた」というグループに参加をし、自立生活のための体験プログラムで一緒に活動しております。

Ａ　「ぽぽんた」という団体の活動をしていて、バザーなどをやっています。

Ｂ　知的の方も身体の方も職員もまじって、一緒にやっています。昔は、電車に乗ったことがない人がいるので一緒に電車に乗ろうとかという形でやってきたんですが、やっているうちにだんだんとやれることがたくさんになってきて、最近は、やりがいみたいなものを探したり、お互いの生活をお互いに助け合っていこうというような形のグループになっています。
　今日は、最初にＡさん、そのあとＨさんと、順番にお話ししたいと思います。説明してくれるのは、同じ「ぽぽんた」のメンバーのＩさんと、Ａさんです。
　Ａさんの今の生活から始めたいと思います。（説明を読み上げる。）

「Ａさんは、現在、生活ホーム『オエヴィス』で、親元を離れて介助者などを使いながら暮らしています。同じ『ぽぽんた』のメンバーでもあるＪさんが団地に引っ越した後、『オエヴィス』の103号室に入居しました。（ちなみに生活ホームは、埼玉県独自の制度で、4人以上のしょうがいがある人が一緒に暮らすことで補助金が出ます。身体、知的などの区切りはありません。）『オエヴィス』は、15年ほど前、今は亡くなったＫさん、Ｌさんという、その土地で暮らしていた姉妹が自立生活をしてみたいと家族と話す中で、分家として建てられました。（分家というのがちょっとわからない方もいらっ

しゃるかと思いますが、農家などで子どもが大きくなってきて、独り立ちしたいというときに、本家から家を分けるという形で建てられた家です。）それまでのKさんたちの生活は、農家の一室に閉じこもり、Kさん、Lさん、おばあさん、おばさんが寄り添って、昼でも雨戸を閉めて暮らすというようなものでした。Kさんたちは、『わらじの会』の人たちと活動するようになってから、外でいろいろなものを見聞きし、自分たちも外で、自分たちで考えて暮らしたいと考えるようになっていきました。かつてこの地域がまだ農家ばかりだった30年以上前、KさんやLさんが子どものころは、農家の暮らしの中で芋がらをむいたりといった仕事があり、それなりに農村社会の中で暮らしていました。

　その後、この地域に七千世帯を数える武里団地ができるとともに、新住人がこの地域に大量にやってきました。当時の農家の人たちは、新住人に『みっともない』と思われないように、しょうがいをもつ人たちを家の奥に囲い込んで外に出さないということがあったのです。そのころの日本の福祉制度は、地域で暮らしていくためのものはほとんどなく、大概の重度のしょうがいをもつ人たちは、家の中で過ごすか、遠い郊外に建てられた大きな施設で暮らすかしかありませんでした。Kさん、Lさんも就学免除という制度の中で、『地域の学校に来なくても、卒業したとみなしてあげますよ』と、体良く通学を断られて、学校には行っていませんでした」。

　Aさんが暮らしている地域とか、どんなところや背景で暮らしているかということがわからないと、全体として見えないかなと思うのですが、もう少し続けさせてもらいます。

　「さて、Aさんは『オエヴィス』で暮らすようになってから、約10年がたとうとしています。Aさんの前の住人のJさんは、『プライバシーがドア1枚でしか守られない暮らしは窮屈だ』と、団地での一人暮らしを決意しました。Aさんは、人と話したり人と一緒にいるのがとても好きな人です。ですから、Aさんは自分の部屋よりも『オエヴィス』の共有スペースにいること

が多く、また、そんな状況ですから、『オエヴィス』にぶらりとやってきた人の話し相手や、なれていないほかの入居者についた介助者に、『オエヴィス』のいろいろなことを説明してくれたりということもやってくれています。

　現在、日本の若者の中には両親と一緒に暮らしている人も多くいます。そんな状況もある中で、Ａさんは、一人暮らしを念頭には置いているものの、はたしてＡさん流の暮らしというものが本来どうあるべきなのかは、Ａさんも含めて頭を悩ましています」

　「悩ましている」で話が終わってしまって申しわけないのですが、Ａさんは、こんな感じで、夏はカエルがうるさいぐらいの田舎の風景の中で暮らしています。

　Ａさんについて、「オエヴィス」を含めて話をしました。「オエヴィス」がどんな感じでやっているかの話をしてもらっていいですか。

Ａ　財布の中身はゼロです。お金は１週間ごとに職員のＭさんが、１カ月分のお金を渡しているようです。それは、買い物とかお酒を買ったりとか……。

Ｂ　すみません、ちょっと補足させてもらいます。僕たちはきのうから池袋に来ているんですが、きのうの夜、コンビニで何か飲み物を買って帰ろうかなんていう話をして、Ａさんの財布をあけたらお金が本当に１円も入っていなくてちょっとびっくりしたんです。話を聞いていくと、どうやらお金に関してのトラブルがずっとここのところ続いていて、とりあえず試しに、「半月分を渡すから自分で好きにやってみたらどう？」という話が職員との間でされたそうです。それで、次のお金が入る日は、１１月１１日らしいんですけれども、もう既にすべて使い切ってしまって、全然なくなっていたんです……。今日は御飯はいただけるみたいなんで何とかなるとは思いますが。はたしてこの１円もないという状況がいいのか悪いのかはちょっとわからないんですが……。職員とＡさんの間で、他に手もなかったんだろうなと思いま

すが、昨日ちょっとびっくりしました。これはたぶん、本人の自己決定とかプライバシーの問題とかいろいろなことに関わるだろうけど、話し合いの内容にも関係してくると思いましたので、今話をさせてもらいました。Ａさんの話は、また後でできると思いますので、次にＨさんの話をさせてもらいます。Ｈさんの代読はＩさんがしてくれます。Ｈさん、自己紹介をお願いしていいですか。

Ｈ　編集長のＨです。今日はＮさんとＯさん、組長さん、Ｐさんと来ました。よろしくお願いします。

Ｂ　Ｈさんは、今、私たちのグループでつくっている機関誌の編集長をやってくれています。

Ｉ　「ぽぽんた」で一緒に活動していますＩです。今日はＨさんの原稿を代読させていただきます。先ほど、Ｈさんが「組長さん」というように私のことを紹介してくれたんですが、それはあだ名です。よろしくお願いします。
　Ｈさんについて、お母さんからいただいたものを読みます。

「Ｈは養護学校高等部を卒業してすぐ『わらじの会』に入り、間もなく始まった『ぽぽんた』の活動に最初から参加しています。20歳になってすぐのころだったと思います。そのころは、今よりもっと右足が不自由で言葉もあまりしゃべれませんでした。外を歩くときは、いつも母親の私と一緒で、迷子にならないよう、けがをしないよう、私はいつも気をつけていました。買い物も店の人や周りの人に迷惑になると思って、１人でさせたことはありませんでした。
　『ぽぽんた』の活動に参加するようになり、母親と離れて仲間の人たちと一緒に電車に乗ったり、買い物をしたり、さまざまな経験は、Ｈにとって本

当にワクワクするようなことだったようです。そのころ、『別々です』が口癖になりました。自分と母親は別々だということを、私や周りの人に盛んにアピールしたかったのだと思います。私がHの世界に介入するのを嫌がるようになったり、『ぶあく』というお店でお給料としてもらったお金を、私に見せずに隠すようになりました。そしてそのお金を持って意気揚々と『ぽぽんた』へ出かけていくのです。

　でも、自由に危険はつき物で、Hはよく迷子になりました。一番大きな迷子事件は、みんなで浦和に行くとき、乗り換えでHだけ電車をおりなかったために起こりました。朝10時半から夜10時半ごろまで行方不明でした。ＪＲ武蔵野線で、終点から終点まで、電車に乗って1日うろうろしていたものと思われます。おなかをすかしトイレにも行けず疲れ果てているだろうと私は心配で本当に生きた心地もしませんでしたが、本人は意外に元気で、ちゃんとトイレにも行っていた様子ですし、びっくりしたことは、財布の中から新座にあるコンビニのレシートが出てきて、お昼にちゃんとお弁当と飲み物を買っているのがわかったことです。日ごろの『ぽぽんた』の活動のおかげだと心から思いました。

　ところがその数カ月後、また同じところで行方不明になりました。こう何度もではたまらないので、もう『ぽぽんた』をやめさせたいと本気で思いましたが、本人のHは何が何でも出て行きました。そのころ、私を振り切って出て行くので後をつけたところ、1時間以上歩いてみんなの集まっている公民館に着きました。一生懸命歩いている後ろ姿を見ながら、こんなにHを駆り立てている『ぽぽんた』をやめさせることはできないと思いました。何度も迷子になるうち、もう迷子にならなくなりました。いろんな力を身につけたと思います」

Ｂ　ありがとうございました。今日は、Ｈさんだけではなく、Ａさん、オレンジ色の車いすのＪさん、赤い電動車椅子のＱさんが「ぽぽんた」のメン

バーとして来ています。Aさんの説明の中であった「オエヴィス」という生活ホーム、それからAさんの103号室というのは、前はJさんが住んでいた部屋です。Jさんは、「ぽぽんた」活動として、みんなで一緒に不動産屋回りをしていました。1人だと出足が鈍かったため、みんなに応援してもらって、不動産屋回りをしていたのです。その後にAさんが入ってきました。Qさんももうじき新しいアパートが決まりそうだと聞いています。「ぽぽんた」ではいつもは親にやってもらっていて乗り方がわからないので、電車に乗るのも自分たちでやっていこう、自分たちで失敗しながら覚えていこうじゃないか、ということでずっと続けてきました。ほぼ同じメンバーで何ともう10年以上にもなりました。大体いろんなことをやりつくしてしまったようです。そこで今はやりがいを探すとか、仕事に近いことをやってみようとか、お互いに助け合う自助グループみたいなものになるなど、形が変わってきています。職員が入ったり、ボランティアが入るなど、いろんな立場の人が関わることで、「職員」と「職員が世話をする人」という関係だけで終わらないようになってきています。結構無責任な人がたくさんいることによって、ごちゃごちゃごちゃとやっています。

　次に、「ぽぽんた」の説明をQさんにしてもらいます。

Q　先ほどから名前が出てきています、Qです。私も最初のころ、友達が「わらじの会」に入っていて、その友達の紹介で「わらじの会」を知りました。「わらじの会」の中でも自立体験プログラムをやるから参加しないかということがきっかけで今までやってきました。今度大袋のアパートがやっと決まって、これから引っ越しです。J君が、「ぽぽんた」の活動を通してアパートを探してもらったという話が出ましたが、私も「ぽぽんた」の人たちに手伝ってもらって探すことができました。今は越谷市の「くらしセンター・べしみ」の上にある、生活ホーム「もんてん」というところに住んでいます。そこを出て、今度大袋のほうに引っ越しをします。

第4章　みて、きいて、はなしあおう、元気の出る話

R　僕は「わらじの会」で、「ぽぽんた」にある自立生活プログラムを、今から15年前に始めました。そのころはもう家庭訪問をしてメンバーを集めて、とにかく外に出かけることを目的に始めました。自分たちの生活を話し合ううちに、お互いの生活を共に考え合うグループになっていきました。そういうメンバーのグループですが、これから何をやっていくかとか、こう動いたほうがいいとかは、メンバーだけでは出てきにくいところがあって、職員とか僕みたいなメンバーが参加することによって、「ぽぽんた」は活動をしてきています。

B　今、「ぽぽんた」にはいろいろな方が入っています。たぶん、それによってプライバシーが守られないこともあるだろうし、逆にいろいろな顔を持てたり楽になっているところもあるだろうと思います。そんなことも含めて話していけたらいいなと思います。
　この後もう少し、質問をいただいて、お昼にしたいと思います。

A　質問はありますか。

C　A君はお金がゼロに、Cと電車に乗って、A君はお金がゼロになりました。お願いします。A君は、「オエヴィス」で、Cと……、A君は「オエヴィス」に住んで、A君のお金がゼロ……。A君とお金がゼロ……お願いします。
B　CさんはA君と知り合いですよね。
C　違う。
B　違うの？（笑）　ひょっとしたら、帰り、電車賃の相談に乗るよという話ですか。違うんですか。
C　A君……
B　じゃあ、ごめんなさい。よろしいでしょうか。

C　はい。

A　ほかに質問ありますか。Tさん、お願いします。

T　ありがとうございます。この「わらじの会」というのは、ちょっと聞いただけでよくわからないんですけど、「妖怪団」とか「パタパタ」とか、今、何名ぐらいの会員さんがいて、知的だけじゃなくて身体の方もいるということなんですが、どういうメンバーなんですか。お願いします。

B　活動を始めてから28年目に入ります。「わらじの会」とはいうものの、会則とか会費とかが全くありません。来たときが会員みたいな形をとっています。「わらじの会」というのは28年前に、当時の住民運動みたいなことをしているグループとかボランティアグループみたいなのが一緒になってできました。例えばそれまではボランティアさんとしょうがいをもつ人が土日に出かけたいみたいな話をしていたのが、やっぱり毎日みんなで集まれるところが欲しいなとか、「じゃあ、デイケアがあったらいいよね」といった流れで、デイケアができていったりしました。例えばAさんが住んでいる「オエヴィス」であれば、KさんとかLさんとの関係で生活ホームが分家として建てられていったという感じです。メンバー、職員、当事者、さまざまなスタッフを合わせるとだいたい150人ぐらいいるんじゃないでしょうか。当事者、健常者、ボランティアとかの割合というのは、ちょっと数えたことがないのでわからないんですけれども。とにかくいろんな人がまじっている団体です。答えになったでしょうか。

T　はい。では、かなり出入りは自由なんですね。

B　そうです。何かほかにご質問ある方、いらっしゃいますか。

U 「わらじの会」では、主に何の仕事をやっていますか。

A 今は、バザーのビラまき。今度、市役所の裏の第一公園でバザーがありますね。そのビラを春日部駅西口？ 東口？ どっち？ Iさん、どっち？ 西口と、それから武里駅東口、せんげん台駅西口で、ビラをまいているんですけど。補足をお願いします。

B 今、話を聞くと、年がら年じゅうバザーをやっている団体みたいなんですけど、そういうわけでもありません。活動の拠点は、「べしみ」とか「パタパタ」とかいろいろありますが、Aさんは今、「わら細工」でも働いているんです。人材派遣の部署でちょっと働いたり、介助者を探す事業所で介助者を雇って一緒に仕事をしたりとかしています。通所の授産施設みたいなところでは、パンを焼いたりとかもしています。私たちは仕事中心というよりも、外に行ったり、人を前にしてこうやって迷ってみたり、そういうことのほうが大事じゃないかなと考えています。なるべく外に出て、普通に社会の中に入っていって、トラブルに出会ったらどうしようか、みたいなことを主な活動としています。とにかく普通に街に出て行くという活動です。ですから、仕事を持っている人もいるし持っていない人もいます。ちなみにIさんは、作業所のパート職員です。Hさんは、年金をもらって親御さんと暮らしています。僕は職員なので、就労支援センターとか、「べしみ」という通所授産施設で仕事をしたりしていますが、そこで給料をもらっています。Aさんは？

A 生活保護で暮らしています。

B そんな感じで、とりあえずばらばらな感じです。

U　この間自立支援法案が通りましたよね。授産所では給食は無料だったのですが、今度は5千円かかると言われています。少ないお金がまた少なくなっちゃって、給料がゼロになるんですよね。このことをどういうふうに考えていますか。お願いします。難しいですか。

B　すごく嫌な法律が通ってしまって……残念です。自立支援法案はすごく大事な法案ですが、内々であまりまじめに議論がされていません。昨日も学生さんから、「じゃあ今の時期、何をやっているんですか」と聞かれて困ってしまいました。その時に話した内容というのは、どちらかというと、社会の中でしょうがいをもっている人ともっていない人が交じって暮らしていくときに、はじかれている現場がたくさんあるということです。「あなたたちは養護学校へ行きなさい」とか、「作業所に行きなさい」と言われて地域から締め出されている現状があります。今はそういうところに出て行く活動を主にしていますので、そちらのほうが結構いっぱいいっぱいな感じです。確かに自立支援法はすごく大事なのですが、どちらかというと今入れていないゾーンに入っていくことを仕事としていますので、残念ながら、まだ手つかずという感じです。これからたぶん困ると思います。逆に教えてもらったり、勉強させてもらいに行ったりすることがあると思いますが、よろしくお願いします。

U　よろしくお願いします。

B　ほかにいらっしゃいませんか。そろそろ12時を回りましたので、昼食休憩ということにしましょう。なるべくたくさんの方とお話できたらいいなと思っています。午後は1時から、またこの会場で行いますのでよろしくお願いします。(拍手)

●午後の部　プライバシーの話

A　それでは、午後の分科会を始めさせていただきます。午後は、地域でのプライバシーの話です。よろしいでしょうか。

B　午前中、ウイリアムさんからも、プライバシーの問題などがあったという報告を受けましたが、そのあたりのことも含めて、地域におけるプライバシーに絞って話をしていけたらと思います。積極的にご質問、ご意見をいただきたいと思いますので、よろしくお願いします。ウイリアムさん、ご自分の体験などもふまえ、プライバシーのことについてお話しいただけませんか。

ウイリアム　私が考えるには、プライバシーを守るということと地域で生きるということを両立していかなければいけないと思います。私たちは、プライバシーを守ることと、自分のアパートを借りることは同じだという結論にたどり着きました。プライバシーというのは、自分の人生を自分で形づくっていく、自分で決断をするということが根本になると思います。例えば、自分が許可もしないのに、勝手にタンスの中をのぞき込まれたり、自分が留守にしているときに部屋の中に入られるのは、とても嫌だなと思います。そういう意味でのプライバシーというものを確保し、社会の中で生きていきたいと思います。

　自分の家、自分の部屋であることを確実にするために、ドアの鍵は自分だけが持っていたいと思います。もちろん、支援者、スタッフ、世話をしてくれる人が、世話をするときに入ってこられるように鍵を持っているという場合がありますが、自分の部屋ですから、支援者ですとか、世話をしてくれる人が来たときに自分がドアをあけるという形にすべきではないかと思います。もしかしたらお金を払わなければいけないとか、煩雑なこともあるでしょうけれども、自前の鍵を持つということが大切で、そういうところから私はプ

ライバシーを進めたいと思っています。

　先ほどの「わらじの会」の皆さんがおっしゃっていましたように、やはりいろんな経験をして、時には恥ずかしい思いをしてしまったり失敗することもあるけれども、そこから学ぶということが非常に重要だと考えます。先ほど、Aさんのお話がありましたよね。一文なしになってしまったと。お財布にお金がないということですが、そういうことから学ぶことがあります。コンビニでドリンクを買われたときには、お金が1円もなかったからたぶんほかの人が払ってくれたとは思いますが、厳しいことを言ってしまえば、お金がないときは物は買えないんだということをやはり体験する必要があると思います。私自身がそういうことを体験してきました。レストランに行って食事をして、財布をあけたらお金がありませんでした。この時は、レストランの人から厳しくしかられました。アパートのお金を払えなくて追い出されたというような経験も持っています。

　きつい思いも恥ずかしい思いもしますけれども、そういうことから、例えばお金の管理の必要性を学び、身につけることができると思うんです。時としてスタッフ、支援者、コーチ、仕事をしている皆さんですと、働き先の人がお金の管理を代わってやってくれているのではないかと思います。それは本当に便利で、ある意味ではありがたいんですけれども、自分で稼いだお金を自分で使い、自分で管理し、身につけていかなければいけないのではないかと思います。プライバシーもそうです。相当きついこともありますけれども、自分で勝ち取るためには、いろいろなものを学んで身につけていかなければいけないと思います。

　プライバシーや自立ということを考えますと、自分でお金の管理をしていかなくてはいけないと思います。部屋代を払ったり、ガス、光熱費を払ったり、そういうことでは節約をしたり工夫したりするといったことも学んでいく必要があるかと思います。支援者にすべてをお任せするということではなくて、そういうものも身につけていく必要があると実感しております。皆さ

んの話し合いを聞いた上で意見を述べさせていただきました。次はジェーンさんの話を聞きたいと思います。

ジェーン　私はちょっと視点を変えて、家族と一緒に住んでいる人、親御さんと住んでいる人の状況について考えたいと思います。子どもたちはだんだん大きくなっていきます。そして成人になります。成人になった子どもに対しての親の態度です。親子関係というものも変わっていかなくてはいけないと思います。お互いに大切に思っている親、子どもたちではありますが、成人した子どもには、それ相応の態度、接し方というものを、親御さんたちも考えていただきたいと思います。そうでないと、大人にはなれないのではないでしょうか。子どもも、自分は成長したんだ、大人になっているんだということを認識し、親のほうも自分の子どもは成人なんだということを認めていかなければいけないと思います。こういうことを親離れ、子離れと言うのではないでしょうか。

　そういう段階を経ていかないと、結局はお互いに依存し合いすぎてしまい、一個人としての尊敬、敬意というものを、家族以外の人々から得るというのがとても難しくなると思います。自分のやったことに対しては責任を持つことが必要です。これは、私たちも、親御さんたちもそうです。そしてその責任というのは、人から与えられたものではなく、自分のやったことに対して自ら責任をとることが必要だと思います。

　それから先ほどの鍵のことですが、自分の部屋やアパートの鍵のことをウイリアムさんがおっしゃいました。私も自分の家や自分の個室と呼べるところに関しては、ドアの鍵は自分だけで持つべきだと思います。部屋はだれのものでもない自分の空間ですから、そこの出入りは私だけ、またはその本人だけであるべきです。本人だけがその中に入ってもいい人を選ぶことができるというようにするのがいいかと思います。

　そして、お互いに、仲間同士で助け合う。お互いが何を思っているのか、

何を願っているのかということに耳を傾ける。そして協力し合う。1人ではなくてみんなが力を合わせることで強くなれる、そして自由になれると考えることが大切だと思います。ありがとうございました。(拍手)

B　ありがとうございます。急にここの前に人が増えましたが、A君の補足と司会業で、ちょっといっぱいいっぱいになってきましたので、Aさんのいる生活ホームの職員のSさんに上がってもらいました。Aさんのプライバシーの問題について少しいいですか？

S　グループホーム（埼玉県では生活ホームと言っていますが）の職員、Sです。私の働いている生活ホームには見学者がとても多くて、きのうもオランダやスウェーデンの皆さんに来ていただきました。私は案内するときに、基本的に「ドアが開いている部屋は見ていいですよ」と言うようにしていますが、閉まっているところをあえて開けて案内するということは自分ではやっていません。住んでいる人がどう思うかなということを考えるようにしています。グループホームの入居者のQさんが来ていますので、Qさんにも聞いてみたいと思います。プライバシーってわかる？

Q　今は特定の人しか鍵を渡されていません。今は生活ホームにいるので、直接来てもらうという形をとっています。今度大袋に引っ越しをするんですが、私の場合は自分でドアを開けるのが難しいところもあるので、介護に入ってもらう人には、鍵を渡すことがあるかもしれません。何かあったらちょっと困るなと思っているので、そうしようと思っています。

D　きのう海外から来られた方がみえたとき、ちょうどQさんのヘルパーさんが来てお掃除をしていたときでした。本人がいないときに、彼女が信頼している介助の人に日中お掃除をしてもらっていたときでした。でも、Qさ

んの部屋には、ほとんどいつもドアに鍵がかかっているので、彼女がいないときにベランダ側からエアコンが回っている室外機の音が聞こえたりしても、私が開けて入って止めるということはしていません。でも、対応の仕方は人によって違います。私たちのところは身体しょうがいの人が多く、言葉がうまくしゃべれない人が多いため、ベランダに洗濯物が出ていて雨が降ってきたりしたときは、その人の分は入れています。Qさんのものは雨ざらしのままです。その人によって対応は変わってきます。

B　ありがとうございます。とりあえずお三方の話を聞きました。プライバシーの問題がない人はだれもいないのではないでしょうか。家族の中にもプライバシーの問題があると思います。プライバシーの問題に関してご意見やご質問をいただければと思うのですが、いかがでしょうか。

V　グループホームというのは、必ず職員がついていて、何でもかんでもやらされているように思います。間違った方式だと思います。プライバシーに関しても、僕の部屋をのぞきにくる人がいます。毎回。でも職員も注意ができない状態でいます。だから自分としては、本当に仲間の関係でプライバシーが守られていないと思っています。

B　ありがとうございます。他にはありませんか。では、お願いします。

R　最近、おもしろいというか変わったことがあったので発表します。うちは市営住宅に住んでいて、奥さんと子ども3人で住んでいます。僕が車いすで町を歩いているといろいろなうわさがたっていて、この間もうちに入っているヘルパーさんが、「あそこのうちは、年末に100万ぐらいお金がくるらしいよ」とかいううわさをしている（のを聞きました）。うそのことも本当のことも、結構周りに筒抜けです。一方で、どしゃ降りの日に、うちの前の

公園で車いすが止まってしまって、自分で何とか帰ろうとしたのですが、結局周りの人が家まで送ってくれたということがありました。プライバシーの問題もあるとは思いますが、逆に町に暮らしていることを打ち明けて、気にしないで暮らしていくことも必要かなと思っています。

B　プライバシーという問題もあるんだけれども、結構、Rさんが暮らしているあたりでは、知って知られて、そこから関係が始まっていくみたいなところがあるということですかね。

R　ええ。

ウイリアム　先ほどQさんのご意見を聞かせていただきましたが、私はちょっと強硬派で、プライバシーということを守るというんだったら、どんなに信頼のおける親しいスタッフの人でも鍵を渡すのはどうかなと考えます。例えば部屋を掃除していただく、Qさんが外に出かけている時間にやってもらうというのは便利なようですが、やはり自分の家だったら、自分のいるときにスタッフの人に来てもらって、それで「来ました」と言われて、Qさんが「どうぞ入ってください」という形で掃除をしてもらうというようにしたほうがいいのではないでしょうか。ただ、スタッフの人がスタッフの都合で、「今だと、ちょっと掃除しちゃったほうがいいわ」とか、そういう形で勝手に個室に入ってくるというようなことになってしまうとそれはいけないと思います。グループホームの部屋、それは自分の個室、つまり自分の家であり、自分の城であるということを考えたら、例えば、「ここでこういう支援が欲しい」「こういうことをしてほしい」ということを考えるのも本人でなければいけないし、「いつこういうことをお願いできますか」というようにお願いをするのも、やはり本人の意思、自由意思でやってもらう。そういうようにしてやっていかないといけないと考えます。プライバシーの問題を語ると

きに、家、または自分の空間を守っている鍵というものは、非常に重要な鍵になります。

B　ありがとうございます。また家が替わりますからたぶん新しい展開があるかと思います。いろいろな工夫もできていくのではないかと思います。同じような悩みを持っておられたり気にされている方とか、いろいろ取り組んでいらっしゃる方とか、いっぱいいらっしゃると思いますが、どなたか。

W　今、グループホームで鍵をつけてプライバシーを守るんだというようなお話を聞いていたんですけど、それは本当のことですよね。私のところもグループホームですが、やはりスタッフが管理をしています。「この人たちを私が管理をするから、鍵なんていうのはとんでもないんだ」と言って、いまだに鍵はありません。でもそれでは、本当にそれをつけてもらうように制度を変えない限りできないのか、プライバシーもへったくれもないというようなことになってしまいます。私のところは、練馬にありますZというところですけれども、共同募金会で建ててくれた建物の2階を私たちが使っているのですが、まだ鍵はつけてもらえていません。もう十何年たっていますが、「そんなものはとんでもない」ということでつけてもらえないのです。だからそうなると、行政が制度を変えない限り難しいし、プライバシーもなくなるのかなという気がします。

B　貴重なご意見、ありがとうございました。鍵を自分で管理できるかどうかは、とても大切な問題だと思います。

W　だから、私たちのところで言うと、鍵をつけてもらえない。だから皆さんの話を聞いていて、本当に我々のプライバシーはどうなるんだろうなと。部屋にも入ってこられるし、それが当然という見方をされているというのも

何かおかしいので、やはり、それはもう行政から率先して変えない限りはあり得ないのかなあと今、お話を聞いていて私はそう感じました。

B　どうもありがとうございます。今、個室や家といったあたりのプライバシーの問題が出てきていましたが、もっと広い意味で、例えば地域、さっきBさんが話されたのは、地域の人間関係における精神的なプライバシーのような部分もあったかと思います。先ほどのHさんの話の中で、Hさんは、自宅を開放してガレージセールをやっていると言われましたが、たぶんご近所にはしょうがい者がいるということをあまり知られたくないということなのでしょうか。自宅を開放して取り組みを行うのは大変だなあと感じました。その辺、Hさんにお話ししていただけたらと思うんですがいかがでしょうか。プライバシーという部分だけにこだわらなくても結構ですので。

H（母）　私はずっと大阪に住んでいまして、埼玉に引っ越してきたのが17年前です。Hはすぐに養護学校の高等部に行きましたので、周りに知っている人が全然いませんでした。養護学校に行きましてもあまり外の世界は知らずに、卒業して「わらじの会」に行くようになって初めていろんな活動に参加させていただくようになりました。もうどう見ても「わらじの会」は最初のころは人手が足りないというのがわかっていましたので、ボランティアとして一緒に活動していました。そのため、あまり家の周りに知っている人がいないままにずっときてしまいました。「地域で、地域で」と言いながら、家の周りで知っている人もあまりいないというところで、Hはずっと「わらじの会」の活動に参加してきました。歩いて1時間ぐらいかかるんですけれども、そんな状態でしたので、これはやはり地元の家の周りで、いっぱい知っている人が必要だなということで、ガレージセールを始めました。でも月1回ですので、だから急に知っている人が増えたりとかということではありませんが、でもこうやって地道にやっていくことが必要かなと思います。

私は親なんですけど、今までおっしゃられた方などはかなり自分の考え方をきちんと持っていらっしゃるので、鍵も自分で持ってという考えはわかるのですが、しょうがいの重い知的しょうがい者になると、プライバシーというのは本当に難しい問題ではないかなと思います。Hの場合は、先ほども「ぽぽんた」の活動のところで書きましたけれど、自分は母親とは別だということを言い出しました。自分のお金も隠すようになったり、自分の部屋に私が少しでも入ると、見張っていて「早く出て行ってほしい」というような感じで嫌がるところがあるのです。かといってそのまま放っておきますと、部屋は掃除しないし、着る物の管理も自分では難しいですし、本当に難しいところだと思います。

B　ありがとうございます。たぶん皆さんは、難しいなりにいろいろな取り組みをされていると思います。

ウイリアム　庭を開放されているというすばらしいコミュニティ活動を、非常にうれしく伺いました。ところで、プライバシーに関する今のご意見について、一言申し上げさせていただきたいと思います。
　周りの人が考えている以上に、チャレンジする気持ちを持っていれば私たちはできるものなんです。今、お母さんが、お嬢さんがお部屋を掃除しないとおっしゃいましたけれども、たぶんそれも娘さんに、「自分でやれるわよ、やりましょう」と言ってあげたら、たぶんお母さんが驚くぐらいできるはずだと考えています。と申しますのも、私の妹がダウン症ですが、現在自立してボーイフレンドと一緒に共同生活をしております。彼も妹よりもちょっと重いしょうがいを持っているというカップルなんですけれども、日常生活をこの2人で助け合ってやっています。このダウン症の妹は、知的レベルとしては6歳〜7歳ぐらいであると診断されています。ですから、この2人が独立して2人きりで生活するなんてしょせん無理だと、最初は周りの人たちから大反対されました。また悲観的に見ていました。しかし、私たちはできる

はずだと考えて、本当に徹底的にトレーニングを妹にやってもらったんです。もちろん集中してやらなければいけないし、本当に長い時間がかかりましたけれども。「できないんじゃないか」というような思い込みではなくて、「できるんじゃないか、できるはずだ」というように意識を変えるべきだと思います。これは周りの人だけではなく本人もそうです。「自分はできるんだ。やりたいことがあるんだからするんだ」というように変えることで、思っている以上のことができます。

ジェーン 「できる」「できない」ということで、その可能性を閉ざすということではなく、心を開く、柔軟なとらえ方、考え方をすることが重要だと思います。

B ありがとうございます。だいぶ時間が押してきましたが、もう少し会場の方のお話を聞きたいと思います。どうぞ。

X 大分県から来ましたXと申します。大分は日本の南の九州という島にあります。今、大変参考になるお話をいただきました。僕は建築学が専門です。そういう立場から意見を一つ言わせていただきたいと思い、手を挙げました。
　今のプライバシーの問題ですが、専ら周りの方々のサポートの問題が取り上げられました。心構えの問題もありますが、空間の問題もプライバシーに大きく関係していると思います。ちょっと長くなるといけないんですが、皆さんご存じのように、今13万人の人が日本では入所施設にいるわけです。今度の自立支援法は、もしかしたらこの入所施設をこのまま残してもいいよという法律でもあるように考えられます。今のままの名前を変えて、今のが住まいだよということになる。それはもうとんでもないことだと思いますし、一方で十何万人分のグループホームをつくりましょうというような動きがあって、これは大変結構ですが、その皆さんが描いているグループホーム

というのは、実は一つ屋根の下の一戸建ての家に4〜5人で住んでいるという、例えば、私が入りなさいと言われたら決して入りたくない生活環境です。でもそれが当面の目標になっている。地域生活を実現しようというグループホーム。それが非常に問題だと思います。私は、生活環境を豊かにしていくという発想が必要だと思います。鍵があって、個室だけではなくて、少なくとも風呂とトイレがあってキッチンがある。そうしたものが固定されて初めて自分の家と言えるのだと思います。自分の空間をサポートしてもらう必要性が高い人は、豊かな空間が用意された家をつくらないといけないと思います。今日大変おもしろかったのは、ウイリアムさんとジェーンさんが共に、「グループホームなんて嫌だ」と言われました。日本よりはるかに広くていいグループホームなのに、それでもやはり望ましくないという空間のイメージを持っていらっしゃるのを知ってうれしく思いました。お二人が言われたことを是非次の望ましい生活環境にしてもらいたいと思います。私自身、今日の日本的なグループホームを目標にしてはいけないと思っています。それについて、もし関係の方でご意見などがあったら伺いたいし、一応建築の立場からそういうような見方をしている者がいるというのを知っていただきたいと思いまして発言しました。以上です。

B　ありがとうございました。

ウイリアム　貴重な情報をいただきありがとうございました。実はオランダも、皆様に思っていただけるほど状況はよくありません。本当にプライバシーがないような状況で、大部屋で10人、12人の人が生活をしているというような状況も実はあります。ただし、そのような状況というものはよくないと、そういう状況は変えなければいけないということでいろいろな人々が働きかけております。私たちの団体もその一つです。何よりもいけないのは押しつけだと思います。「これをしなさい」「あれをしなさい」「こういうふ

うに暮らしなさい」「こういうグループホームに入りなさい」「施設がいいですよ」ということではなくて、一人ひとりが自ら考えて、「こういうものをこういうふうにしたい」「自分にはこういうほうが便利だ」というように考える。つまり選択というもの、自分が選ぶという自由、これを私たちは獲得しなければいけないと思います。

ジェーン　スウェーデンの状況は数年前までたぶん日本に非常に近かったのではないかと思います。だから、皆様の感じている問題もわかりますし、また恐れ、不安というものも十分に理解できます。本人もそうだし、そしてまた介護、支援のスタッフの方々、またはご家族の方々も、自立した生活というのは本当に成り立つかどうかと不安に思っていらっしゃると思います。しかし、スウェーデンでは、すべての大規模施設は解体されました。もうなくなりました。みんな自立できるというような方向に変わっておりますし、グループホームというものも上限が5人です。5人以下のグループホームだけが許可されています。これは、スウェーデンの大きな変化です。ですから、日本でも現状を変えていくことができると思います。現状を越えたいろんな可能性があるんだ、変えていくことができるんだということを、スウェーデンの経験を通して申し上げたいと思います。

B　ありがとうございました。
　時間がなくなってしまいました。プライバシーの話は、それを支えている文化や、プライバシーが何を守っているのかということも含めての話だと思います。先ほどQさんの話がありましたが、Qさんは、ヘルパーさんとつき合う時間よりも、勝手に出て行って自由に活動することを大事にしていると思います。プライバシーとは何か、何を大事にしているのかといった問題も含めて、もっともっと話が掘り下げられると思いますが、残念ながら時間がきてしまいました。お互いの日々の活動の中で引き続き考えていただくこと

にして、今日はこれで終わらせていただきたいと思います。ありがとうございました。(拍手)

第3分科会　本人活動の支援のあり方

コーディネーター　花崎三千子（札幌みんなの会支援者）
発題者1　アンデシュ・ベリィストローム（スウェーデン・グルンデン協会支援者）
発題者2　ロール・コック（オランダ・オンダリングシュタルク連盟支援者）
発題者3　光増昌久（札幌みんなの会支援者）
発題者4　本田隆光（ふれんずトトロ支援者）

第3分科会

「本人活動の支援のあり方」の意図するもの

分科会コーディネーター　花崎三千子

「私たちのことは私たちが決める」——本人活動が提起したもの

　しょうがい者の地域生活（普通の環境で普通の人生を送る）で重要なのは、しょうがい当事者と支援者の対等な人間関係の保障です。地域の中で社会の当たり前な構成員の一人に位置づけられ、自分の人生を自分の足で歩むことです。知的しょうがい分野でこのことを明確に主張したのは、本人活動（あるいは当事者活動）とよばれるセルフアドヴォカシーの活動です。その中心にある「自分たちのことは自分たちで決める」という主張は、従来の知的しょうがい者観を根底から覆し、支援のあり方を基本から問い直す力を持っていました。

本人活動の元気な歩み——15年たって

　日本の本人活動が始まって15年、現在230あまりの本人活動グループが

あり、1万1000人以上の人が活動に参加しています。活動の内容はレクリエーション、文化活動、学習、他の会との交流、ミニコミ誌の発行、ボランティア活動、ピアカウンセリング、しょうがい理解についての社会への働きかけ、政策への意思表示、代表者による政策決定場面への参画など多岐にわたります。各地で大小の集会や交流会がひらかれ、全国規模のものとしては、全日本育成会全国大会と同時に開かれる「本人大会」、およびピープルファーストジャパンが主催する「ピープルファースト大会」があり、ともに数百人から千人超の参加者を集め、かけがえのない交流と主張の場になっています。その中で当事者リーダーが育ち、活動はますます広がっています。このように本人活動は知的しょうがい者の持つ豊かな可能性と、「自分たちのことは自分で決める」という主張の正当性をはっきり示しています。

支援者の悩みと喜び、そして基本的な問い——構造をどう変えるか

　本人活動がこのように力強い歩みを進めるなかで、本人活動の支援者は自己決定を支える支援のあり方を学び、同時にその困難性に悩んできました。分かりやすい情報提供、会議支援の問題、本人の意思決定と周囲の状況の落差、その中で本人を支持し勇気づける力の不足、活動の活性化をめぐる問題、支援の押し付けへの危惧。もちろん新鮮な発見や感動もあります。知的しょうがいのある人との新しい関係の中で自分を変え、これまでと違う価値に触れる喜びがあります。しかし、支援者の悩みの根底には、本人活動が主張する自己決定権が日本の社会に基本的に根付いていない現実があります。施設やグループホームの献立やインテリアの選択さえ、本人の意思とは無関係に決められることが常態化しています。自己決定が尊重されている作業所や通所施設などでさえ運営の基本部分は職員が握り、本人が発言し決定に参加するのは運営の根幹から離れた周辺部分にすぎないのです。支援者が主でしょうがい当事者は従という構造は、そのまま温存されているのです。この構造をどう変えるのか？　支援が抱える基本的な問いです。

本人が運営する事業(所)の実際とその支援のあり方──支援の新しい視点

　この分科会には、オランダとスウェーデンから、運営の全般を実際に知的しょうがい者本人が担う新しい形態と質をそなえた事業（所）の支援者を講師としてお招きしています。また日本からは、本人活動の支援を長年続けながら、本人中心の事業を地域で地道に展開する二人の講師をお招きしました。それぞれの実践にもとづいた報告の中から、こうしたダイナミックな転換が何故どのように行われ、構造化されたのかを学び、支援の新たな視点を得るのがこの分科会の目的です。講師の皆さんには、事業展開の経過や具体像、問題点に併せて、その中で自分が何を感じ、何を悩みまた喜んだかなども率直にお話しいただきます。それらも含めて、この分科会が私たちの仕事の新たなエネルギーとなることを期待します。

プログラム

1. グルンデン協会におけるしょうがい当事者の仕事と支援のあり方
　　　　　　　　　　　　　　　　　　　　　　　　　スウェーデン
　　グルンデン協会は理事全員が知的しょうがい者です。彼らは自治体から直接補助金を受けとり、デイセンター、メディア事業、犬の保育園など各種の事業を運営しています。数年前までグルンデンは親の会の中の一つの部会に過ぎませんでした。
　　報告者：アンデシュ・ベリィストローム（グルンデン協会支援者）

2. オンダリングシュタルク連盟とは何か　　　　　　　　オランダ
　　オンダリングシュタルク連盟は理事、所長、現場責任者すべてが、知的しょうがい者です。国から多額の補助金を受けて運営される全国組織です。
　　報告者：ロール・コック（オンダリングシュタルク連盟支援者）

3. 札幌における「人権セミナー」は何を変えてきたのか 　　　　　日　本
　　　報告者：光増昌久（札幌みんなの会支援者）

4. いわき市における本人支援の展開 　　　　　　　　　　　　　　日　本
　　　報告者：本田隆光（ふれんずトトロ支援者）

5. 全体討論

●午前の部

花崎　日本で本人活動と言われるセルフアドヴォカシーの活動が始まったのは、今から15年ほど前になります。その中で、私は三つの大きな変化があったと考えております。第1の変化は、知的しょうがいのある当事者の方たちが自分に自信を持って、仲間に勇気を与えたということです。第2の変化は、比較的身近な支援者に、支援のあり方のそれまでの誤りを教えてくれたということです。第3の変化は、社会全体に知的しょうがいがあるということはどういうことなのか、それまでは何もできない人たちという認識が一般的だったのを大きく変えました。今日の分科会は、この三つの大きな変化の中で、特に2番目に挙げました支援のあり方について、——これは本人たちが突きつけたことになりますが——その支援のあり方はどうあるべきなのかということを論議していきたいと思います。

　午前と午後にわたりますが、午前は主に、4人の講師の方の時間です。それから午後は、皆さん方が発言をしていただく時間ですので、まず午前は聞いていただきたいと思います。

　最初に、講師の方に簡単に自己紹介をしていただきます。その前に、通訳の方も自己紹介をお願いします。

山口　山口正子と言います。今日の第3分科会の通訳を務めさせていただきます。よろしくお願いいたします。

アンデシュ　私はアンデシュ・ベリィストロームと言います。スウェーデンのイェテボリにありますグルンデン協会で仕事をしています。そこでは当事者の人たちのリーダーグループというのがあります。自分たちで責任を持って自分たちで決めていこうというリーダーグループのコーチング、コーチ役として仕事をしています。リーダーグループの人たちがいろいろな活動を決めたり、あるいは資金をどう充てていくかということを話す際、私はコーチングという役割を果たします。

ロール　私の名前はロール・コックと言います。オランダのオンダリングシュタルク連盟でコーチとして仕事をしています。私が仕事をしているのはオランダの南西部のほうです。そこを拠点としてあちこち移動し、旅をして仕事をしています。私はコーチとして仕事をするわけで、その仕事はすばらしいものだと思っています。

花崎　先ほど、アンデシュさんのグルンデン協会については、マーリンさんとジェーンさんのお二人の方が説明をされました。けれども、オンダリングシュタルクについてはまだ説明をしていただいていないので、今簡単に説明していただければと思います。

ロール　私の所属していますオランダのオンダリングシュタルク連盟というのは、オランダ全土をカバーしている全国的な組織です。オランダの中に四つのオフィスがあります。それからサービスについてはオランダの中心部にサービスセンターというものを置いています。私が所属をしております団体は、オランダの全国的な組織であるということをまずはご理解ください。

我々の考えというのは、当事者の人たちはみんなが思っている以上にいろいろなことができる、それを支援していく、コーチングということで我々が支援していくという考え方です。このコーチングをどういう形でやるかというのは、後でお話をします。
　オンダリングシュタルク連盟という組織は、既に20年の歴史を持っています。1985年に組織の活動がスタートしました。すべてのしょうがいをもつ人たちを支援していくことが我々の仕事であると考えて、いろいろな活動を行っています。

光増　おはようございます。私は北海道小樽から来ました光増と申します。「札幌みんなの会」という本人のグループの支援を十数年しています。今日は、「札幌みんなの会」のことではなくて、「人権セミナー」という札幌で行っている市民運動的な本人活動、その主体は本人がやっているということを紹介しながら、本人の支援というものを考えてみたいと思います。よろしくお願いします。

本田　おはようございます。私は、福島のいわき市にあります本人活動の「ふれんずトトロ」というところの支援を10年近くやってきている本田と申します。よろしくお願いいたします。今日は、「ふれんずトトロ」とのかかわり、全国の仲間も含めた動きの中で、支援ということが私自身もどう変わってきたかということを紹介しながら本人活動支援のことを考えてみたいと思います。よろしくお願いします。

花崎　それでは、これから、順番にお話をしていただきます。まずアンデシュさん、お願いします。

グルンデン協会におけるしょうがい当事者の仕事と支援のあり方
（アンデシュ・ベリィストローム）

　こんにちは。今、ここに座って話すということに自分自身で違和感を覚えています。と言いますのも、ある特定のグループを知的しょうがいがあるとか、あるいは精神的なしょうがいがあるとか、あるいは特定の診断名をつける、それについて話すということに対して自分の気持ちの中で違和感があります。

　私がお話しできることは、私自身が世界の、あるいはヨーロッパの人たちとやってきた、ピープルファーストの人たちやあるいはほかのスウェーデンの友人と語ってきたこと、それを伝えることが、私の今日できることだと思っています。

　私はコーチです。そして私は社会学者でもあります。そしてまたセラピストでもあります。一部の人は私のことを専門家だと思っています。スタッフコーチもやります。

　基本的に私は一人の人間です。人間としての機能を持って生まれてきました。そして、それを持ってコミュニティの中で生き、友達やほかの人とともに生きていくということをやります。私が持っている機能の中には、だんだん年を取ってきて時が経過して、前よりも悪くなったというところもあるし、前よりもよくなったというところもあります。

　私の名前は、アンデシュ・ベリィストロームです。これから皆さんにお話しすることは、私がグルンデンの仲間たちと一緒に話し合ってきたこと、そしてその話を通してどういう結論に至ったかということをお話ししていきたいと思います。

　このグルンデン協会というのは、最初はFUBという親の会の一部門として始まりました。この部門が独立してグルンデン協会という形になったのが2000年。そして当事者たちといろいろな立場の支援者たちとの協力の中で

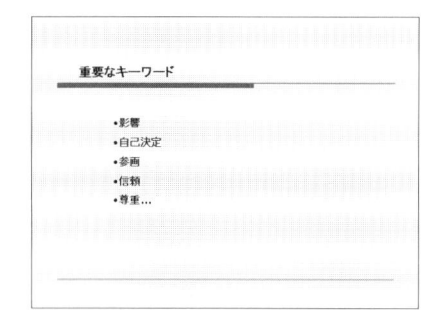

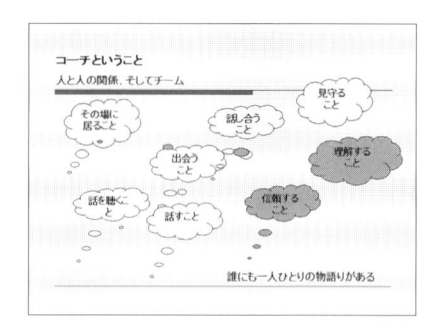

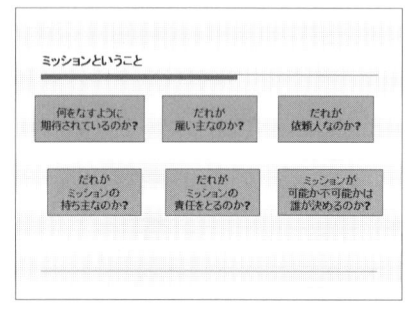

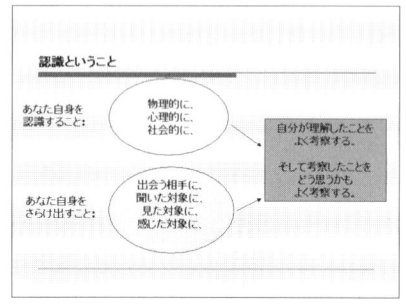

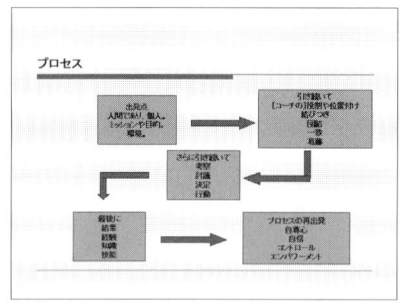

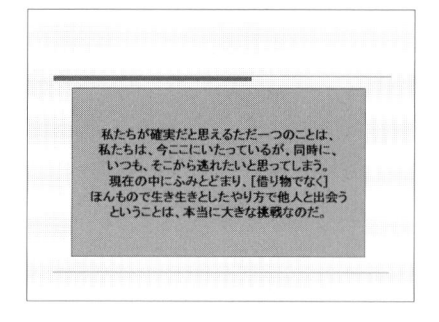

ずっとやってきました。そういう経過の中で、幾つかの言葉が頻繁に使われてきました。そして、その言葉の意味というものを深く論議するようになっていきました。例えば影響（influence）という言葉がどうして重要なのだろうかというようなことです。このような話し合いを通して、いくつかのキーワードがグルンデンにとってとても大事だということに気づいていきました。

そして、「影響」「自己決定」「参加」「信頼」「尊重」という五つのキーワー

ドが浮かび上がってきました。この五つのキーワードは、一人ひとりの社会生活にとって欠くことのできない根本的な事柄であると考えるようになりました。

　私たちはまた、コーチングということから得られた経験についても話し合いを持ちました。生活のいろいろな場面、自宅で、あるいは職場で、あるいは余暇時間において、コーチングについて話し合いをしました。メンバーの人たちは、コーチをされたときのよい経験、それからどのようなコーチングは嫌だったのかという経験についても話し合いをしました。そして、ある経験がよかったのに、別の経験が嫌だったのはなぜだろうかということについても考えました。私たちは、組織の構造やモデル、規則についても話し合い、こういったことがしょうがいをもつ人たちとどう関連するのだろうかということも話し合ってきました。そしてまた、排除されること（exclusion）、あるいは排除されたという感覚について話し合いました。それを自分の人生について大きな意味を持つインクルージョン（inclusion）と比較しながら考えていきました。

　グルンデンが独立した組織になってからは、グルンデンのメンバーとコーチたちの関係を検討することがさらに前よりも大切になりました。グルンデンは、その時からも今も、コーチたちの雇用主というわけですから、一緒に協力していくための最善のあり方とはどういうものかと考えていく必要がありました。つまりメンバーたちが自分の置かれた状況について、パワー（力）とコントロールを持っていると感じることができているかどうかについて話し合いをしました。

　やがて私たちは、「これこそが正しい」と信じることができるメンバーとコーチの関係のあり方を見つけることができるようになりました。そしてその関係のあり方を説明できるような方法も見つけました。グルンデンのメンバーたちやコーチたちは、今、コーチということについての説明、発表というものをいろいろな機会で行っています。教育プログラムの学生やあるいは

スウェーデン国内の職員、ソーシャルワーカーに対して説明を行ったり、あるいは会議や大会の場においても説明をしています。

　グルンデンのキーワードというのは、いかなる人の人生においても最も重要な言葉であり、表現方法です。ましてノーマルなことから排除されてきた人々の身に立ってみれば、そのようなキーワードはさらに重要性を増します。コーチになるための訓練プログラムにおいて、こうしたキーワードについて深く検討し、議論することが基本的な要素であると考えています。このようなキーワードが、自分の人生にどういう影響を与えていたか、どういう衝撃を与えてきたか、それをきちんと考えることができれば、ほかの人に対してもグルンデンのキーワードが同じような影響を持っているに違いないということが理解できます。このことは、私たちに「しょうがい者」というレッテルをはってきた相手の人たちにとっても同じことだと思います。

　コーチをすることで、一番大事なことは、人と人との関係を問われますから、我々がそこに一緒にいるんだ、共にいるのだということが非常に大事です。同じ状況の中にいて同じ時間を共有し、その状況の持つ意味や目的を共有すること。よい形で同じ状況の持つ意味・目的を共有するためには、私たちは個人として、グループとして、チームとして、相手にお互いに依存し合っているのだということを理解する必要があります。

　メンバーとのいろいろな話し合いの中で、さまざまな状況に置かれた人たちとの関係に役立つ幾つかの要素を選んできました。コーチをするということは職業です。仕事です。この仕事をするために雇われて、そして使われているのです。従って、大切なことは、持てる力量、自分が持つすべてのリソース、力をフルに発揮して、その場にいて話を聞き、出会い、話をし、信頼し、見守り、理解することです。ここから人間関係が生まれます。私たちは、お互いが相手の持つ力量を引き出して使うということについても話をしてきました。

　よく言うのですが、人間にはだれでも一人ひとりの物語があるということ

を忘れてはならないでしょう。だれもが持っている一人ひとりの歴史というものが、一緒に話したり討議したり行動するときにあらわれてくるのです。真剣な会話をするということの価値を見つけ、活用できるようその機会をとらえていく必要があります。

　ミッション（伝えたいもの）は何かということを知っておく必要があります。ミッションを知らなければ、何かをする際に意見を一致させることが難しくなります。何を期待されているのかを検討する必要があります。雇い主は誰で、依頼した人は誰なのか、そのミッションを出しているのは誰か、出したミッションの責任を取るのは誰なのか、出されたミッションは可能か不可能か、そしてそれを誰が決めるのか、などを検討していく必要があります。

　人間としての価値を認めるということ。コーチはほかの人たちの人間としての価値を認めていく必要があります。ほかの人たちの中に物理的、心理的、社会的な能力があるということを認識することが必要です。そうして初めて適切な形の出会いが可能となります。その理由は簡単です。私たちは、生まれながらにしてほかの人とのやりとり、接触のために使えるように備わった物理的な、心理的な、あるいは社会的な能力があるからです。私たちは自分の経験、あるいは周りの例から知っていることですが、すぐレッテルをはったり、すぐ診断しがちです。あるいは施設のこれまでのやり方・伝統などに影響されてしまいがちです。そうすることによって人間関係を発展させることが難しくなり、むしろ距離を置いてしまうということがあります。今でもこのような距離の取り方を、専門的な対応だと呼ばれることがあります。しかし私たちは、グルンデンの経験からこれほど間違ったことはないということに気づきました。

　私たちは、親しくなること、あるいは感情ということに「Yes」と言い続けています。そしてそれは我々の現実の一部なのですから、その対応の仕方を学習していきます。私たちは、出会う相手や自分が見たり聞いたり感じた対象に対して自分を出し、さらけ出すことが大切だと説いています。現実を

理解し、受け入れるためには、自分に対して正直であることが必要です。私たちは時間をかけて、自分が理解したことをよく考察して、その考えた結果をどうするのかということについてもさらに考えを深める必要があります。要は、現実そのものをどう理解するかということです。私たちはよく言います。「施設を壊してしまえ、ぶち破れ、現実に『ようこそ』」と。

　コーチングは、今後もどんどん進んでいくプロセスの一つの過程に過ぎません。その出発点は人間であり、個人であり、ミッションや目的であり、もちろん環境でもあります。このプロセスでは、引き続きコーチの役割や位置づけを探し求め決定します。それによって人と人との結びつき、段階が深まったり、さらには意見の一致、不一致を求めて葛藤も続きます。このプロセスは、考え、討論し、決定する、そして行動することを伴って進んでいきます。そしてそれは、結果、経験、知識、技能をもたらすことになり、再びそこからプロセスが出発します。しかしその時には、今までよりも一層大きな自尊心、自信、コントロールとエンパワメントを持って再出発することになるのです。そうすれば、私たちは新しい挑戦に挑む用意ができていきます。

　やっとのことで私たちは、仕事の上で使うことのできる指針となる幾つかの言葉を見出しました。私たちが確実だと言えることが一つあります。それは、今私たちはここにいる、しかし同時に、いつでもそこから逃れられるということです。現実の中に踏みとどまって、本物で生き生きとしたやり方で他人と出会っていくということは、大きな挑戦なのです。

　以上です。ご静聴ありがとうございました。皆さんのコーチングがご成功することをお祈りします。(拍手)

花崎　アンデシュさん、ありがとうございました。もう、しょっぱなからいきなり、私たちが支援という言葉を使いながら普段考えていることがいかに幅が狭かったのかということを、感じさせられながらお話を伺っていました。人間と人間とのものすごく深くて広い関係のつけ方から始まるのだというこ

とを、今お話しされたと思います。中に「コーチ」という言葉が出てきましたが、日本では初めて聞く言葉ではないかと思います。後ほど改めて、「コーチ」ということの意味をお聞きしたいと思います。ありがとうございました。

それでは次に、オランダのオンダリングシュタルク連盟のロール・コックさん、お願いいたします。

当事者活動におけるコーチングとは
（ロール・コック）

皆さんに先ほど申しましたように、私は以前も今もコーチです。当事者活動の中におけるコーチングということについて、今日はお話をしたいと思います。

これまでコーチングということについて本を書いたり、いろいろな活動の中で考えてきました。コーチングというのを人に話すときには、まず「皆さんは、コーチングというのはどういうことだと思いますか」ということを聞いてきました。そして私が今から説明するコーチングの考えの中には、私の問いに答えてくれた人たちからの意見も含まれています。コーチということに対して、私がこういうことがコーチングですよということを説明して、皆さんにもご賛同いただけたらと思います。

いくつか大事なことを確認しておきたいと思います。①コーチというのは、自分自身であるということです。そうでなければこの仕事をすることはできません。②コーチというのは人を変えるということが仕事ではありません。③コーチというのは人をどう扱うか、人にどう対処するかという例を示すことではありません。④コーチというのはテンポ、ペースをきちんと意識しないといけません。⑤コーチというのは抑えることができる、ということが必要です。

当事者活動の中でコーチングを行う際、まず、客観的になれるということが大事です。グルンデンの人たちも、そして我々の組織でもそう信じていま

セルフ・アドヴォカシーとコーチング

セルフ・アドヴォカシーにおけるコーチングについて

- コーチは人間性を重視すべきであり、仕事感覚で行ってはならない。
- コーチは、人を変えようとしてはならない。
- コーチは、関わりを教えるモデルではない。
- コーチは、関わりのテンポに注意しなければならない。
- コーチは、余裕をもって関わらなければならない。

セルフ・アドヴォカシーにおけるコーチングについて

- コーチは、客観的でなければならない。
- コーチは、相手の可能性を信じなければならない。
- コーチは、受容的、即応的、活動的、創造的でなければならない。
- コーチは、自分自身をよく観察しておく必要がある。
- コーチは、ユーモアの持ち主であること。
  このことがとても大切である。

セルフ・アドヴォカシーにおけるコーチングについて

管理的にならず、
うまく歩調を合わせなさい。

セルフ・アドヴォカシーにおけるコーチングについて

- 入所施設には、解決困難な構造がある。
- 私たちには、人間としての重要な発達プロセスがある。

セルフ・アドヴォカシーにおけるコーチングについて

- みなさんは、経験から多くのことを学ぶことができる。
- コーチは、信頼関係を築けるように支援をしなさい。

セルフ・アドヴォカシーにおけるコーチングについて

- 人間としての質に気づくことが大切である。
  当事者はいつも無視され、人間としての質が閉ざされがちである。
- どうしてそうなってしまうのであろうか。
- 私たちはうまくコントロールして、人間としての質を大切にできるのに。

セルフ・アドヴォカシーにおけるコーチングについて

- 自分の人生の質を大切にしよう。
  自分の人生を有意義なものにし、形づくれるのは、誰でもないあなた自身なのである。
- ノーマライゼーションと人間性の解放は、誰にとってもとても大切なものである。
- インクルージョンも同様にとても大切である。

> セルフ・アドヴォカシーにおける
> コーチングについて
>
> 人生経験を豊かに。
> 豊かな人生経験は、
> コーチングにも、
> とても役立つ。

す。また、コーチというのは、彼自身、あるいは彼女自身の可能性ということを信じることができる人間でなければいけないということです。さらに、コーチというのは「受け身的になれる」、「何か起こったときに反応できる」、「積極的にかかわることができる」、それから「創造的になれる」ことが大事です。そして、コーチというのは、彼自身を、あるいは彼女自身を実際にきちんと見つめることができなければなりません。また、非常に大事なことは、コーチというのはユーモアが必要です。みんな嫌な状況よりは、とてもいい状況のほうを好むでしょうし、笑いがあるということは非常に大事なことです。そしてともに一緒に笑うということも大事です。今それをここでやってみることもできますが、それは後回しにいたしましょう。

　コーチングを当事者活動でやるときに大事なことは、コントロールするのではない、調整する、合わせる、相手に合わせて調整していくということです。入所施設には、非常にがっちりとした構造があります。私の同僚のアンデシュも私も、もうそういう施設は要らないと言っています。

　我々の人生の歩みの中で、重要なシグナルというものがあります。コーチ、あるいはコーチの周りで仕事をする人たちにも、それぞれにプロセスを持っています。構造よりもプロセスが大事なのです。プロセスというのは、流れる川のようなものだと考えます。水が流れています。冬には水位が上がります。夏には下がります。それはプロセスです。自分たちがそれを高くしたり低くしたりするのではありません。それは自然が自然にやっていることです。

構造というのはいつでも構造です。

　グルンデンの人たちも、それからLFBの人たちも、いつも言っていることは、皆さん自身が経験から学ぶことができる専門家だということです。皆さん自身が皆さんの経験から学べる専門家なのです。自分の経験から多くを学ぶことができます。また、私たちは私たち自身のコーチングできる能力を信じる必要があります。そうすることで、信頼に満ちた関係というものを構築することができるのです。

　一人ひとりの中にいろいろな資質を見出すことが大事です。多くの資質は表に出ず、隠れているのが実態です。このことは、だれにとっても大事なことです。なぜ大事かというと、自分の資質を使って自らをコントロールしていくことができるからです。当事者活動のコーチングにおいて一番大事なことは、あなた自身の人生の質ということです。あなたたち自身が自分の人生というものをつくっていくのであり、それをうまくやっていけるように自分でつくっていくのです。ノーマライゼーションや解放するということが、だれにとっても非常に重要です。それからインクルージョンということも大事です。

　最後に、自分自身の生活や人生の中で、経験をするということが大事です。ご静聴ありがとうございました。（拍手）

花崎　ロール・コックさん、どうもありがとうございました。先ほどアンデシュさんが出された「コーチ」という言葉について、さらに具体的な内容が示されたように思います。

　それでは、今度は2人の日本のスピーカーにお願いしたいと思います。

　今のお話の中にも出てきましたが、支援というがっちりした構造の中に自分たちを閉じこめてしまってきたのではないかという反省が私の中にとても強くあるのですが、それをどうやって壊そうとしてきたのかということについて、たぶん日本の2人の方が話してくださると思います。

最初に光増さんお願いします。

札幌における「人権セミナー」は何を変えてきたのか
（光増昌久）

　こんにちは。私は、本人活動の支援というよりも、札幌で行われている「人権セミナー」というものが、最初は支援者から始まり、それが今本人に代わってどんどん発展しているということをお話しします。

　1991年から1993年まで知的しょうがい者の権利擁護に関する調査研究を北海道でしました。そのとき入所施設の権利侵害の実態が非常に問題になりました。この実態を社会に訴えようということで、関係者が集まって最初の「知的障害者人権セミナー」を開催しました。まずその発展過程を説明します。最初1回目は関係者中心のセミナーでした。2回目はシンポジウムで当事者2名が参加しました。そのときに札幌市の障害福祉課長も参加して、当事者の人たちから療育手帳をもう少し使いやすく小さくしてほしいという要望が出されて、翌年から小さくなった経過がありました。

　次の年の企画をするときに、当事者のことを関係者だけが企画して運営するのはおかしいのではないかということで、本人の分科会、あるいは本人のシンポジウムは、本人が企画する「ふれあい実行委員会」をつくって、本人が運営するようにしていこうと少し中身を変えました。次の年は、「ふれあい実行委員会」が企画を立てて全体の実行委員会に投げかけるという形にしました。

　翌年からは、本人が分科会やシンポジウムの企画だけだったのが、今度は逆転して本人たちがセミナー全体の実行委員になりました。当初は、自分たちの非常にプライベートなことを話す分科会で一般参加者は聞けなかったんですが、分科会によっては一般の方にも公開するようになりました。今までは、分科会は本人中心で、一般の人は講演などの別プログラムでしたが、やがて午前中は、すべてのプログラムに一般参加者が参加できるように変えて

いくようになりました。

　今までは会則も何もなしでやっていましたが、決まりをつくろうと本人の声が上がって、会則をつくるようになりました。

　北海道や札幌市の行政の関係者にも、助言者として参加してもらうようになりました。翌年からは、実行委員会で行ったセミナーの報告集を自ら編集して発行するようになりました。また支援費制度が始まるということで、支援費制度の分科会だとか、そういう取り組みも始まりました。

　今までは、知的しょうがいというしょうがい名を掲げたセミナーでした。しかし、権利侵害や人権に関する問題は決して知的しょうがいだけではなく、身体しょうがいや精神しょうがいのことも含んでいるので、あえて知的しょうがいという言葉は使わないで、もっと幅広くしょうがいの垣根を取っ払う論議をしようということでセミナー自体の名前も「人権セミナー」という名称に変更になりました。ちょうど10年を過ぎてどんどん進んでいって、今年2月に行った討論会では、私たちが地域で暮らすためにはという形で、3しょうがいの代表の人がシンポジストとして参加しております。

　1年に1回行われるセミナーですが、毎年10月ごろから実行委員会が開始されます。約2カ月ぐらいかけて開催要綱を完成させ、1月に入って資料づくりをします。2月に行われるセミナーの前日は、交流会をして、北海道各地から来るメンバーと一緒に交流を深めます。そして開催当日を迎えます。大会が終わった後、ゆっくりしたペースでじっくりと報告集の編集をして、秋口に報告集を完成するというパターンがここ数年続いております。

　セミナーの様子を簡単にご紹介しますと、まず事前に当日の資料を実行委員のメンバーが作ります。前日には居酒屋などで交流会を開きます。夜の交流会でつながりができます。仲間もできます。このことをすごく重要視しております。

　当日の受付は分科会ごとに色の違う名札を用意して、当事者の方が受付を行います。例えば数年前の分科会では、福祉サービスについて、恋愛・結婚

について、いじめられた体験について、趣味とスポーツについて、私たちの人権について、ガイドヘルパーについて、支援のあり方について、支援費制度について……、誰でも参加できる趣味とスポーツというレベルの話し合いから、少し深く突っ込んだ問題、あるいは権利侵害にかかわる分科会等を企画しています。

　各分科会では討議や質疑応答が活発に行われます。話し合いだけでは疲れてしまうので、当日の昼休みはアトラクションをします。音楽のアトラクション、昔遊びのアトラクション、こうしたことは地域のボランティアが関わります。昼休みはちょっとリフレッシュします。

　およそ400〜500名の参加者となり、それぞれ午前中行った分科会の報告を司会者が行います。討論会では司会もすべて北海道のいろいろな各地の本人たちが集まって行っています。そして最後にはみんなで「ご苦労さん」と言って終わります。

　では、支援者の意識がどう変わってきたかということを後半整理してお話をします。当事者のグループの支援をしている人は、支援のあり方を絶えず考えていますが、関係者、例えば行政の人とか、親の会の人とか学校の教職員は、今までどちらかというと知的しょうがいの支援に関しては、十分理解できていなかった側面がありました。しかしこういうセミナーを十数年行うなかで、関係者の意識も変わってきました。実行委員会に本人が関わることで、本人たちの実態を知ることができるようになってきました。現在は、当事者から支援を求められたときのみの支援に変わってきています。

　このセミナーでは、市民も本人も、このセミナーを楽しむということでリピーターが増えてきています。当事者の発言で多くを学ぶ経験をすることができます。当事者が段階的に力をつけてくる様子もわかってきます。

　行政関係者も、当事者がこれだけ話せるという状況を把握して、北海道や札幌市のいろいろな会議に知的しょうがいの代表の誰を委員にしようだとか、行政のいろいろな施策への関わりもできてきています。

知的しょうがいだけではなく、DPI（障害者インターナショナル）北海道ブロック会議の委員として代表が参加するとか、DPI世界大会のときに、初日の司会の1人を知的しょうがいの代表の方がするとか、ほかのしょうがい者団体も、この「人権セミナー」を評価して当事者が多く参加するようになってきています。

　では、参加する当事者はどうだったのでしょう。毎年参加するリピーターが多くなってきています。道内の本人の会のメンバーの参加が増えます。それはなぜかというと、夏は育成会の全道大会で本人大会というのをやっています。秋は、「このゆびとまれ」という本人活動の交流会のようなことをしています。冬は雪祭りが終わった後、「人権セミナー」をやって、当事者の会の連携ができてきています。併せていろいろなグループの方たちが北海道当事者活動連絡協議会「北風の会」を組織して、代表がいることで、行政も何かあったときは当事者団体の代表に意見を聞くようにと変わってきています。

　この「人権セミナー」は、セミナーを開催するだけではなく、積極的に海外の人との交流も行ってきました。北欧知的しょうがい者会議に参加したり、インクルージョン・インターナショナルの会議に参加したり、あるいはNHK厚生文化事業団の研修でスウェーデンやアメリカに行ったりするようになりました。そのような経験を通して、視野を広める取り組みを行ってきました。スウェーデンのオーケ・ヨハンソンさん、オーストラリアのロバート・マーチンさん、ピープルファースト運動を行っているティア・ネリスさん（アメリカ）たちとの国際交流も行われるようになりました。

　当事者が中心になる運営が進んでくると、支援者による実務的な支援は非常に少なくなってきます。質の高い支援が逆に当事者から要求されるようになります。ここ数年、支援費や自立支援法も含めて制度改革が進むなか、ともに学習していく姿勢が非常に重要になってきています。ですから、さらなる情報提供が、逆に支援者にも要求されています。

そういう意味では、このセミナーを通して当事者が力をつけてきた、そして参加者の意識も変わってきた。多くの支援者の意識も変わってきた。行政も当事者への理解が増してきた。そして、北海道全体の本人の会の広がりにも貢献しています。
　これが札幌の「人権セミナー」の事例報告です。細かい論議はまた午後にしたいと思います。以上です。(拍手)

花崎　光増さん、ありがとうございました。私も札幌におりまして、この「人権セミナー」を最初からずっと見てきていますが、「人権セミナー」は2月、札幌で一番寒い時期にそこを選んだような形で行われています。そのころ雪祭りもあるんですが、寒いからあまりセミナーみたいなものはなくて、会場も取れるし有利な点もあります。吹雪のような日もあります。でも、「今日は参加者が少ないかな」と心配するんですが、吹雪をついて朝早くからたくさんの当事者や家族、例えば民生委員さんのような方、とても幅広く集まってこられる、ものすごく楽しいイベントを毎年やっています。このごろは、どうせなら雪祭りも見てお帰りになりませんかということで、雪祭りに引っかけてやったりもしていますが、光増さん、来年はいつか決まっていますか？

光増　第2日曜日です。

花崎　2月の第2日曜日ですので、お金もかかりますが、ぜひ足を延ばしてみてください。
　では今度は、いわきの本田さん、お願いいたします。

「ふれんずトトロ」の本人活動と自己決定を支える支援のあり方
(本田隆光)

　本田です。よろしくお願いいたします。スウェーデンとオランダの話を聞

いて、今日は少し安心して話ができるかと思っています。というのは、最近、今回の自立支援法でも、「支援」という言葉がたくさん言われていて、教育の分野でも特別支援教育プログラムなどいろいろ出て、「支援」という言葉が先に勝手に歩いて、何でもかんでも「支援」という言葉で世の中が動いてきていて、おかしいと思っていたところです。

　先に支援について話をしていきたいと思います。私が関わってきた本人活動の「ふれんずトトロ」は、仲間と一緒に歩みながら変わってきつつある過程にあるということをまず伝えておきたいと思います。

　いわきは福島の片田舎にある人口36万人ぐらいの中核市です。いわきには、知的しょうがいと言われる方が1,600人ぐらいいます。いわきの駅のすぐ近くに、今私が勤めているセンターがあります。このセンターができたいきさつも後でお話ししていきたいと思います。

　まず、「弱い」という言葉が気になっていました。「弱い」ということがどういうことなのかと。しょうがいをもっている方と私たちが一緒に暮らしていくことは全然悪いことではなくて、むしろとても大切なことなのではないか、そこから何かが見えてくるのではないかという思いが基本的に私の中にあります。逆に社会が強さを求めているときに、本当に人間らしさが現れてくるのは、その弱さの中に見えてくるのではないかと思っています。しつこく「支援」ということを考えていくなかで、まず私たち、そして、私がどんなことをしてきたかということです。

　私は、入所施設に3年間いて、それからずっと20年以上知的しょうがいを中心にしたしょうがいをもっている方の生活支援をしてきました。初めは箱から出発しました。入所施設という箱の中でやってきて、そこから脱却していくにはかなりの時間がかかっています。始めから私が、そこが最高のところとは思っていたわけではないのですが、その中で仕事をしてきたという現実があります。

　働く場での関わりも、「指導・訓練」から「支援」というものに変わって

きました。何が変わってきたかといいますと、施設では100％、自己完結的にその人の人生を握ってしまっていましたが、お互いに関係し合って、頼り合って生きていく関係に変わってきたように思います。

　支援費制度が始まるときに、「consumer（消費者）」という言葉が使われました。今でも使われていると思います。それが単に、私たちのサービスを買って消費していく相手でいいのかということなんですね。そうではなくてむしろ、大切なお客様としての「customer（お客）」という言葉のほうがいいのではないか、ということを、いわきに在住しているあるノルウェーの宣教師さんに教えてもらって、それから「customer（大切なお客さん）」なんだなということで、私の中では整理することができるようになりました。

　そういう意味では、一方的に上からどんどん押しつけるということを彼らは求めているわけではなくて、お互いに関係し合いながら、交わり合って援助し合うということを求めているわけです。これは口で言ってもなかなか分かるものではなく、私もかなり苦労しました。特に相互作用ということと、無条件ということがどういうことかと。本当にどんなに大変な方でも、相手がとても大切な方として無条件に自分の中で受け入れていくことができるかということがかなり重要な問題で、私自身はかなり悩んだ時期がありました。

　そういうものが基本的に変わってきたのは、「ふれんずトトロ」という本人活動における彼らとのふれあいを通してでした。支えるということは一方的なことではなくて、相互に関係し合いながら行われるものです。その基本的な条件としては無条件に相手を認めていくことができるかということです。今までは、「できない」というレッテルを貼って、「だからだめだ」と言ってきたと思います。「できない」ことを見るのではなくて、むしろ今持っている可能性、できることへと視点を変えていくということがとても大切だと思えるようになりました。マイナスという発想から解放されていく自分を感じるようになりました。

　その過程で、「愛すること」「信じること」「待つこと」という三つの言葉

を教わりました。これは北海道家庭学校の谷先生の言葉です。もうお亡くなりになりましたが、谷先生がいつも色紙にサインをするときに書いていた言葉でした。これは私にとってとても大切な言葉です。どんな人でも相手を認め、愛していくことができるかと問いかけています。愛するためにはどうしたらよいのでしょう。まず相手の可能性を信じることができるかどうかが問われてきます。そのためには、相手がどんなことでも変わっていくと希望を持って待つということが問われてきます。この三つの言葉を常に自問自答しながら動いています。どんな人でも愛して、相手が変わっていくことを信じて待つ。私から一方的に関わっていくのではなくて、見守ってただ待つ、ということです。そのことが関わりの原点になると思います。そのような関わりへの努力をすることで、今盛んに言われている対等な関係が出て来るわけです。対等な関係はただ契約しただけで終わるのではなくて、相手が大切な存在として受け入れられているかどうかが問われる、それが原点になるのだと思います。

　そういう意味で、一番大切なのは、「本人支援」です。いつも本人の声を聴いているか。ともにいることができているか。ともに生きるということが言葉だけで終わっていないかどうかということです。自分の思い込みだけで共生という言葉を使うのではなくて、本当に一緒に歩んでいるのかということが問われているのだと思います。そういう意味で、「本人支援」とは何かを考えていく必要があると思います。まず本人の本当の声を聴き、自分の中で確認をしていくということがとても大切だと思います。その声を聴きながら、彼らの希望とか夢とか願いを実現していくために、支援者としてどうしていくかを考えていく必要があると思います。

　はっきりしているのは、彼らの時間と支えている私たちの時間の速さが全然違うということです。私たちの時間に合わせていくのではなくて、彼らの時間に合わせて、私たちが待つということが必要だと思います。

　そういう意味では、ロバート・マーチンさんを支援していた支援者の方も

言っていましたが、No.2 であることがとても大切だということが身にしみてわかります。誰が主役か。決めるのは誰か。私たちの支援は、本人がどうしていきたいのかの支援です。支援する側が先に動くのではなく、「寄り添っていく」ということが大切です。この言葉は、グループホーム学会でも去年盛んに出されていました。しょうがいが重い人たちとの関わりの中で、本人がどうしたいのか、どう考えているのか、それを見きわめていくには「寄り添うこと」「寄り添い続けること」がとても大切だと思います。本人の必要性を見きわめ、考え、支える。このような支援者の支援のあり方を本人活動支援を通して教えられました。

では、いわきでどんな実践をしていたかということですが、いわきでは、「ふれんずトトロ」という会ができました。この会は、通勤寮 OB が集まってできた会です。情報は提供しても、本人たちが手を挙げてやるというときまで何年かじっと待ちました。会ができてからは、全国の仲間と積極的に交流しました。仲間がどんどん発言しているのを見て、自分で自分の意見を言ってもいいという環境がトトロの仲間にもわかってきました。嫌なものは嫌と言うことができるようになってきたというのが、一番初めの大きな変化でした。

自分たちで行事などを考えて交流するということから、トトロの仲間の意識が変化し始めました。特に今は、トトロの仲間がリーダーシップを取って、県内の本人活動をあちこちつくるのをお手伝いしています。去年から今年にかけて3カ所ぐらい本人活動が立ち上がりました。それをトトロの仲間が交流を通して支えています。ただ単に楽しいことばかりではなくて、仲間を助けて連帯していくということを考え始める時期になっています。仲間からいろいろな相談を受け、ピアカウンセリング的な対応も行えるようになりました。

自分たちの活動体験から、自分たちの地域生活のありようを自信を持ってどんどん伝え始めています。そういう姿を見ていると、一人の人間として自分の人生をいきいきと生きていくことがどんなにすばらしいことかを伝える

伝道者のように思えます。彼らもそういう意識の中で今、動き始めています。

　1995年にトトロができてから、いわき市内でしょうがいをもつ人たちを雇っている職親会主催の「支援セミナー」でずっと発表を続けてきています。グループホームの世話人研修で、全国の本人が来て交流をしたり、「札幌みんなの会」とか、東京の「さくら会」とも交流しています。代表の佐藤君がスウェーデンに研修に行ったり、本人たちは海外旅行へ行ったりしました。1998年には、「全日本手をつなぐ育成会」北海道大会の本人部会に、初めて本人たちが参加しました。この辺から急激に変わり始めています。メンバーの一人が全日本の代表になったり、スウェーデンの本人2名との交流を行ったりしました。2002年にはサイパンに行きましたし、「トトロ」主催の本人向けの支援費の勉強会も行いました。2003年には、「いわき市の障害福祉計画への意見」をまとめて出したりもしています。そのほか、市内の福祉関係者への意見発表や、私が今勤めている法人の職員向けの意見発表など、いろいろと動き始めています。

　今申し上げた「いわき市の障害福祉計画への意見」は、全国の育成会の国への本人意見を参考にして本人たちがまとめたものです。意見書には、私たちの意見をちゃんと聞いてください、地域で暮らしていると困ったことがたくさんあるので、地域生活支援センターをたくさん町の中につくってください、などが入っています。この意見書が出されることにより、私の法人に去年の4月から、今私が所属している「ふくいん」という生活支援センターが駅前につくられるようになったといういきさつがあります。また、ヘルパーさんや世話人さんがいろいろやってくれるけれども、自分たちのできないことを支えてほしい、プライバシーを守ってほしいということがあります。さらに、入所施設を出て私たちがみんな地域で暮らせるようにしてくださいというようなことも、一昨年11月に障害福祉計画をつくる前にトトロとして伝えさせてもらいました。家賃補助制度も彼らの声を聞いてつくられるなど、確実に力をつけています。

今までのことを含めて、これからの問題として何が必要かということですが、本人の自己決定を支えるために「支援」というのは絶対に必要だと思っています。ただ問題としては、支える側が片手間でやっていくことができない状態になってきています。本人活動の支援は、仕事の片手間でやれるものではありません。そういう意味では、トトロばかりではなくて県内の仲間も含めて、NPO法人化を図り、本人・支援者とも専属スタッフを置くことを考える時期になってきました。今このことをトトロの仲間と話し合いをしている最中です。福島県では、障害者自立生活センターに対しての補助金が今の知事の裁量で出来上がっていますので、トトロのNPO法人化を念頭においた検討ができないものかと思案中です。

　このように、きちんと支える手立てをつくっておかないと、かなりの問題が出てくるのではないかと思っています。本人がどんどん力をつけていって、さらなる発展をしていくときに、支える私たち支援者の力量が問われてくるからです。そういう意味で、本人活動支援が支援ということの本質を教えてくれていると私は思っています。そこを原点としてほかの生活や就労など、いろいろな場での支援ということを模索していくことが大切だと思っています。また、いかに実践していくかということが問題になってくると思います。以上です。

花崎　本田さん、ありがとうございました。本田さんは一方で、障害者支援センター「ふくいん」という、これはサービスを提供される事業所でしょうか。そこで仕事をされながら、また一方で「ふれんずトトロ」という、いわき市を中心とした本人活動グループの支援も続けてこられたわけです。その中で、ご自分がつかんでこられた支援の本質のようなことを、今話してくださいました。本人活動の中でわかってくることを、サービス提供のあらゆる場面でどうやって生かしていくか、変えていくかということをお話しされたと思います。

コーチング・コーチをめぐって

　あと15分ほど時間があります。皆さんからのご質問とかご意見は午後に出していただきます。この15分の間に、4人の発言者の方相互に、今お互いの発言を聞かれて確かめたいこととか、あるいは自分が言い足りなかったこととかがあれば出していただきたいと思います。では本田さんから。

本田　先ほど花崎さんからも出ましたけれど、スウェーデンもオランダも「コーチ」という言葉を使っています。「コーチ」というのは私たちのイメージでは、何かどんどん訓練して教育していくというイメージがとても強いのですが、「コーチ」という言葉を使う由来をお話しいただければありがたいと思います。

アンデシュ　支援を提供するなかで、いろいろな言葉が使われてきています。私が仕事をしているスウェーデンのイェテボリでは、こういうレッテルを貼るような言葉はやめてほしい、レッテルは嫌だという気持ちが出されました。支援をする人たちに対してもいろいろなレッテルが貼られてきました。そうしたいろいろなレッテル貼りは、もうやめたいと考えています。何年もいろいろそういう形での規則やルールに伝統的にしばられてきました。それから先ほど「どんどん教育して」ということをおっしゃいましたが、「教育」という言葉ももうやめたいと考えています。というのも、当事者活動をしている本人自身も教育者であるからです。教育者として私たちにいろいろなことを教えることもできるわけです。ですから、そういう意味でコーチの役割というのは、いろいろな人が持っている資源や可能性は何か、それを最大限に生かすにはどういうことをしたらいいか、それを最大限に生かせるように促進していくことがコーチの役割であると考えています。

ロール 「ミッション（伝えたいもの）」という言葉を説明の中で使いました。そのミッションというのは、私のミッションではありません。相手のミッションということです。相手のミッションは何かということをきちんと理解して、それを受け入れていくことが大事であると考えています。例えば、そのコーチという言葉がスポーツなどでよく使われます。アイスホッケーの例を考えてみたいと思います。アイスホッケーの試合で、コーチというのは氷の上にはいません。コーチ自身はゲームをしていません。コーチがやるのは試合の状況をよく見て、休憩のときに「こういうふうにしたらどうだ」とか、あるいは「相手はこうだからこう調整したらどうか」とか、そういうアドバイスをして、それによってよりよい形でゴールを達成するということをする人です。コーチ自身がゲームをしているのではありません。

「コーチ」という言葉は確かにスポーツでよく使われる言葉ですが、LFBではそのような意味では使っていません。私たちコーチはしょうがいをもつ人たちと同列の仲間ではありません。本人たちの思いを実現するために、さまざまなことを伝え支援していくときに、一緒に仕事をし共に楽しむ「仲間」という感じで一緒にやっていこうとすることもコーチのとるべきスタンスの一つなのではないかと考えています。

花崎 本田さん、今答えていただいたのでよろしいでしょうか。では、光増さん。

光増 「コーチ」というのは表面的意味合いよりも、「支援からコーチへ」という質的変化を求めてきていることはよく理解できました。しかし、例えばスウェーデンでもオランダでも、「コーチング、コーチ」という言葉が、いつごろから「支援」から切りかわっていったのか。それはどうしてなのかというのをもう少し詳しく教えていただけませんか。

ロール　うそを言わなければいけないと今思っています。（笑）どうしてかということははっきりはわかりません。（いつごろからかというと）アンデシュさんが私の人生に関わるようになってから、たぶんそのとき初めて「コーチング、コーチ」という言葉を聞いたと思います。彼のほうがよく知っていると思います。

アンデシュ　私もわかりません。もうお互いに長く知っていて、最初にどうだったかということは私は全然覚えていません。いつからというのはあまり大事ではありませんが、でもどういう言葉を使うかということはとても考えます。これについての話し合いを何時間も、何日も、何カ月も、何年もやってきました。どういうふうにして呼べばいいのか、レッテルはとにかく嫌だという気持ちがあります。

　既に「コーチング、コーチ」という言葉さえも、私たちの世界の中では古い言葉になっていると思います。とにかく「レッテルをやめたい。施設をぶちこわせ」ということがあります。でも私たちの気持ちの中では、まだそういう伝統的な施設的な考え方にとらわれているところがあります。大事なのは、そこで何が起こっているかということです。そこを見ていく必要があります。コーチでも何でも呼び方はいいんですが、人と人との関係の中で、何が起こっているのか、それを見る必要があると思っています。そこで起こっていることをどういう言葉で表現できるか。それが表現できる言葉ならば何でもいいわけです。我々はそこにともに生き、状況を共有し、同じ空気を吸って、目と目を見つめ合う。そこで何かが起こっているわけです。そこでは、そういうことを焦点化して考えるのであって、それが例えばスタッフと呼ぶとか、援助者または支援者と呼ぶとか、そこでのレッテルは重要ではありません。そこで何が起こっているのかということが大事なことです。

　我々はまだそういう施設の中のこと、従来の施設的な考え方にとらわれていますが、自分たちのハートで、それから自分たちの頭の中で何が起こって

いるかをきっちりと見ていく必要がありますし、100%脱施設化ということを言っていく必要があります。

　例えばだれかの家に行ってお風呂に入ったとします。その人がシャワーを浴びるのを手伝う。手伝う方法は何通りもあると思います。それをどう呼ぶかということは大事ではありません。私にとって大事なのは、自分は何のためにそこにいるのかということを理解して、「私だったらこうやってもらったらうれしい」ということを考えながら、そこでその人のシャワーをするのを手伝うということです。

花崎　「コーチ」という言葉をめぐって、結局人と人との関係のつけ方、あり方のようなところに話が深まってきていると思います。今時間がありませんので、その点については午後に回すとして、「仲間」という言葉ですね。その言葉にいろいろな議論がありながら、全体の流れの中で、仲間という自然な関係が必要なんだという認識ができてきたというお話がありました。それらについても午後、また皆さんが参加する形で討論を深めていきたいと思います。

　午前中のご参加ありがとうございました。

● 午後の部　質疑応答

花崎　では、午後の部を始めます。午後は皆さんからのご質問にお答えしていきたいと思います。その前に海外からのお二人の所属なさっている組織とそこでのお仕事について簡単にお話しいただきたいと思います。最初にグルンデン協会のアンデシュさんからお願いします。

アンデシュ　私は、以前は所長という立場で仕事をしておりましたが、今はそうではありません。今ここのグルンデンのトップというのは、マネジメントグループという形で、当事者自身がやっています。私は、そういう人た

ちをコーチするというのが今の仕事です。今、当事者たちのマネジメントグループ、経営グループというか、実際の理事に当たる人たちがいろいろな仕事や調整ということをやっています。以前は私がそういうことをしていましたが、今は当事者たちがやっています。その仕事の中には、例えば雇用をどうするかとか、あるいはどういう政策でどういう考え方でやっていくのか、教育、情報、財政面などにわたってやっています。私自身はこのマネジメントチームに対してのコーチングと、ほかのコーチへのコーチングをやっています。

花崎　オンダリングシュタルク連盟という組織ですが、サービスを提供する事業者という組織もありますし、あるいはピープルファーストのように当事者の運動体の中核をなす組織とかがありますが、どういう組織かもう少し話してください。

ロール　まず最初に、私自身はフリーランスで仕事をしています。特にどこの所属というきっちりした立場ではなくて、フリーでの仕事をしています。ですから、アンデシュさんと一緒にスウェーデンで仕事をしたり、あるいはドイツやベルギーで仕事をすることもあります。でもほとんどはオランダで仕事をしています。私がオランダで仕事をするときは、今回日本に一緒に来ているLFBのディレクターから予算が私のところに割り当てられます。私はその予算の範囲内で必要に応じてそこでの仕事をしていくということです。現在私がオランダで関わっているのは、36人の人たちです。ところで、オンダリングシュタルク連盟を略して本人たちはLFBと呼んでいます。

花崎　わかりました。ありがとうございました。
　皆さんから出たご質問を大きく分けると、午前中のお話に関連したこと、スウェーデンやオランダの福祉全般のことに分かれますが、最初に、午前中

のお話をもう少し突っ込んだ形の質問から入っていきます。

　ロール・コックさんに質問です。「コーチについて」ということです。コーチにとって大切なことの中で、「コーチは自分自身でならなければならない、あるいはコーチは抑えることができなければならない」と話されましたが、もう少し詳しく説明してほしいということです。それに関連して、コーチにとって大切なことをたくさん挙げられていましたが、一番大切なことを挙げるとしたらどれでしょうか。

ロール　私のいろいろな仕事の経験の中で、間違った側にいる人をよく見てきました。私自身も自分のやってきたことを振り返ってみて、そういう間違った側にいたと思うこともあります。いつでも礼儀正しくきっちり仕事をするのは、決して不快なことではありません。

　私は長い間施設で働いていろいろな人を見てきました。その人たちには進歩がありません。何もありません。兄弟のように、そういう人たちの言うことを聞く。「こうしたい」「OK、いいですよ」「大丈夫ですよ」「できますよ」「どうもありがとう」という会話がずっと続いてきました。そういう人たちをずっと見てきて、私のほうからそういう人たちのところへ行って、「お名前は？」「何歳ですか？」「何かしてほしいですか？」「何ですか？」ということを聞きます。相手からは、「こういうことがしたい」と言われます。でもそれは、そこの施設ではできない。私は、そういう施設で仕事をしていて、そこに住む人から多くのことを学びました。そこにいる人たちに対して誰も何も言わない。グループで動く。それも違ったことをしている。だから、私としては、そこで仕事をしているなかで、一体ここでは何が起こっているのだろうかと、自分自身で探すというか、模索する必要がありました。

　あるとき大学で、こういう施設に住んでいるしょうがいをもつ人たちのためのプログラムがありました。そこで言われたことは、「皆さんこういうことを知っていますか？　15人の人たちが暮らす施設がありました。その人

たちは1人1分、あるいは59秒だけソーシャルワーカーに対して何かを言うことができました。皆さんはこのことをどう思いますか？」私はそれを聞いて、とても動揺して衝撃を受けました。これはひどいこと、1日1分しか自分のことを言えないのか。それを聞いて私の気持ちが変わり、もう施設からは出ようと決心しました。ここは私のやり方ではできないと思いました。

　1985年に、私は仕事で関わっていたグループホームの人たちと一緒にイギリスに行きました。一緒に行った人たちは6人でした。いろいろな作業所に行って仕事をしている人たちでした。イギリスでの状況を見て帰ってきたときには、もういっぱい資料がありました。イギリスに行って学んできた6人の人たちは非常に興奮していたというか、士気が高揚していました。「今の状況を私たちは何とかしなければいけない。手を貸してくれませんか？」と言われました。私も「手を貸します。一緒にやりましょう」と言いました。

　この6人の人たちが70の質問をつくりました。その70の質問に対する答えを探そうと、半年間一緒に作業をしました。6人以外の人たちが一緒にやりたいとその輪が広がり、みんなで一緒になってやりました。6人がそれぞれ自分の人生を切り開くということで仕事をしてきました。そういうことについて仕事を終えてからの夕方6時半から8時半までずっと作業をしました。半年後、自分たちはもっとできる、自分たちのクラブをつくりたい、グループとしていろいろな作業をやっていきたい、ほかの人を助けるということもしたいという意見が出されました。この70の質問項目というのは、彼らにとって非常に興味のあることだったのです。地方自治体からの資金援助も得て、私の出身の州の郊外に行って、いろいろなアイデアについて検討しました。

　2000年までの間に40の当事者活動をするグループがどんどんつくられていきました。2001年には、16年間で初めて自分たちのお金というものを手にしました。自分たちが使えるお金、今までもあちこちからお金を集めてきましたが、2001年には初めてそういうお金を手にして、こういうことが自

分たちでできるんだと思いましたし、もっと多くのことができるんだということを感じました。これは非常に大事なことだったと思います。そしてオランダ全体でネットワークをつくり、オフィスもつくって、もっと多くのことを自分たちでできるし、自分たちでやりたいと思うようになりました。そして、実際にやってきました。

　その結果、現在の組織であるLFB、オンダリングシュタルク連盟というのができていきました。全オランダで四つの支部がありますし、オランダの中心部に本部事務所があります。LFBの活動は、とてもワクワクするもので、施設で住むということよりも、ずっといい方法だと思っています。

花崎　ありがとうございました。
　次の質問は、アンデシュさんとロール・コックさんお二人に向けての質問ですが、アンデシュさんにお答えいただきたいと思います。「コーチの手法について」です。例えば、「彼はこんなやつだ」「またかよ」などの思い込みを、「違うかもしれないな」と思いとどまるためのよい方法はありますか。それから、自分自身が不安定なときに、どう対応したらいいんでしょう。

アンデシュ　私は、はっきりこうだという答えを持ち合わせているわけではありませんが、今私が考えられる範囲で一応答えてみたいと思います。ただ、答えというのは自分で見つけるものですので、私としてはアイデアを提供することだけです。前にも言いましたが、人と対話をするときに、私たちは名前をつけたがります。「こういう人だ」という。こういう名前やレッテルを貼ることによって、自分たちはこうしなければいけないのではないか、自分たちの役割はこうではないかというような、過小評価につながるような固定化された役割意識ができてしまいます。

　そうした状況の中で、例えば「この人は精神的なしょうがいを負っている」とか、そういう形でそこに名前をつけて、それに基づいて行動して、そ

してそういう状況に対して自分がそれをコントロールしようというか、自分のものにしてしまおうとします。そういう考えに基づいて、そこで何とか解決しようとするわけですが、そのときの自分は、当事者本人ではありません。自分自身が一番楽というか、快適に感じる形で解決してしまおうとします。そうしますと、現実を拒否したり、否定してしまいます。そうすると、現実が歪められたり偽物になってしまいます。そこでよく起こされる過ちというのは、私たちが特別な人たちと呼んでいる、そういう人たちに対して特別な対応をしなければいけないと考えて非常に苦労します。

　しかし、グループホームや職場などの自由時間の中にはごく当たり前の気楽さがあるはずです。私たち専門家はそうした当たり前のことを忘れがちです。私が仕事をするとき、職場で満足感を高めるにはどうするか、そこで何が必要かというような状況で仕事をするようにしています。何が必要とされているか、どういうことを人々が求めているかを考えながらそうしますと、そこで働いている本人たちはその仕事における意思決定に自分も参加したい、そして自分は尊敬されたい、自分の信頼性を高めたい、自分の仕事と環境の接点が欲しいということを考えていくようになります。そういうことを職場に対して求めていくわけです。それは普通に職場に人が何を求めるのかということと全く同じです。当事者も、例えばデイセンターでの作業や自分がやろうとする仕事に対して同じようなことを求めます。それが満たされればそれが満足というところにつながっていきます。

　そういうことが普通のことなわけです。ノーマルなことを求められているのに、それをノーマルとはみんなが考えないで、特別な人のための特別なニーズというふうにとらえてしまうということです。それは私たちがある人たちを特別な人たちと呼ぶことに関連しています。例えば先ほどのシャワーの例ですと、私が誰かがシャワーを浴びるのを助ける。自分自身の経験として、自分がシャワーを浴びるととても気持ちがいいなという経験を持っています。しかしもしかすると、相手は、施設でずっとシャワーを浴びてき

て、そこではコーチングとかヘルプということではなくて、「扱われる」とか、「こういう対応をさせられている」とか、そういう経験をしているかもしれません。こういう状況において私たちがするべきことは、私自身のシャワーは楽しいという経験を踏まえた上で自分に何ができるかを提供していく。自分でそういう状況をつくれると信じてやっていく、それがコーチングということだと思います。

花崎　ありがとうございました。時間が少々になってしまいました。あと二つぐらいで終わってしまうかと思いますが、手短に答えてください。「仲間」ということを言いましたが、当事者とコーチの給料に違いはあるのですか。

ロール　私は、この質問についてはわかりません。先ほど言ったように、私は連盟から予算をもらってその予算の中で動いているので、その中でコーチがどうか、当事者がどうかということで、どのくらいの給料の差があるか私は知りません。

アンデシュ　私から言いますと、しょうがい者というか当事者たちは年金をもらっています。ですから彼らが給料をもらっているということではないわけです。この年金ということからもっとサラリーという形で当事者たちがお金を受け取れるようにということで運動はしていますが、それは非常に難しい状況です。この質問にあった「仲間」ということと、給料は違うのではないかと思います。お金ということではなくて一緒にやっていくんだという気持ちを表すために「仲間」という言葉を使いました。例えばいろいろな仕事の中で、教員でも工場で働く労働者でも、オフィスで仕事をする人たちでも、給料は違っています。給料はそれぞれの立場や役割、どういう仕事をしているかによって違います。しかし給料が違っても、お互いに「仲間」という呼び方をしています。それは一緒に仕事をする一員としての「仲間」だという

ことでご理解ください。

花崎　ありがとうございました。今度、日本のお二人の方にお願いします。これは「花崎も答えろ」と書いてありますが、時間がありません。「花崎と光増さん、本田さんは、日本では本人活動が周りの人を変えたと言っていた」、確かに言っていました。「自分もそう思います。でも自分の周りを見た範囲では、例えば親の会などはそんなに変わっていないと感じています」。親の会とありますが、親の会も含めて「周りをどう変えていったらよいのか」について、では光増さん。

光増　日本の本人活動が活発化したのは十数年前からですが、本人活動が活発になることによって変わったものもあり、変わってないものもあります。変わってない一つの理由は依然として入所施設が圧倒的に多く、入所施設からの地域移行が遅れているからだと思います。もう一つの理由は親が支援の輪に入ってくるために当事者の人たちを管理し、枠にはめてしまうということです。親が関与することにいろいろな問題があるのではないかと思います。だから、「支援」とか、「コーチ」という言葉を聞いてすごく思いましたが、支援の質の問題とか、思想性の問題があります。そういう意味でいくと、まだまだ自立支援法の問題にしても、施設のあり方にしても、親の会の活動にしても、本人活動の支援というスローガンは掲げているけれども、実際は乖離しているというか違っているのではないかと思います。個人的にもその辺が今の日本の現状かと思います。

本田　親の会にははっきり言って期待はしています。圧力団体として、国内でそれなりの圧力を持って本人を支援していく立場にあると思いますから。しかし、なかなかそれがうまくいかない。というのは、光増さんの言ったように、やはり支援の質をどこでどのように高めていくか、ただ会があればい

いというわけではありません。それぞれの会がどういう支えの中で動いているかということがとても大切なことではないでしょうか。どうすればいいかというよりは、その地域を変えていく活動をきちんとやっていくのが、一番遠いようで一番近いかもしれないと思っています。そういう意味では、福島では本人たちの仲間の輪を、「トトロ」だけではなくて県内を同じ意識で支えていくシステムをつくれないかと思って今動いているわけです。そうした中で、親の会と一緒にリンクしていく可能性はたくさんあると思います。ただ単に本人の意見が大切だとかと言って支援者が表立って動くのではなくて、草の根的にやっていくのが一番近道であるかと思っています。

花崎 ありがとうございました。まだまだ紹介できないご質問がたくさんありましたが、次のセッションの時間が迫っておりますので、この分科会をこの辺で閉じたいと思います。

　私たちは、今日、「自分はあまり偏見を持っていないんだ」と思ってきた自分が、もう一度根本的なところから掘り起こされたように思います。「こういう人たちなんだから、こういう支援がいいんだろう」と一生懸命探っていたそのこと自体を壊してゆかなければならないということを強く感じました。そして、「現実を見なさい」とおっしゃっているその現実を、私たちはやはり見ていない。やはり色眼鏡で見てしまっているのだなとつくづく思いました。

　それでは、今日頑張ってくださったこの4人の講師の方と、それから大変わかりやすい通訳をしてくださった山口さんに、皆さんどうぞ拍手をお願いします。（拍手）どうもありがとうございました。

第1～第3合同分科会

話し合おう 私たちの夢と希望

(司会者：C、P)

A　司会をします。

B　大阪から来ました「パンジーⅡ」のBです。よろしくお願いします。(拍手)「パンジーⅡ」の仕事をしています。マフィンの液をカップ、オーブンに入れて、オーブン番をしています。営業電話をしています。グループホームで、電動車いすで行っています。グループホームでは、プールとかテレビを見ています。僕の夢は、これからもグループホームに住みたいと思います。「ピープルファースト」に行ったら、たくさんの友達に出会います。たくさんの友達に出会うと、うれしい気持ちになります。これからもたくさん友達をつくっていきたいと思います。ありがとうございました。(拍手)

C　はい、ありがとうございました。大阪で「ピープルファースト」の会で、仲間と一緒に楽しんでいるということですね。はい、ありがとうございました。では、次に、Dさん、お願いいたします。

D　外人の人も日本の人も会っています。僕の夢の話をします。僕の夢は、「パンジー」、今、言ったから名前を言わなくてもわかりますよね、「パンジー」で、いつも電車とバスに乗って行っています。「パンジー」ではパン屋さんをやって、もう一個は、僕は1人でアパートに住んでいます。あともう一個は、皆さん、外人の人でも日本の人でもいいから、僕のアパートに来てください。ギョウザでもビールでも何でも腹いっぱい、冷蔵庫に入れてお

きます！　ちょっとごめんなさい。すみません、外人の人も日本の人もすみません。おれ、たばこ、いっぱい、苦しくなるまでたばこ吸いますが、いいですかね。いいと思う人、拍手してください。あれ？　これ、あかんわ。ごめんなさい。外人の人も日本の人も頑張って。ごめんなさいね。頑張って。たばこ吸いますから、ごめんなさーい！

　いつも「パンジー」のみんなで、いつもニコニコ頑張っています。仲よく頑張っています。あともう一個。いつも「わくわく」で、今はここにいないけど、EちゃんとFちゃんと頑張って、EちゃんとFちゃんとボウリングに行ったりパチンコに行ったり……、あ、パチンコは行かない。ごめん。（笑）ボウリング行ったり歌ったりやっているの。あとはボウリングは、Eちゃんは元気なのに、Fちゃんはぽんぽんぽんぽんストライク、15個もストライクを取られて、おれ、負けました。それでも、EちゃんとFちゃんは仲よく、おしりぶたれたり、頭ぶたれたり、毎日やっています。きょうは「EちゃんとFちゃん、行ってきます。東京に行ってきます」と言って、「行ってらっしゃーい」と、おしりぶたれました。これで僕の話を終わります。以上。終わりましたー！

C　大変元気で、先輩ですから。たばこが好きでお酒が好きで、パチンコが好きで歌うのが好きで、それは全部私もそうですから大丈夫ですよ。それでは次は、Aさんです。お願いいたします。

A　Aさんです。きょうはGさんとAさんをよろしくお願いしまーす！（拍手）お仕事は、「わくわく」の店もやります。よろしくお願いしまーす！　夢は、トラをやります。よろしくお願いしまーす！。

C　トラになりたいんですか。

A　はい。(笑)

C　トラになって何をやるの？

A　けんか。けんかをトラは、やります。よろしくお願いしまーす！

C　だれとけんかするんですか。

A　キリン。キリンさんがけんかをして、トラさんがけんかをしました。

C　トラとキリンはどっちが強いんですか。

A　トラ。(笑)

C　みんな、笑っていますけど。

A　皆さん、聞いてくださーい！　今日はトラさんがけんかをして、けがをしました。

C　まだいっぱい時間があるけど、しゃべりたいことをどうぞ。

A　どうしよう。「かっぽ」のヘルパーさんと、Hちゃんとヘルパー、足にけが……、「かっぽ」に、ヘルパーさんと電車に乗って、ヘルパーさんと一緒に、浦和の県庁に行きました。よろしくお願いしまーす！（拍手）

C　「かっぽ」というのは、埼玉県庁の中にあるしょうがい者団体が運営しているお店ですね。そこで働いている話をしたんだよね。どんなことをして

いるんですか。

A 「かっぽ」のレジで、ヘルパーさんと一緒にアイスとジュースを売りました。弁当のビラまきに行きました。

C いろんな人が交代で行っているなかで、彼女のときが一番売り上げがいいんです。このノリでやっているので。ですよね。(拍手) あとはいいですか。「もんてん」の話を。

A 「もんてん」には、IさんとJさんと、IさんとKちゃんが住んでいる家だから、203の部屋に泊まりました。よろしくお願いしまーす!

C 「もんてん」というのはグループホームですね。Aさんはグループホームで生活していて、今、入居者の人の名前を挙げました。

A 「ぶあく」は店番をして、HちゃんとLさんと、M君の母さんと店番します。よろしくお願いしまーす! いいですか。いい?(拍手)

C よろしいですか。看板娘でいろいろなところで販売しているそうですので。あと、何かすごい楽しそうですね。毎日がね。よろしいな。何か皆さん明るくて、大阪のおじさんも盛んに喜んでらっしゃいますけど。続きまして、Nさんから一言お願いいたします。

N はい。「わらじの会」のNです。私は一人暮らしは20年なんだけど、やってみたいのは世界一周をしたいな。それで、それぞれのドレスを着てみたいなということと、あともう一つは、Aさんも私も、そこにいる車いすの男性も、埼玉の武里団地に住んでいる。それで、団地周辺や近くの住宅に住み

たい、なれたらいいな。その後、私は社長のオーナーで、左うちわでやってみたいなと思います。以上です。(拍手)

C　Nさんでした。世界旅行に行ってドレスアップして、すばらしいですね。それでは最後になりました。Oさんから。国立からいらっしゃってくださいました。どうぞ。

O　きょうは国立から来ました。Oです。国立市では、しょうがい者の福祉計画を見直すという策定委員会がありまして、その中の委員になって、この立教大学の河東田先生が部会長になってくれてやっている会であります。
　自分の夢は、子どもが大好きなので保育園の保育士になりたいと思っています。昔から子どもが大好きなので、その子どもが大好きなのを自分の仕事にできたらいいなと思っています。今は、国立市の中でしょうがいも問わないで、いろんなところに子どもがいれば子どもと遊んで、帰りに子どもに「またね」って言われて、それがやっていて楽しいです。そういうのもあるんですけど、昔、おれが小さいころにうちの隣にいたお兄ちゃんがよくおれの面倒を見てくれたので、おれもそれを見て子どもが大好きになって、子どもの何か役に立てたらいいなと思って、今は介護福祉士アンド保育士を目指しています。以上です。(拍手)

C　すごいですね。小さいころお兄ちゃんが面倒を見てくれて、それが今の夢につながっているってすばらしいなあと思います。きょうは急遽だったので、あんまり皆さんもお話しできないで、「やってね」と言っても、こんなに話してくださる皆さんなので、すごいなあと思いました。時間的に、もうちょっとあるんですが、Pさんはヘルパー2級を持ってらっしゃって、頑張ってらっしゃるんですよ。こういう会に出てきたりしてお話もなさるんで、一言だけちょっとお願いします。

P　はい、Pです。すみません、突然振られたんですが、ちょっと1人ずつ質問をしていいですか。Bさーん、聞こえてます？　ちょっと質問します。Bさんは、「パンジー」で一番好きな場所はどこですか。仲間といるところかもしれないけど、仲間と何をして楽しいですか。

B　「パンジーⅡ」で、いろんな営業に行ったりとか、マフィンを販売に行っているところとかが楽しいです。

P　はい、ありがとうございます。次、Dさんが、何かすごい、さっきから笑わせてくれたんですが、Dさん、質問していいですか。

D　はい。

P　Dさんは、ちなみに、いろんな趣味がありますね。一人暮らしで一番よかったことを教えてもらっていいですか。

D　今言ったのと同じように、僕はアパートで一人で寂しいんですよ。夜はあんまりいないんだよ。寂しいんだよ。だから、外人の人でも日本人でもいいから、もし来る気があったら、男でも女でもいいから。

P　はい、それじゃあ、Dさんと、ぜひ友達になってください。この機会に。

D　寂しいんですよ。来てくださいよ。一緒にビール飲んで、一緒に寝ましょうか。(笑)

P　はい。誰でもいいので、ここで……

第4章　みて、きいて、はなしあおう、元気の出る話

D　誰でもいいよ、本当によ。今日も帰っていったら、おれ一人になっちゃうんだよ、本当に。寂しいんだよ。どうもすみません。

P　ありがとうございました。Dさんと個人的に友達になってくれる人は、後で個人的にDさんを探してなってあげてください。お願いします。(拍手)次、Aさんに聞いてもいいですか。元気なAさん。トラさんになりたい。私、ちなみに豚になりたいんです。Aさんはどうしてトラさんになろうと思ったんですか。

A　Aさんは、キリンさんと一緒にけんかしたいです。

P　どうしてけんかしたいんですか。

A　Aさんとトラさんがけんかをして、キリンさんが首を切っちゃった。

P　はい、わかりました。ある意味、いじめに近いという。はい、ありがとうございました。皆さん、怖い話なので、いじめたんですね。早く言えば。それじゃあ、次の質問いいですか。Nさんに聞いてもいいですか。

N　はい。

P　何か一瞬、動物の話になっちゃったから、動物の話から飛んで。Nさんに質問します。Nさんは世界一周に行きたいって、私もそれは同じなんですが、ちなみに飛行機で行きたいですか。船で行きたいですか。

N　飛行機です。飛行機なんですけど、私はカナダとオランダに行った

んですけど、オランダはチューリップと風車を見たくて行ったんですけど、ちょっとその場でトラブルにあって、一人で帰ってきて苦い経験にあったんです。

P　はい、ありがとうございました。すごいですね。次、Oさん。何かすごい現実の将来の夢で、保母さんになりたいと。男性の。保母さんだっけ。

O　保育士。

P　保育士になりたい。子どもが好きなんですか。

O　はい。

P　ちなみに、今まで子どもさんと何をして遊びました？

O　子どもとはいろんなことをして遊んで、例えば鬼ごっこだったり、今風の遊びなんで、おれは知らないので子どもに教えてもらって、そればっかりの遊びをしています。

P　はい、すごいですね。何か皆さん、将来がいっぱい。ありがとうございました。会場の方でちょっと質問したいという人、いますか。この中で。いませんか、誰か。あ、手を挙げた。はい、では、彼女に。今、私がおりて。

C　トラさんとキリンさんは、なぜけんかしたいんですか。

A　トラさんがキリンさんとけんかをして、もうだめ。（笑）

C　トラって強い？

A　トラは強いよ。

C　Aは今、強いの？

A　トラさんがキリンさんの足を投げた。(笑)

C　はい、ありがとうございます。そろそろ時間になりました。活発な意見が出され、ゆかいな仲間たちと話ができました。25分間ですけれども、本人の声を聴くということもなかなかないと思うので、こういうように楽しい人ばっかりです。でも、保育士になりたいという方もいらっしゃいます。皆さん、温かい拍手をよろしくお願いいたします。(拍手)ありがとうございました。では、終わります。

第4分科会　地域移行と地域生活支援を考える

　　1部　講演1：レスリー・アイリーン・チェノウエス
　　　　　　　（オーストラリア・クイーンズランド大学上級講師）
　　　　講演2：小林繁市（伊達市地域生活支援センター所長）
　　2部　研究報告：杉田穏子（立教女学院短期大学助教授）
　　　　シンポジウム　地域移行と地域生活支援を考える
　　　　シンポジスト：レスリー・アイリーン・チェノウエス
　　　　　　　　　　　小林繁市
　　　　　　　　　　　杉田穏子
　　　　コーディネーター：河東田博（立教大学）

●午前の部

河東田　この分科会には日本の地域移行に大きな影響を与えた北海道伊達市から小林繁市さんにおいでいただき、新しい伊達での動きを報告いただきます。そしてオーストラリアにおける地域移行と比べながら今後の日本における地域移行の問題を一緒に考えてみたいと思います。

　では、まず最初に、オーストラリアからおいでいただいたレスリー・アイリーン・チェノウエスさんに、オーストラリアの脱施設化の様子をお伺いしたいと思います。その後で、小林さんにお話をいただきます。午前中は、このお二人のお話の内容に関するやりとりをさせていただいて、終えようと思っています。昼食後は、私どもが行ってきた研究の一端を杉田さんから報告させていただき、ディスカッションを行っていきたいと思います。

　それでは、レスリーさんから、オーストラリアにおける地域移行と地域生活支援の実態についてお話ししていただきたいと思います。それでは、よろしくお願いいたします。

オーストラリアにおける脱施設化と地域移行の現状と課題
（レスリー・アイリーン・チュノウエス）

　こんにちは。日本語ができませんので、通訳を介してお話をさせていただきます。まず、話に入ります前に河東田先生にお礼を申し上げたいと思います。今回私を日本に呼んでいただきまして、まことにありがとうございます。実際日本に来るのは今回が初めてでございます。日本の印象としましては、非常に心の行き届いたおもてなしをしていただける国だと、しかし人口は多いなという感じがいたしました。この後、しょうがい者に対する支援ということで、日本ではどのようになっているのかをいろいろ議論をさせていただくことになっておりますが、それを楽しみにしています。

　オーストラリアのブリスベンという所に、クイーンズランド大学がございまして、ここで私と河東田先生とともに研究をいたしました。内容は、脱施設化、そしてコミュニティでの生活というものでした。私の場合、日頃研究調査を行っている地域は、僻地とか農村と呼ばれるようなところが多いのですが。もちろん、ワニを相手に調査をしているわけではありませんが。（笑）

　私が今日お話しいたします内容は、オーストラリアにおける施設の歴史ということ。それから、どのような形で施設を閉鎖するようになってきたのかということ。さらに、コミュニティでの生活の現状はどうなっているか。最後にコミュニティへの地域移行の中で私どもが学んだ教訓をお話ししたいと思います。

　私どもの施設の歴史を振り返ってみてみますと、そこにはかつての英国の植民地であった地域で行われたことと類似点がたくさんございます。やり方としては、非常に巨大な施設や病院をつくるということを19世紀にやりました。そこでチャリティに基づいて、人を管理するような形での施設をつくってきたわけです。こうした施設には、知的しょうがいの方々、そのほかのしょうがいをもつ方たちが、精神病を患っている人たちと一緒に生活をし

ていました。それから、多くのチャリティ組織がつくった施設にも知的しょうがい者がおりました。チャリティ団体は、ほかに脳性麻痺の人たち、多発性硬化症などのしょうがいをもった人たち、病気をもった人たちの施設をつくっていきました。こうした施設は非常に大きく、都市から離れた遠隔地につくられ、運営の仕方が極めて管理的でした。多くのしょうがいをもつ人たちが、家族とずいぶん離れたところで生活をすることになり、そこで働く医師やスタッフたちも人里離れた施設で仕事をするようになりました。

　オーストラリアにおいて、脱施設化、コミュニティでの生活が始められたのは1970年代です。脱施設化をもたらした要因は、いろいろありますが、これについてはこの後述べていきたいと思います。当時は、暴露記事とか、スキャンダルと呼ばれることがたくさん発生し、施設に収容されている人たちが虐待を受けたり、無視をされたり、顧みられないという状態が明るみになってきました。一般の人々の目にもとまるようになってきました。

　オーストラリアの脱施設化に大きな影響を与えたのは、スウェーデンのベンクト・ニィリエの考え方、特にノーマライゼーションという考え方、それからヴォルフェンスベルガーの考え方でした。

　ノーマライゼーションの考え方、そして、脱施設化という考え方は、人権に関わる問題だと考えられるようになってきました。言い換えれば、施設にいるということは、非人間的な行為であり、コミュニティの中で生活することがより人道的で、人間にふさわしい生き方であるということになったわけです。そして、大きな社会的な圧力も働くようになりました。それが親の会でした。親の会は、強力なロビー活動、議員とか政府といったところに圧力をかけるというようなこともやりました。しかし親だけではありません。それ以外にも、スキャンダルや暴露内容に怒りを持った人たちがおり、施設変革とコミュニティへの生活移行をと大きな圧力をかける人たちが出てきました。

　それから、ここでぜひ申し上げておきたいのは、1986年に成立いたしま

したしょうがい者サービス法についてです。この法律は、ケアは個人のニーズに合わせて行われなければいけないということ、発達の保障ということ、コミュニティでの生活支援といったものを柱にしております。しょうがい者サービス法は極めて重要な法律です。この法律ができたことによって、政府からの資金を受けているサービスというものは、すべてコミュニティをベースとしたものでなければならないという義務が発生したということです。もちろん、この法律制定以前にも脱施設化の動きは一部ございましたが、この法律ができたことによって大きく前進をしました。

　それ以外にもいろんなことがありました。虐待に関する政府の調査も行われました。それからサポートの状態がどうなっているのかという政府の報告書も出されました。それに加え、知的しょうがい者が収容されている施設で、大きな火災が発生するという悲劇的な出来事がありました。

　ぜひ念頭に置いていただきたいのは、オーストラリアにおける脱施設化は、25年以上前に始まって、現在でも継続中のものであるということです。そして、実行されたり停滞したり、また実行したりということを繰り返しているものだということです。今、申し上げましたように、脱施設化は長年にわたって実行されてきましたが、活発な時期、停滞の時期があるということから、私は、歯磨きチューブのような実行の仕方と申し上げております。すなわち、歯磨きのチューブから歯磨き粉が出て、止まってまた出てくるように、非常に盛り上がる時期があったかと思うとまた停滞する時期があると、そういうたとえをしております。

　現在政府が考えております施設というものは、次のように定義されております。つまり、長期定住型で、大きな土地の上に立てられ、24時間サービスが提供され、ベッド数でいうと20もしくは20以上ある、そういったものを指して施設と呼んでいます。知的しょうがい者の総数は4万人。そのうち施設に収容されている人たちは5千人を切っています。統計上の問題はありますが、今申し上げたようなこの数値が現時点で最も正しい推計値と言われ

ております。

　各地域を見てみますと、タスマニア、西オーストラリア、それからノーザンテリトリーと呼ばれる北部地域、そして首都地域のあたりには全く施設はありません。それからビクトリア州、クイーンズランド州はほぼないと言っていいぐらいです。クイーンズランドで施設に住んでいる知的しょうがい者の数は150人です。あとの州を見てみますと、ニューサウスウエールズ州ではほかの州とは若干状況が違います。こちらでは施設を全部閉鎖するということをこれまで過去に何回か試みましたが、まだ施設に残っている人たちがかなりおります。そのため、ニューサウスウエールズ州政府としては、2010年までに全施設を閉鎖しようという計画を立てて取り組みを行っております。

　では話をコミュニティでの生活に移したいと思います。現在のオーストラリアの状況はどうかということでお話しいたします。オーストラリアでの地域でのサポートの仕方ですが、住宅を変えるというよりもむしろそのしょうがい者の周りに支援を提供するという形で進んでおります。現在の状況ですが、普通の家に住んでいるという割合が多くなっています。公共住宅を賃貸で借りている人もいますし、自分で家を購入したという人もいます。ただスケールメリットを活かすという意味から、何人かが共同で住宅に住む、いわゆるシェアをしてそれによって一緒にサポートを受けようという形もたくさんあります。

　現在のコミュニティでの生活の主流はどうなっているかというと、やはりグループホームという形になります。クイーンズランドで見てみますと、グループホームの人数は3～4人ぐらいが最高。そのぐらいの人数で住んでいます。一人暮らしをしている人もいます。家が2軒続きになっているところに住んで一緒にサポートを受けている人たちも見られます。

　私どもは何回もいろいろな調査研究をやっております。コミュニティに生活することによってどういう結果が出ているのかを整理してみました。私の同僚の1人でありますルイジオンという人が最近行った調査によりますと、

やはりコミュニティで生活をするほうが、施設で生活するより優れた結果が出ています。適応行動の点でも選択肢が増えるという点でも優れています。生活の質といった点から見ても、コミュニティで生活するほうがよりよい生活になっているということが結果でわかっております。多くの人たちが、よりフォーマルなサポートを受けています。有料のサポートを受けている人もいれば、インフォーマルな家族も参加するような形でのサポートを受けている人もいます。長年施設で暮らしてきたため、家族とは全然接触がないという方もたくさんいます。そういった方々は、有料のサポートを受けていることが多いようです。いろいろなしょうがいをもった人たちがコミュニティで生活をするようになってきましたので、それに伴うサポートの需要が非常に高まってきているのです。

　オーストラリアでは、コミュニティでの生活をいろいろと支援してきましたが、コミュニティでの生活をサポートするには何が必要かということの教訓も学びました。そのプロセスの中でいろいろな失敗をし、それによる教訓も得てきましたので、そのお話をしたいと思います。最近では、当事者を中心に据えたアプローチへのニーズが高まってきております。これはサービスの計画段階においても、提供する段階においても当事者を中心に据えたアプローチでなければいけないということです。ご承知のとおり、当事者中心型のアプローチというのは北米に端を発しており、この考え方が普及したのは80年代の後半でした。いろいろな考え方があるとは思いますが、サービスの計画実施にあたっては、当事者を真ん中に据えて行うという基本路線があります。

　イギリスの研究結果を見てみましても、当事者中心のアプローチが、コミュニティでの生活を行っていく際極めて効果が大きい、優れた方法であるということが証明されております。当事者中心の考え方というのは、しょうがい者自身が自分たちがどうしたいか、選択肢は何かをきちんと言えるということが大事ですので、そういった観点から見ても、コミュニケーションとい

うことが当事者中心のアプローチの中では大きな意味合いを持ってくると思いますし、とても重要です。

　計画をつくるという段階においても、できる限り家族が関与することが必要です。社会的なネットワークを用意することや当人をよく知っているスタッフも計画に深くかかわることが重要です。家族に計画の段階に参画してもらうことも極めて重要です。

　私どもが調べましたところ、多くの親御さんたちが最初はコミュニティで生活するということに対して疑念を持ったり、不安を持ったりするわけですが、だんだんコミュニティでの生活が行われ、慣れてくるなかで、そのよさに気づいていただけるようになってきます。私が関わっていたある施設でも、コミュニティ生活に移行することになっていました。その時、施設を出たいと願った人たちが150人おりました。最初、地域移行を求めたところ、親御さんの90％が地域での生活はできないとおっしゃいましたが、実際に地域移行が始まって2年くらいたちますと、施設のほうがいいと言っているのは28家族だけになりました。このような気持ちの変容は、ニュージーランド、カナダ、米国の研究結果でも明らかになっております。したがいまして、やはり、両親と私どもが手を携えてコミュニティでの生活の計画を一緒になって練り上げていくことがとても重要だということです。

　次に考えなくてはいけない問題は、資源を施設で使うという形態から、コミュニティでの生活のサービスにどう移管していくかということです。地域移行・移管というのが極めて複雑で難しく注意深く慎重にやらないといけません。地域移行を実行していく過程では矛盾したことも起こってきます。在籍人数は少なくなっても、依然として施設という巨大な建物を運営していくのには、ものすごいコストがかかっているわけです。ですから、施設に住むごくわずかな人たちに対して、膨大なコストを一方でかけながら、なおかつ限られた資源を、コミュニティでの生活や地域移行のほうに割り振っていくということをやらなくてはいけないわけです。

このような時に必要となってくるのは、二重の資金の裏付けがなければいけないということです。二つのモデルに対して同時に予算をつけてくれということを政府に説得するのはなかなか困難で、場合によっては政府をうまく説得して予算をつけてもらったこともありますし、説得したけれどだめだったという事例もあります。それからもう一つ、資源が足りないということから、バックフィリングという現象が起きてきます。これは親、そのほかの人たちの圧力で、施設から人が出た後、空いたところにまた新しい人を入れてしまうことがありますが、そうすることによって、施設の閉鎖が難しくなります。実際にニューサウスウエールズ州で、バックフィリングが起こりました。そのために施設の閉鎖が難しく、今でも施設が残っています。
　それからもう一つの問題点は、これも私どもは苦労しているわけですが、単に地域社会にしょうがい者が存在するというのではなくて、地域社会に参加をしているということを確実にしなければいけないということです。単に地域社会に住んでいるだけではなくて、しょうがい者が地域に積極的に関わっていけるようにするためにはどうするかということです。私どもがいろいろと調べてみてよくわかったことは、しょうがい者は単に物理的に地域社会に統合されたり、地域社会に存在するということは極めて簡単で、社会的な意味で地域社会に溶け込んでいくというほうがはるかに難しいということに気づきました。それから、二つ目の問題点は、時間がかかるということです。政治家は何とか早く結果を出せと言います。きちんとした関係をつくっていくということになると時間がかかるということです。
　この意味するところは、コミュニティでの生活ということになりますと、コミュニティの側の参画も必要になるということです。コミュニティ側の姿勢も変わらなければいけないし、アクセスもきちんと確保されなければいけないということです。そしてしょうがいというものは基本的に人権の問題であるという認識を持ってもらうことが必要になってきます。それからもう一つ申し上げておきたいのは、スタッフの教育訓練の問題です。施設でこれま

で働いてきた方というのは、持っている技能や知識というのが、しょうがい者がコミュニティで生活するための支援をする上であまり役に立たないということです。コミュニティで生活をするための支援をするために、スタッフに教育訓練を施すか、全く新しい人を雇うことが必要になってきます。

　オーストラリアで施設を閉鎖するということに関して調査をしてわかったのですが、専門職グループからの反対、場合によっては労働組合からの反対が強いということがわかりました。自分たちの将来の雇用がどうなるかという懸念がありますから、この点を乗り越えるのもなかなか難しい問題です。また、技能・スキルというのは大変重要ですが、最も重要なのはやはりスタッフの価値観や態度、心の中でしょうがいというものについてどう考えているかということだと思います。従って、こういった心のありよう、あるいは態度というものがしっかりしている人であれば、技能は後から身につけることができると思います。

　まとめに入りたいと思います。この問題は二つの次元で考える必要があるのではないかと思います。一つは個人のレベルです。どういったニーズがあって、どういったサービス組織があって、どのようなスタッフの教育訓練をやらなければいけないのかという個人のレベルでの対応です。もう一つはコミュニティやシステムの次元でどう考えるのかということです。これはコミュニティの側のしょうがいに対する態度といったものやサービスの組織全体をどうしていくか、アクセスをどのようにしていくか、しょうがいを人権の問題としてどうとらえていくのか、差別をしてはいけないという次元でどうとらえていくのかということです。

　さらに2、3点つけ加えさせてください。コミュニティでの生活や地域移行を進めるときに注意しなくてはいけない点が幾つかあります。一つは、施設を閉鎖したけれども、また別の施設をつくってしまうことにならないかということです。コミュニティで生活をするといった場合に、生活の形態、サポートの形態というのはさまざま考えられます。そういう状況の中で考え

られることを二つ申し上げたいと思います。一つは、形を変えた施設化です。すなわち施設文化がそのままグループホームに移行してしまうという形で、これでは十分な変革が行われたとは言いがたいわけです。もう一つ問題は再施設収容で、施設を出た、ところが地域社会で十分な支援が得られないといったような場合に、特に軽度の知的しょうがいをもった人たちが、支援がないがゆえに刑務所暮らしをしてしまうということになりかねないということです。この問題が起きているのは、特に早い段階で施設から出て行き、しょうがい自体は軽かったけれども、家族と離れて暮らしていたがゆえに十分なサポートが得られず、そういうことになってしまったという人です。

　最後に申し上げておきたいのは、施設を閉鎖し、地域社会の生活に移行する際、さまざまな意見の相違が見られ、対立を生みかねないということです。いろいろな思惑がそこに入り込むため、スタッフや労働組合がそれに対してどう対応するのか、コミュニティの側がそれをどう受けとめるのか、政治家がそれに対してどう反応するのか、立場や考え方によって賛成、反対に分かれがちな問題です。既にクイーンズランドでも、圧力が発生しておりまして、特に強度行動しょうがいのある人たちは、小さなセンターのようなところに収容したほうがいいのではないかという働きかけがなされています。

　それから、地域の生活に移行するというときに、私どもが教訓として学んだことは、権利擁護が必要だということです。これは本人の権利主張による場合もあるでしょうし、ほかの人が当事者の権利を擁護するという形もあるでしょう。そういった点ではオーストラリアでは一部進歩は見られましたけれど、まだまだ課題をたくさん抱えているという状態です。特に、私どもが大きな問題を抱えている分野を二つ挙げるとしますと、一つは、非常に重度のしょうがいを抱えた人たち、それから問題行動のある人たちをどうサポートしていくのかという課題があります。それからもう一つは、非常に重篤なというか、複雑な医学上のニーズを抱えたような人たちにどう対処していくのか、身体しょうがいであれ、知的なしょうがいであれ、例えば食事の援助

といったようなことについても多くの援助を必要としたり、あるいは医学的にもさまざまな援助を必要とする人たちへのサポートをどうしていくかという問題が残っています。

　全体をまとめますと、オーストラリアにおける地域移行は、しっかり根づいているとまとめることができます。ただ進歩があったと言っても、まだ問題を抱えているので慎重な姿勢は必要だと考えております。そして、皆さん方もそれぞれの分野で頑張っていただきたいと思います。そして、地域社会への移行、地域移行というのはほんの小さな一歩から始まるんだということも申し上げておきます。ありがとうございました。(拍手)

河東田　とてもわかりやすいお話をしていただきました。どうもありがとうございました。地域移行に関する実態と課題の整理をきちんとして下さいました。また、地域移行をした後に見られるさまざまな問題について具体的に指摘していただきました。形を変えた再施設化の問題、再入所化の問題も指摘されました。本人支援の大切さや権利擁護の問題も指摘され、とても共感を持ってお話を伺うことができました。
　それでは、レスリーさんにもう少し聞いてみたいことがございましたら、質問なさって下さい。

A　国立の「NPO法人くじら雲」というところで、グループホームと地域での活動の支援を行っているAと申します。日本の場合は年齢の高くなった家族と年齢の高くなった当事者が一緒に暮らしている状態から抜け出せないという現状がありますが、オーストラリアではどうでしょうか。

レスリー　オーストラリアでもそれは大問題です。特に、高齢の親御さんが自分の子どもたちの将来についていろいろと心配をなさっています。正直言いまして、私どもはこのことに対して十分に対処してこなかったのではな

いかと反省しております。ただ高齢の親御さんのためにさまざまな支援体制を用意しようと検討をし始めました。新しいプログラムがつくられようとしておりまして、将来への道を拓く重要な指針になるのではないかと思います。このように、親御さんと協力をして子どものためのコミュニティライフについての計画を立てていくことになりましたが、この取り組みの中で、いわゆる建物自体をつくることよりも、地域との関係をつくっていくということのほうが重要であるということに気がつき始めました。特に、年齢が高くなった知的しょうがい者に対して多くのスタッフたちがどのように対処していけばいいかということを考えるようになってきました。高齢の知的しょうがい者たちは、実はまだ施設に住んでいる人が多いのです。

河東田　ではもうお一人。この方でレスリーさんへの質問を終了させていただきます。

B　浦和大学のBと言います。アメリカとオーストラリアは先進国の中でも訴訟社会だと言われております。日本とその辺が違うのではないかと思いまして、先ほどの脱施設化を進めた力の中に、そういった訴訟社会という影響はあるのでしょうか。

レスリー　正直言って、オーストラリアはアメリカほど訴訟好きな国ではないと私は思います。確かに地域社会でサービスを提供するということになりますと、やはりリスクから自分の身を守らなくてはいけません。そのため、訴訟されないようにしなくてはいけないという意識が出てきます。ですからコミュニティサービスを提供している側でも、いろいろと訴訟の問題というのは考えなくてはいけないということは確かで、私も、その件に関して調査研究を開始したばかりです。コミュニティでの生活というのはもろにリスクを負う行為ですから、訴えられるリスクは当然考えていかなければいけない

わけです。でもオーストラリアでは、アメリカほど訴訟が頻繁にあるわけではありません。ただ、今後訴訟が増えていくだろうとは思いますが。

B　米国の訴訟にかかる費用は実際とても多いのです。10％以上あります。オーストラリアもよく似たものです。けれども日本はほとんどない。ですからそういう訴訟社会が脱施設化に大きな影響を与えているのではないかと考えました。いかがでしょうか？

レスリー　そのとおりだと思います。おっしゃるようにオーストラリアでも訴訟費用は高まっており、その影響は大きいと思います。

河東田　この問題につきましては彼女もその研究を始めたというところのようですから、別途個別にやりとりしていただければと思います。
　それでは時間がまいりましたので、小林さんから北海道伊達での取り組みの様子を、お話しいただきたいと思います。よろしくお願いいたします。

伊達市における地域移行と地域生活支援
（小林繁市）

　ご紹介いただきました小林です。今、お聞きしたレスリーさんのお話によりますと、オーストラリアでは知的しょうがいのある人たちが4万人ぐらいいて、そのうち入所施設に暮らしている人が5千人ぐらいいるということです。8分の1ぐらいの人が施設で暮らしていることになります。日本では、知的しょうがいのある大人の人たちは30万1,000人いると言われており、そのうち入所施設で暮らしている人は11万7,700人、34.7％。約3分の1の人たちが入所施設で暮らしているということになります。
　オーストラリアでは、1970年ぐらいから入所施設を削減する方向を打ち出してきたということですが、日本では、国はもう新たな入所施設はつくら

ないと言っていますが、減らすという方向を明確に打ち出してはいません。ただ、宮城県や長野県など幾つかの県で施設を減らしていくという方向を明確にしているところもありますが、国としてはまだそういう方針が出されていないのです。オーストラリアと比べて、30年遅れで日本は、やっともう新たな施設をつくらない、これからは減らしていこうという段階に入ったのかなと、お話を聞いて感じました。

　私がいただいたテーマは、「地域移行と地域生活支援を考える」ということです。日本全体のことについては午後から杉田さんがお話をするということで、河東田さんからは伊達市の実践について話してくれといわれています。それで、北海道の伊達市という人口3万6,000人の小さな町の実践ですが、テーマに沿ってお話をさせていただきたいと思います。

　私が住んでいる伊達市は、人口3万6,000人の農業や漁業を基幹産業とした小さな田舎町です。この小さな町に、知的なしょうがいのある人たちが現在390人暮らしています。これらの人たちは市内の101戸の家に住んでいますが、それは全部民間の住宅です。1人でアパートで暮らしたり、結婚してカップルで暮らしたり、4、5人の仲間とグループホームなどで暮らしています。しょうがいのある人たちとない人たちが、隣り合い支え合って生きる町ということで、「ノーマライゼーションの町」と評されています。今年の4月に開設されたグループホームが6カ所あります。この10月にさらに2カ所のグループホームを開設しました。12月には重症心身しょうがいの人と行動しょうがいのある人たちのグループホームを1カ所開設する予定です。このように、しょうがいのある人たちの「ホーム」が次々に増えていっています。

　また、施設から地域に移行するための「サテライト」というトレーニングホームが3カ所あり、計35名の人たちが入居しています。これは北海道独自の制度で、施設から地域に移行するにあたって、いきなりグループホームに移行することが困難な人たちに対して、施設に籍を置いたまま地域の中の

「サテライトホーム」で実際的なトレーニングをし、3年以内に必ず地域に移行するというものです。

　伊達市における地域移行の基本的なスタンスは、施設解体が先にあるのではなくて、受け皿となる地域支援の基盤整備を整えることが先だと考えています。しょうがいのある人たちにとって一番大切なことは、一生涯にわたる人生の「安心」と「安全」が保障されることです。どこで暮らすかは、最終的には本人が選択するということになりますが、地域の中で生きていけるような仕組みが整っていきますと、多くの人たちは、施設よりも地域生活を選ぶことになると思います。ですから基盤整備が整っていくに従って地域移行が進み、最終的には施設は消えていくことになると考えています。こうした考えのもとに、まず地域の受け皿づくりに一生懸命取り組んでいます。

　何でこんなに伊達の町にしょうがいのある人たちがたくさん集まったのかという理由として、「北海道立太陽の園」という施設の存在が挙げられます。これは、1968年の欧米で施設解体が始まったころに、日本で初めての「公立コロニー」として誕生しました。入所定員400名の大きな施設です。このころ日本では、親たちの強い願いによって、こうした公立のコロニーが都道府県に1カ所くらいの割合でつくられていきました。群馬県の高崎市に国立のコロニーも1カ所ありますが、これら公立コロニーの先駆けとして、北海道伊達市に「太陽の園」が誕生したのです。

　私はたまたま学生時代に、卒論の調査の関係で、開設されて間もないころの太陽の園に3カ月間実習に入りました。その期間入所者本人や家族、それから職員の方々に聞き取り調査を行いました。当時の太陽の園は、コロニーの先駆けとして、二つのポリシーがありました。一つは「一生涯にわたる支援」ということです。もう一つは、「ともに生きる」ということです。太陽の園は100ヘクタールという広大な敷地があり、この広大な山を切り開いて、しょうがいのある人とない人がともに生きる「小さな村づくり」をしようというのが基本的な構想でした。ですから職員も、入所者と一緒にその敷地内

に住むことが原則でした。

　聞き取り調査の中で、多くの親たちは、一生涯にわたって太陽の園で面倒を見てもらえるようになったので、これでこの子を残して安心して死ねると喜んでいましたし、職員もそれを受けて、「お父さん、お母さん任せてください。これからは私たちがお父さんお母さんに代わって一生涯面倒を見ますから」と胸を張って答えていました。しかし、本人たちは違いました。今はしょうがいの重い人たちばかりになっていますが、その当時は比較的しょうがいの軽い人たちもたくさん入所していました。そうした人たちの多くから、「こんな施設で一生暮らしたくはない。一日も早く町に出て普通の暮らしがしたい。施設を出て、町で働き、町の中に住み、将来は結婚もしたい」という声が多く聞かれました。たまたま私は、学校卒業後この施設に勤めることになりましたが、その頃には、開設当時の「終生保護論」に疑問をもち、本人の願いを聴いて、地域移行を進めようじゃないかという職員の声も強くなっていました。

　こうした状況の中で「太陽の園」は地域移行に取り組んでいくわけですが、この時大反対したのが親たちでした。もうほとんど100％と言われるぐらい、「この子を施設に預けることができて、これで安心して死ねると思っていたのに、施設から出て失敗したらと考えるとおちおち寝てもいられない。もし失敗したら、だれが責任を取るのか」と私たちに詰め寄るという状態でした。こうした親たちの不安を受けて、私たちは親たちに三つの約束をしました。一つは、「施設を出てからも、ずっと継続してお世話します」ということです。施設に籍があるかないかに関係なく、伊達の町にいる限り、一生涯にわたってお世話しましょうということを約束しました。二つ目は、施設から出ることによって親元に帰されるのではないかという心配をする人が多かったので、本人や家族が望む場合を別として、「親元に帰すということを地域移行の原則にしない」ということにしました。三つ目は、失敗したら再び施設に戻れるのかということが親の一番の不安でしたので、「失敗し

たらいつでも受け入れる」ということを約束しました。たとえ施設に空きが無くても、いろいろな創意工夫の中で必ず施設に戻れるようにしますということを約束しました。

　この三つの約束をすることによって、親たちの中から、「そこまで言うのなら、本人が望むように地域移行を進めてくれ」という人が多くなりました。こうした経過の中で地域移行への取り組みが始まります。それから36年がたちました。この間約800名の人たちが、施設から退所していきましたが、その際できれば出身市町村に帰るということが原則でした。3分の2くらいの人たちは出身市町村に帰ることができましたが、3分の1の人たちは、出身市町村に帰ることはできませんでした。小さな町や村にはグループホームや日中活動の場が無いというところが多くありましたので、これらの人たちは、施設所在地の伊達市に住むことになりました。こうした経過の中で、伊達の町は、人口の1％を越えるたくさんのしょうがい者が住む町になっていきました。

　伊達市が「ノーマライゼーションの町」と称されるきっかけは、コロニーという大きな400人の入所施設をつくったことによるボタンのかけ違えによるものです。一度集めた人たちをまた地域に分散していくというのは、とても難しいことです。ですから、結果的には、施設の近くの伊達の町に移り住むということになります。今も積極的に地域移行が進められていますが、中にはもう30年を越える長い期間施設に入所している人もいます。これらの人たちの中には、出身市町村にはもう身寄りがいない人もいます。そうしますと今さら身寄りや友達もいない、ただ生まれ育ったところということだけでは、本人も出身地に戻るということを望みません。これからも伊達で暮らしていきたい、施設から出ても伊達の町で暮らしていきたいと言います。

　現在「太陽の園」は、開設時の入所定員400名を320名に減らしています。一昨年から新規入所を制限しています。それまでは、移行した分だけ新しい人が入って来ましたので、ずっと定員400名の状態が続いていましたが、今

は320名になっています。今後も地域移行が進むにつれて、施設の定員を減らしていくことになりますが、今課題になっているのは、どこに移行するかということです。出身地に戻ることが望ましいとは思いますが、多くの人たちはこれまで慣れ親しんできた伊達の市民として、一生涯を終えることになるのではないかという感じを持っています。

　これらの人たちの日中活動ですが、約200人の人たちが60カ所の一般企業で働いています。伊達は小さな町で、雇用保険適用事業所は600カ所ぐらいしかありませんので、約1割の企業で働いていることになります。働き方は多様な形態で、個別に雇用されている場合がほとんどですが、中にはグループで就労している人たちもいます。一般企業での就労困難な約半数の人たちについては、地域共同作業所や通所施設などの福祉的就労の場が6カ所あり、そこで働いています。

　私たちが支援の基本としているのは、一生涯にわたる切れ目のない支援をするということです。一般企業で働いている人が失業した、しかし次の日からは地域共同作業所に通うことになります。地域共同作業所で日中活動をしながら、求人があればまた企業就労に移っていきます。企業就労と福祉的就労の強力な連携によって、支援の切れ目をなくしているのです。

　地域生活を推進するためには、地域支援の3点セットが必要だといわれています。一つ目は「住まい」をどう確保していくかということです。二つ目は、「日中活動の場」が必要です。そして三つ目としてこれら生活の場や日中活動の場が地域の中に点在しますので、これらの総合的に支援する「支援センター」が必要となります。一人ひとりのニーズに合わせてさまざまな相談を受けつけ、それに合わせた支援計画をつくり、具体的なサービスの調整をしていくという支援センターの役割です。「住まい」と「日中活動」そして「支援センター」の三つを、わたしたちは地域生活支援の3点セットといっています。

　わたしが勤務する「伊達市地域生活支援センター」には、二つの機能があ

ります。一つは「地域生活者支援機能」、本人への直接支援の役割です。地域に暮らしている人たちのタイプは、1人でアパートで暮らす、結婚してカップルで暮らす、4、5人の仲間とグループホームで暮らす、そして家族と暮らす、の4種類があり、地域以外の選択肢として、先程から話題になっている入所施設があります。

今の日本では、入所施設が一番ケアが手厚く、次がグループホーム、単身者や結婚生活者と自立が進むにつれてケアが薄くなっていきます。そして家族と一緒に暮らしている場合は、すべて家族が面倒をみなさいといった雰囲気があります。私たちの支援のスタンスはそうではなくて、どこに暮らしても安心安全が担保されるように、必要なサービスはきちんと届けるということを目標にしています。

もう一つの役割は、「支援ネットワーク推進機能」で、これは「まちづくり」という間接支援です。しょうがいのある人たちが安心して地域の中で暮らしていくためには、本人だけに視点を合わせるのではなく、しょうがいのある人たちの暮らしの条件を整えていくということも重要です。そのため、行政や家族や学校や施設など、あらゆる関係者が力を合わせて、支援のネットワークづくりを進めています。このため支援センターは、いろいろな団体を組織し、「事務局」として活動しており、現在八つの事務局を担って、あらゆる関係者をつないでいくための活動を展開しています。支援センターの仕事の6割ぐらいは本人たちへの直接支援、4割ぐらいがまちづくりという間接支援で、この二つが車の両輪として活動を進めています。

伊達市における地域住居ですが、1978年の「栄寮」が第一号です。まだ日本でグループホームの制度がないころに開設し、その後このタイプの専用下宿が次々とつくられていきました。最近も2004年度1年間の間に全部で11戸の住居が開設されています。このように伊達市では月に約1戸の割合でしょうがいのある人たちの住まいが増えていっています。最近の開設住居の特徴ですが、単身生活や結婚生活者の割合が多く、グループホームから自

立生活へと移行する人たちが多くなっています。

　住居の支援形態ですが、グループホームの中には比較的しょうがいの軽い人たちを対象にした、世話人さんが食事を中心とした朝夕だけケアするという通勤寮タイプもありますが、今伊達で増えているのは、24時間型、つまり世話人さんが24時間ホームに常駐するという形態のホームです。1ホームに1人世話人さんが常駐する訳ですから、そういった面では、入所施設よりもケアが手厚いことになります。入所施設だと20人に1人とか、50人に2人くらいの宿直となりますが、4～7人のグループホームに1人の世話人さんが24時間いる訳ですから、圧倒的に手厚いということです。それから、13組26人の結婚カップルを支援していますが、ほとんどの人たちは食事つくりが苦手です。それで家事援助としてホームヘルプを使ったり、お金にゆとりのある人たちは自分たちでお金を出しあって世話人さんを雇ったりしています。

　時間が来てしまいました、最後に北海道の地域移行の取り組みですが、これまで北海道では、養護学校等を卒業して毎年100人ぐらいの人が新たに入所施設に入っていました。この受け入れのために、入所施設から100人くらいの人がグループホームに移行します。こうした流れの中で、北海道では毎年100人分ぐらいのグループホームを新たに開設していました。100人がグループホームに移行して100人を新たに受け入れるということですから、入所施設はいつもいっぱいの状態でした。このようにいつも満杯ですと、本人や家族のほうでは1回施設から出るともう戻れないのではないかといった不安や、今は家族と暮らしているが年を取ったら不安だから、施設の籍が空いたときに早めに入所しようといった雰囲気があって、まさに身動きの取れない状態が続いていました。

　これではいつまでたっても入所施設は減っていかないということを、北海道のほうに働きかけてきましたが、これを受けて北海道は「緊急整備計画」ということで2005年度と2006年度の2年間で、400人分のグループホーム

を緊急に指定しました。400人分100カ所というのは、とても大きな数字です。グループホームは全国で4,857カ所あり、約2万人の人たちがグループホームで暮らしています。最も多いのが北海道で545カ所。次が大阪で483カ所。ところが香川県のように12カ所しかないといった県もあり、100カ所以上は12しかありません。そうした中で、北海道がいっぺんに100カ所400人分を指定したということは、まさに画期的なことだと思います。

このグループホーム指定に際しては、「指定に関する新しい視点」として、これも私たちのほうで強く言ってきたことですが、1点目は財源の問題も含めて、グループホームを指定するときは、入所施設の定員を削減するところを最優先にするということです。こうした指定の優先順位の中で、20ぐらいの施設から入所施設の定員を削減してグループホームを開設したいという申し出がありました。

2点目は、これまでのグループホームは比較的しょうがいの軽い人たちを対象にしてきましたが、これからは重いしょうがいをもっている人たちのグループホームの開設に取り組む、そういうところを優先的に指定するということです。

3点目として、グループホームは必ずしも終の棲家ではない、しょうがいの重い人たちはそういった場合もあるかと思いますが、グループホームで暮らしている人たちの中には、一人暮らしをしたい、結婚をしたいという人も多くいます。そういった面を考慮して、グループホームからさらに次の自立した生活へという取り組みをしているところを優先しようということです。

4点目として、高崎市に「国立のぞみの園」という最もしょうがいの重い人たちが入所しているコロニーがあり、積極的に地域移行を進めようとしています。この施設の開設当時、重複しょうがいの人たちは、都道府県の施設では受けとめられなくて、全国から国立コロニーに入所していったという経過があります。国立コロニーは1970年に開設されたわけですが、北海道からも11名の人たちが入所し、それ以来30年以上にわたってほとんど帰省し

ていないという人もいます。その人たちに北海道に帰ってきてもらおう、そのためにその人たちを受け入れるグループホームを優先しようということになりました。

　5点目として在宅しょうがい者の利用ということです。これまでは、主に施設事業者がグループホームをつくっていましたので、入所者のうち比較的手のかからない人たちからグループホームに移行していました。ケアが少なくてもよい人たちが移行して、その後に養護学校等を卒業した人たちが新たに入所する、在宅から施設に移るという形です。このような流れの中で、在宅の人たちがダイレクトにグループホームに入るということがあまりありませんでした。そうではなくて、在宅者がグループホームを利用したいということであればそれを受け入れる、そういったところを優先しようということです。

　6点目として、地域移行計画やグループホーム整備計画等の計画をたてている市町村を優先するということです。こうした優先順位のもとで緊急に400人分のグループホームを指定したということです。オーストラリアのような本格的な動きではなくて、北海道や伊達市のマイナーな動きですが、実践について報告させていただきました。（拍手）

河東田　かけ足で発表していただきましたが、伊達、もしくは北海道での新しい動きがよく伝わってきたのではないかと思います。最後に報告をしていただいた北海道での優先順位をつけながらグループホームをつくっていく、もしくは地域生活支援のシステムをつくっていく、これはほかの自治体でもとても参考になるのではないかと思います。

　では、まだ時間がございますので、小林さんに対する質問をいただきます。まず、レスリーさんに小林さんのお話の感想を聞いてみましょう。

レスリー　大変興味深かったです。特に受け皿の重要性に着目していらっし

ゃるというところが大事だと思いました。すいません、日本でのケアの歴史というものを知らないものですから、最初の施設ができたのが1968年だったのでしょうか。

小林 そうではなくて、公立のコロニー（知的しょうがい者総合援護施設）が初めて開設されたのが1968年です。それ以前に、数は多くありませんが小規模の子どもの施設や大人の入所施設がありました。

河東田 日本で施設が最初にできたのは1891年、東京の滝乃川学園というところです。では、客席で手を挙げていらっしゃる方、ご所属とお名前をおっしゃっていただき、ご質問をお願いいたします。

C 「埼玉県移送サービスネットワーク」のCと申します。小林さんの話の中で、伊達の町だけでなく、地元にも数多く帰っていくとおっしゃられました。地元に帰っても、地元のグループホームに入居する場合が多いと思いますが、そういう人たちに対する援助の仕方というのはどのようになっているのでしょうか。それぞれの地域に任せてしまっているのかどうかもお聞きしたいと思います。

河東田 小林さんよろしくお願いいたします。

小林 当時のコロニーは終生保護施設として、一生涯にわたって面倒を見るというイメージが強くありました。しかし「太陽の園」はいち早く社会復帰に取り組み、社会復帰するにあたっては、それぞれの生まれ育った地域に帰っていくということを原則にしました。しかし、知的しょうがい者の場合、アフターケアのない社会復帰は考えられません。ですから1973年から10年間、私はケースワーカーとして出身地に帰った人たちのアフターケア

のために北海道全域を駆け巡りました。出身地への戻り方は、家庭に帰った人もいますし、働ける人は地元の通勤寮等に戻った人もいます。それから当時は、住み込みのような形で職親さんにお願いしたケースもありました。さらに、地元に入所施設ができると、できる限り近くの人はそちらに移るように働きかけました。そんな形で地域移行が始まった当初の10年間は、全道を駆けずり回るというのが実態でした。今は、北海道は21のしょうがい福祉圏域に地域援助センターがあり、それぞれのエリアで支援することになっていますので、地元に帰るとそこにケアを引き継ぐという形になります。伊達市地域生活支援センターは、伊達市を中心とした西胆振6市町村をエリアとして支援活動を行っています。

河東田　基本的なご回答はいただいたと思いますが。そのほかにはいかがでしょうか。

B　浦和大学のBです。小林さんのお話は何回かお聞きしていて、いつもこれでいいのかなというのがよく自分ではわからないのです。日本の地域の中で異常にしょうがい者の方が多い地域になっていますが、そのことをどう考えておられますか。また、結婚されている人まで支援の対象になっているようですが、結婚されれば別に支援の対象から外れてもいいのではないかと思いますが、その辺はどのように整理されておられますか。

　それからもう一つは、ケースファイルみたいなものがどこかにあるのでしょうか。例えば、何人の方がどこにおられるのかというものが、常に支援センターでわかっているということは、何らかの形でそういう方をファイルみたいなもので管理しているのでしょうか。その二つです。

河東田　恐らく多くの人が知りたがっている内容だと思います。じゃあ、小林さんお願いします。

小林　伊達にしょうがいのある人たちがたくさん集まっているというのは、決してノーマルなことではないと思います。しかし、しょうがい者を一度施設等に集めてしまいますと、10年20年とその施設に暮らしている間に、出身地に戻れなくなってしまいます。例えばここにいる方の中にも、ふるさとは田舎だけれども、若いころに東京に来て、もうずっと東京に住んでいるので、ふるさとには知り合いもいないという人がたくさんいると思います。何らかの理由でふるさとに帰れなくなった人は、結果的に伊達の市民になります。こうした傾向は、善し悪しの問題ではなく、現実的な対応として今後も続くと思います。

　それから結婚している人までケアが必要なのかということですが、わたしは必要だと思います。私は今眼鏡をかけています。この眼鏡があることによって普通の暮らしができます。私にとって、この眼鏡が一生涯必要なように、知的なしょうがいがある人たちについては一生涯にわたる人の支援が必要です。それは施設で暮らしていても、グループホームで暮らしていても、家族と暮らしていても、あるいは結婚したとしても、やはり人の支援が必要なのです。支援が要らなくなった人は、それはしょうがい者ではない人で、当然私たちの支援から外れていきます。支援を求めてくる限り、どこに住んでも、しっかりとサービスを届けるのがわたしたちの使命だと思っています。それから、支援センターには登録者全員のケース台帳があります。

河東田　本当はもっと議論をされたいのだろうと思いますが、多くの方に、もう少し最近の伊達のことを知っていただくために質問を出していただきたいと思います。その後で、レスリーさんから一言いただきます。レスリーさんも一言とおっしゃられています。ほかにどなたかいらっしゃいませんか。

　はい、それでは車いすの方お願いいたします。

D　さいたま市の市議会議員をしておりますDと申します。2005年度、グループホームが400カ所認められたというのはすごいことだと思いますが、やはりこういうことは予算がないとできないことだと思います。これでどのくらい予算がついたのでしょうか。さいたま市は、福祉の予算を取るのがものすごい大変でなかなか認められないところがありますが、もしおわかりになりましたら、どのくらいの予算がついたのかを教えていただければと思いました。

小林　グループホームが400カ所認められたのではなく、北海道全体で100カ所400人分が認められたということです。

　北海道では予算がないということで、これまで毎年100カ所分しかグループホームが認められていませんでした。しかし入所施設の予算をグループホームに移せばよいわけで、入所施設から地域への移行を進め、入所定員を削減したところからグループホームの開設が認められました。しかしこれには難しい問題があって、入所施設と地域支援のコストが違います。入所施設はパックで支援しますから安上がりです。しかし地域支援のほうは、パックではなくサービスが小分けとなりますので、その分だけどうしてもコスト高となります。自立支援法の中で、「イコールフィッティング」ということが強調されていますが、入所施設も地域生活支援も、同じ要介護状態の人であればどのサービスを使ってもコストを同じにしようということです。入所施設も昼と夜を分離したサービスとなりますが、入所施設から園内の日中活動に通う人も、施設から出てグループホームから通所施設に通う人も、原則的にはコストを同じにしようという考えです。

　これでは地域移行は進みません。地域に出たほうが2～3割のコスト高になるからです。施設の予算よりも地域支援のほうが絶対にコストが高くなります。それでもしょうがいのある人たちの願いに応えて、地域移行を進める、これはお役人の仕事でもありますが、政治の世界でもあります。地域福祉が

進めば進むほど予算が増大していきますが、そのことをいかに市民に理解してもらえるか、ここが重要なポイントだと思います。

河東田 埼玉県でもぜひチャレンジしていただければと思います。また、午後のディスカッションの中で取り上げていただく課題がたくさん出てきたと思います。
　では、午前中を終わるにあたりましてレスリーさん、一言お願いいたします。

レスリー 伊達の話を聞いていますと非常に興味深く、コミュニティの側の態度というものが変わってきているのではないかと思います。そういう意味では、研究結果のようなものでコミュニティの態度が変わってきていますよというものでもあれば見たいと思います。

小林 市民の意識調査を実施したことはあります。

河東田 調査結果の資料は残念ながら日本語だということです。お二人のお話からヒントを得たことがたくさんあったのではないでしょうか。一方で疑問もたくさん出たのではないかと思います。そうしたことを、お手元のアンケート用紙に記入していただきたいと思います。今お書きいただきたいと思います。では、とりあえず、午前中のお二人のお話とそれを基本にしたやりとりをこれで終了させていただきます。どうもありがとうございました。また午後お会いしたいと思います。(拍手)

●午後の部

河東田 では、午後の部を始めたいと思います。これから杉田穏子さんに私たちが行ってきた取り組みの一端を、皆さんに報告させていただきます。で

は、杉田さんよろしくお願いいたします。

地域移行に関する調査結果から「入所施設の意義」を考える
（杉田穏子）

　よろしくお願いします。「地域移行に関する調査結果から『入所施設の意義』を考える」というタイトルで発表させていただきます。

　2002年度から2003年度にかけて、私たちの研究グループは2種類の調査を行いました。その一つは、地域移行、本人支援、地域生活支援について全国の知的しょうがい者入所施設を対象に、郵送によるアンケート調査を行ったというものです。もう一つは、2003年度、日本において早くから地域移行に取り組んでいるA施設において、本人、家族、職員の方を対象にインタビュー調査を行ったというものです。さらに2004年度には、入所施設を持たないで在宅からグループホームへの支援を積極的に行っているB施設においても同様の調査を行いました。

　今回は、これらの結果をもとに、全国のアンケート調査からは日本の地域移行の現状をお伝えし、インタビュー調査からは、二つの施設の調査結果を比較しながら今後の入所施設の意義に焦点を当てて発表していきたいと思います。

　まず、全国のアンケート調査の概要ですが、調査の期間は2004年2月から3月、調査の方法としては、郵送法を採用しました。対象となった施設は、全国の知的しょうがい者入所施設、つまり入所の更生施設、授産施設、しょうがい児施設、通勤寮です。全対象施設は2,036施設で、そのうち回答を返してくださった施設は1,365施設で、回答率は67%でした。

　次に調査の結果を示します。対象となった施設の入所者数は8万330人でしたが、調査の中で2001年度、2002年度に施設を退所された方は何人いるかと聞くと、2年間で施設を退所された方は3,867人という回答でした。しかし、この人たちの移行先はどこかということをさらに尋ねますと、私たち

が地域の住まいとして考えていますグループホーム、アパート、福祉ホーム、社員寮というようなところに移動した人は1,973人で、そのほかの人は家族や親戚に引き取られたり、ほかの施設や病院に移っているという人が1,894人おられました。これらの結果から、1年間では入所施設から地域の住まいへ移行した人は、平均すると987人であるということがわかり、全体の入所者数8万330人のたった1.2%という結果でした。

次に地域生活を支援する事業について、グループホーム事業を行っているか、日中活動の提供をしているか、自活訓練事業を行っているかの三つについて尋ねました。その結果、グループホーム事業を行っていた施設は、46.7%でしたが、グループホーム事業を行っていないという施設は半数以上の52.4%でした。

次に、地域生活者への日中活動の提供、つまり通所授産施設や通所の更生施設などを実施していた施設は64.6%でした。実施していないという施設は30.7%でした。次に、自活訓練事業の実施状況について伺いました。自活訓練事業というのは、入所施設から地域の住まいへ移行する際に準備をするために一時的に住む地域生活の場です。自活訓練事業には、国の自活訓練事業と自治体の補助事業、あるいは法人が独自で行っている無認可の自活訓練事業というものがありますが、そのどちらも実施していないところが59.6%という結果でした。

日本においても長野県の「西駒郷」ですとか、宮城県福祉事業団の「船形コロニー」、独立行政法人国立「のぞみの園」に見られるように、大型の公立、国立の施設が施設解体、定員削減といった方針を打ち出しています。しかし今見てきましたように、私たちが調査したアンケート結果の数字を見ると、施設から地域の住まいへ移行している人は1.2%で、ほぼ100人に1人という数字でした。また半数以上の施設は、グループホーム事業を行っていなかったり、自活訓練事業も行っていませんでした。このようなことから、日本の地域移行の動きはまだまだ主流にはなっていないということがわかり

ました。

　このように全国のアンケート調査の結果を見ると、現在までに地域移行を推し進めているという施設はむしろ少数派で、その意味で次の調査に協力してくださったA施設というのは、先駆的な取り組みであると考えることができると思います。しかし、次に示しますように、A施設での実践というのは訓練中心、能力重視の地域移行、地域生活支援となっています。ここでは訓練中心に行った地域移行の取り組みというのは、地域生活において本人にどんな影響を与えるのかということを示していきたいと思います。そのことを明らかにするために、入所施設は経ずに在宅からグループホームへの移行を推し進めているB施設でも同じ調査をしてみました。その結果を示しながら話をしていきたいと思います。

　二つの施設の概要ですが、運営主体はどちらも民間の社会福祉法人です。A施設は開設してからもう既に30年経っていました。地域移行をし始めてからも20年経っています。一方B施設というのは、親の会が中心になってできた通所の授産施設で、15年前に始められました。12年前からグループホーム事業も行っており、在宅からグループホームへの移行を積極的に行っている施設です。

　どちらの施設でも本人、それから職員、家族にインタビューを行いました。調査人数は、本人がA・12人、B・18人、職員はA・10人、B・9人、家族はA・10人、Bも10人でした。対象となった本人の平均年齢は、A施設では34.2歳、B施設では36.5歳でした。A施設での本人の地域に住んでからの年数は平均で11年でした。

　次に、調査の結果から特徴的に見られたものをお話ししたいと思います。まず、グループホーム等への移行プロセスですが、A施設では非常に多くの段階が設けられていました。入所施設、施設内自立訓練棟、地域自立訓練棟、グループホームというような段階です。各段階の移行時には、説明や見学、それから体験というものが行われていて、そのことは本人の不安感を軽

減させるのにとても役立っていました。しかし、誰が移行するのかという移行可能者、それからいつ移行するのかという時期、どのグループホームに移行するのかという場所、誰と生活するのかという共同入居者、そして地域移行をしてからの引っ越しの決定については、本人はほとんど関与していませんで、実質的に職員や施設の側が決定していました。
　Ａ施設のインタビューの中で、ある本人は、入所施設から出られるだけでうれしかったと語ってくれました。施設を出るのを決めたのは誰かと尋ねると、ある本人は、頑張った人から順番に出していく、自分たちで掃除やいろいろなものを努力して、それを職員が見ていて頑張った人から順番に出ていく。職員が「ＯＫ」と言ってくれたら出られると語ってくれました。このＡ施設では、本人が規則を守れないと罰を与えるということを言っていたり、職員が決めた本人のそれぞれの目標というものがあり、その目標の達成度を職員が評価します。そのために、自然に職員と本人の間にははっきりとした上下関係ができていました。それでも、自分のことなのにそう決められて怒っているかと言えばそうではなくて、移行可能者に選ばれたということが非常にうれしいこととしてとらえられていました。その背景には、プライバシーがない集団管理的な入所施設からとにかく抜け出したいという強い動機があったと思われます。
　一方Ｂ施設のほうは非常に単純で、在宅から直接グループホームという流れだけです。通所授産施設に通っている人たちに対して、職員たちがグループホームへの移行を促すために宿泊体験をしませんかというような募集をやっていました。ほかにはグループホーム入居者の体験談を聞くという試みもされていました。もし、本人が興味を示せば、実際にはグループホームではないようなところで宿泊の体験をして、その結果、もっとグループホームへの興味が出てくれば、実際のグループホームでの宿泊体験を行っており、その結果を踏まえて、本人、親、職員で話し合いがなされて、さらに本人が入居したいグループホームに既に入っているメンバーの意見、「この人が入っ

てきたらどうですか」という意見も聞きながら、グループホームへの入居が決定していました。このようにB施設では、グループホームに入居すること、どのグループホームに入るか、いつ入るか、誰と生活するのかということについても、宿泊体験を行いながら基本的には本人の気持ちや希望を尊重しながら対応していました。

　インタビューの中で、ある本人は、長い間自宅から通所授産施設に通っていて、父親に「自立してくれ」と言われたのでグループホームの練習を始めて、2週間練習をして、その結果職員にどうするかと言われて、自分で「入ります」と答えたと語ってくれました。それから別の人は、自分から入りたいと思ってグループホームに入った。初めはホームで宿泊体験をして、「うわ、こんなことができるんだ」と思って、「入れるところはありませんか？」と尋ねたら、AというグループホームとBというグループホームがあると言われ、自分はBを選んだ。それはAというグループホームには日中活動であまり気が合わない人がいるからBを選んだと答えてくれました。また別の本人は、初めは家から日中活動の場に通っていたけれども非常に遠かったので、グループホームに入りたいと自分から希望をした。Cというグループホームを見たけれども、非常に若くてにぎやかな人が多かったので、自分は静かに暮らしたいと思ったのでDというグループホームに入ったと語ってくれました。

　このように、考えながら余裕をもって選択できるのは、A施設のグループホームへの移行と比べて在宅からグループホームへの移行をしているB施設のほうでした。在宅での生活はひどいものではなくて、むしろ在宅からグループホームへの移行というのは家族からの自立という点に力点が置かれていたからではないかと思います。

　次に、「あなたのグループホームでは何か決まりがありますか」という、質問をしました。A施設の本人たちは、回答が得られた10人全員が「決まりがある」と答えました。どんな決まりかというと、就寝時間、起床時間、

帰宅時間、禁酒、あいさつ、人の物を取らない、仲よくする……というようにさまざまな規則が語られました。ある本人は、決まりは帰宅あいさつ、手洗い、うがい、食事準備、就寝9時、起床6時、洗面をして食事用意、しなければ世話人に怒られていた。この間自分も食べないで捨てたら職員に怒られて怖かったと語っておられました。A施設の特徴ですが、決まりについて尋ねると、回答内容も、「帰宅あいさつ、就寝9時、起床6時」というように、私たちが日ごろ生活の中で使うような言葉ではなくて、かたい言葉で語っていたのも一つの特徴であったと思います。

さらにこのA施設では、グループホームでのお酒が禁止されており、ここでも飲めればいいと思っているとか、入居時に地域サービスセンターとの約束で帰宅時間は5時になっているがもう少し遅くしてほしいと思うというように、決まりは変えたいと思っているけれども、それを言ってみたらどうかと言うと、「それは職員には絶対に言えません」というような言葉が返ってきました。私が不自然だと思ったのは、多くのグループホームでは洗濯当番というのが決まっていて、その当番の日は、グループホームの仲間の4人分、5人分の洗濯をその人が全部するというような当番を決めていたことです。このような決まりには、入所施設での日課の影響がとても色濃く見られていると思います。

一方でB施設では、決まりは「あると思う」と答えた人が4人、「ないと思う」と答えた人が7人でした。例えば、ある本人は、「起きる時間は仕事によってみんな違う、寝る時間も違う、決まりは夕食を一緒に食べることだ」と語りました。それから別の本人は、「決まりは特にない、遅くなるときや友達と遊びに行くときは前もって電話をしておけば大丈夫」と答えていました。また、私がインタビューをした日に、今朝は何を食べてきたのかと聞くと、「実は今日は寝坊をしたので、朝は何も食べていません」と、ちょっと決まり悪そうな顔をする人がいたり、インタビューのときに、グループホームを訪問したときもありましたが、「ちょっと部屋が散らかりすぎてい

るので居間でやりましょう」と、自分の部屋に入られるのを躊躇する人がいました。あるいは休みの日にビールを飲むことが一番の楽しみと語る人もいました。このような語りは、私自身の日ごろの生活に非常に近いと感じました。

　でも、グループホームですから、トイレやおふろを共同で使っているということは、A施設もB施設も同じでした。グループホームによっては、B施設の場合は当番制を取っているグループホームもありました。どんなふうに当番を決めたかと訪ねると、ある人は、最初は順番を決めないで適当に気づいた人がやっていたら、いつも同じ人ばかり、気の利く人がいつもやることになって、それに気づいて自分がこれではおかしいから順番を決めようと言って、みんなで決めたと語ってくれました。こんなふうに、問題があれば本人たちが自分で自然に解決している様子がうかがえました。こんなふうにB施設では、一人ひとりが、制限はありますが自分の生活や仕事に合わせて比較的自由に生活している様子がうかがえました。

　それから、帰省回数についても比較をしてみました。このインタビュー調査をお願いするときに、条件として親御さんへのインタビューもする関係で、親御さんとの関係が切れていない方、つながっている方というのをわざわざ選択していただきました。それでもA施設の場合は、毎週帰るという人はだれもいませんでした。年に4～6回という人が2人、年に1～3回という人が6人でした。入所施設というのは、地域から離れたところにあるというのが一般的で、このA施設も例外ではありません。実際に、家族との距離が離れている人が多く見られました。入所期間が非常に長期化している人たちの多くは、家族がいても既に関係はなくて帰省できないというのが実態でした。

　一方B施設では、毎週帰省するという人が5人、年に4～6回という人が1人、1～3回の人が8人、帰省しないという人も1人いました。特に毎週帰省する5人の方たちにとっては、帰省するということは生活の変化、生

活の一部になっていて、例えばある本人は、土曜日はゆっくりしてグループホームにいて、日曜日に家に帰ると。家ではテレビを見たりカラオケに行ったりして特別なことはしないけれどもすごく楽しいとか、実家でテレビを見たり、自転車に乗ってみたり、散歩や釣りに行ったり、おふろ屋さんに行ったり、犬と散歩をしたり、特別にどこかに行くということではないですが、とても楽しく生活をしているということがわかりました。

　こういう結果から、一体入所施設の意義というのは何なのかということをもう一度問い直す時期に来ているのではないかと思います。A施設においてグループホームへの移行のプロセスで、自分に関する重要な決定を本人ではなくて職員が行っているという実態がありましたが、地域生活においても職員の決めたことには従わなくてはならないという上下関係をつくりだしていました。そしてそのことは、生活の決まりを変えるという、自分に関することも自分で決めたらいけないんだという考え方をつくり出していたと思います。それから、地域生活においても施設の日課の影響というのが色濃く見られていました。そして最後に示しましたように、家族との関係の希薄さが見られたと思います。

　なぜ入所施設がつくられてきたかという背景には、いろいろな理由があると思いますが、その一つに、知的しょうがいをもつ人は自分の重要なことは決められないのではないかということ、あるいは知的しょうがいの人は訓練が必要、地域で生活するために訓練しなければならないのではないかという、私たちの今までの思い込みがあったのではないかと思います。

　しかし、今報告してきたB施設のように、本人たちが非常によく考えてグループホームに誰と住むとか、なぜ住みたいかということを自分たちで選択していることがよくわかったと思います。それから、グループホームという共同生活ですが、初めから決まりがあるというのではなくて、生活の中で課題が出てきたらみんなの力で解決していく、そういう力もあるということがわかりました。このようなことが可能になるためには、グループホームに

入る前の今の生活が、入所施設のようにとてもひどいからどこでもいいから行きたいというのではなくて、現在の生活が安定し、生活がひどくないこと、情報提供もきっちりなされていること、体験を伴って考える機会が十分に与えられていること、職員に対等に自分の意見を言えること、「これを言ったら自分はグループホームのチャンスを与えてもらえないのではないか」ということではなくて、対等に「嫌なら嫌」という意見を言える、そういう関係性が求められてくるのではないかと思います。このことは、このような配慮があれば知的しょうがいをもつ人も十分自分に関する重要なことを決定する力を持っているということを示しています。

　これまでは能力のある人だけが地域で生活ができると思われてきましたが、今は誰もが地域で当たり前に生活できるようにしようという考え方に変わってきています。今回、本人だけではなくて、親御さんや職員の方にもインタビューをしましたが、入所施設について今後も必要だと思うかと尋ねると、例えば自分の娘や息子が地域に移っている親御さんであっても、「やはりうちの子どもは軽いけれど、重度の人のためにも必要ではないか」という回答が多く見られました。重度しょうがい者のためのグループホームというのは、国の制度としては現在は不十分ですが、地方自治体の補助を受けたり、各地で地道な実践が継続されていて可能だということがわかってきていると思います。今後は、24時間体制で支援できるようなグループホームを、国の制度として整えていく必要があると思います。

　この間成立しました障害者自立支援法の中のケアホームというのが、そのような範疇にあるのかもしれませんが、福祉関係者の話題の多くは利用料のことです。1割負担ということに大きな関心が向けられていますが、私自身は、入所施設というものが、まだ自立支援法の中で障害者支援施設と位置づけられているということに非常に大きな疑問を感じています。入所施設も、生活の場と日中活動の場が分けられるという決まりができましたが、その内容はまだ何も詳しく決まっていません。お金が分けて配分されるというだけ

で、どのように離さなければいけないかということもあいまいなままだと思います。私自身は、入所施設は、今入っていらっしゃる方の希望に添いながら、地域への移行をどんどん加速させるとともに、大事なのは、新規の入所者を受け入れないことではないかと思います。そして、その役割を終えていく必要があるのではないか、新たな地域移行者をつくりださないということも、地域移行の非常に大事な課題ではないかと思っています。

　例えばB施設のように、入所施設を経ずに在宅からグループホームへの移行というのが、今後の知的しょうがい者の地域生活の主流になっていくということが必要ではないかと思っています。また皆さんのお考えをお伺いしたいと思います。ありがとうございました。（拍手）

河東田　ありがとうございました。端的に短い言葉で伝えられると、時には刺激的な言葉に聞こえるかもしれませんが、彼女の思いも込められた調査結果を報告していただきました。

　予定よりも10分ほどオーバーしてしまいましたが、どなたか今の発表についてご質問がございましたら出していただきたいと思います。いかがでしょうか。いらっしゃらないようですので、シンポジウムに移らせていただきます。

シンポジウム　地域移行と地域生活支援を考える

河東田　では、これから、3人でのやりとりを行っていきます。その後皆様にもご参加いただき、話し合いを進めていきたいと思います。

　まず小林さんに、私から質問をさせていただきたいと思います。皆様からいただいた内容ともかみ合ってくるものではないかと思いますので。

　北海道・伊達での取り組みは、私たちに刺激を与えてくれました。地域移行のモデルともなっていきました。例えば、三つの約束、三つの条件ということで言われた内容、例えば条件で言いますと、住まいの確保、日中活動の

確保、そして相談事業・相談支援の確保、つまり地域生活支援センターの確保が条件になってくるだろうと思われます。十数年の取り組みのなかで、このことを証明してこられたのではないかと思います。伊達という町がしょうがいをもつ方々を数多く受け入れながら、ほかの町とは異なる取り組みが展開されてきました。その延長線上に北海道での取り組みがあり、予算も確保しながらしっかり計画を立てようという考え方になってきたのではないでしょうか。

　そこで小林さんにお伺いします。「太陽の園」はもともと道立の施設でした。現在は事業団が運営をしていますが、北海道という行政が後ろ盾になりながらさまざまな支援をしてきたのではないかということです。ところが、日本の福祉施設の75%もしくは80%近くが民間で成り立ってきました。そこで、「太陽の園」の取り組みがどの程度、どんなふうに今後民間施設に影響を与えていくのかをお教え下さい。

小林　伊達市にしょうがいのある人たちがいっぱい住んでいるので、特別な町じゃないかという印象を持っている人も多いかと思いますが、全くそんなことはありません。それぞれの町の中には、たまたまお年寄りが多くいる田舎町もあるでしょうし、東京のように大学があって若者が多く集まっている都会もあります。そこが暮らしやすかったり、あるいはそれぞれの目的があってそこに住んでいるのだと思います。同じように伊達市はしょうがいのある人たちが多く住んでいるというだけのことで、ほかと変わりのないごく普通の町です。もう一つの質問ですが、先ほどの杉田さんの話にもありましたが、日本の場合は、施設解体とか地域移行を進めているのは公立施設が中心です。公立施設は、法律が変わったり、その県の知事の判断で、施設を解体することは可能です。ところが日本の施設の8割は社会福祉法人が運営しています。これは民間ですから、行政指導には限界があります。「あなたのところの施設をいますぐ解体しなさい」といった一方的な関与は難しいと思

います。欧米などは、州立施設が中心ですので、地域移行がし易かったと思いますが、日本は民間施設が中心ですので、法人自らが決断しない限り、施設解体は難しいと思います。かといってノーマライゼーションを標榜しながらさらに入所施設が増えていく現状については、厚労省も、自立支援法の制定を機会にその流れを変えようとしています。今までは何事につけても入所施設にいるほうが有利でした。例えば施設にいると年金が使い切れなくて貯金ができ、地域に出るとお金がかかるので家族が地域移行に反対します。職員にとっても、施設に勤めると職業として成り立つけれども、グループホームの世話人さんやホームヘルパーだと独立した職業として家計を維持することができません。ですから、大学で一生懸命河東田さんが地域支援の講義をしたとしても、学生さんがそちらの方向で就職しようと思ってもなかなか自立した給料をもらえる就職先がないと思います。最近日本では福祉系の大学が増えていますが、ここに大きな矛盾があります。ですから、これまでの「施設が得で地域支援は損」ということがないよう、条件をイコールにする、イコールフィッティングが自立支援法の基本的な考え方です。こうした時代の流れの中で、民間社会福祉法人も地域支援の方向にシフトして行こうという動きが出てくるのではないかと期待しています。

河東田　ありがとうございました。もしこのことに関して皆様方から何かご意見がございましたらお受けします。いかがでしょうか。恐らく80％の民間でまかなわれているさまざまな取り組みが今後どうなっていくのか、とても不安、もしくは難しいのではないかということも含めてご意見をいただきたいと思います。また、今後地域間格差だけでなく、施設間格差も出てくるのではないかと思うのですが、いかがでしょう。これは避けては通れない論議の一つかと思います。いかがでしょうか。

小林　「太陽の園」や私が勤務している「伊達市地域生活支援センター」を

経営している北海道社会福祉事業団は、大変な決断ですが、来年4月から完全民営化します。このことによって、予算を5年間で4割削減し、10年後には、正職員と臨時職員の比率を半々にします。また今年度勧奨退職制度を導入し、42名が勧奨退職に応じています。「太陽の園」は地域移行を進め、入所定員を80名削減しましたが、その裏返しとして職員の勧奨退職があったり、当分は新職員を全く採用できなくなったり、今までもらっていた給料が6割になったりといった大きな犠牲を伴うことになります。

河東田 今おっしゃられたことは、東京都でも起こっております。間もなく同じような動きが出てくるはずです。このような動きはほかの自治体にも確実に広がっていくと思われます。これから大変な時代がやってくるわけですが、それぐらいの大きな動きをしていかないと地域移行は進んでいかないのでしょうか。なかなか解決困難な問題ですが、状況は時々刻々動いているということの認識だけはお互いにしておきたいと思います。

　もう一つ、小林さんにお伺いしたいと思います。伊達の町に多くの利用者がやってこられました。さまざまな人たちによって多くの取り組みがなされていくわけですが、「地域に移り住みながら地域の方たちと生活をともにしていくためには意識の変革が必要なのではないでしょうか。特に、反対している親御さん、地域住民、職員、こうした人たちの価値観が変わっていかないといけないだろうと思います。そのためには、どうしたらいいと思いますか。おっしゃっておられますが、このことについてはいかがでしょう。もし変わってきたとしたら、変わってきた力は何だったのか、それをお教えいただきたい」。小林さん、いかがでしょうか。

小林 先ほどの杉田さんの発表の中で、A施設の地域移行は訓練中心にかたよっているという批判的な意見がありました。私は23年間入所施設に勤務しましたが、そのときは明らかに訓練中心の考え方でした。1986年に障害

基礎年金制度ができるまでは、働いてお給料をもらえる人だけが地域に住むことができました。グループホームなどの制度もありませんでした。ですから働いてお給料をもらって、そのお金で家賃を払い御飯を食べていく、これが自立だ、だから頑張りなさいと、頑張れコールを送り続けました。そのために体力づくり、生活自立プログラム、職業自立プログラムをトレーニングの3本柱として、徹底して訓練に取り組みました。多くの入所施設の地域移行は、そういったところからスタートしました。

　そんな時代の施設から地域への移行は、職場開拓から始まります。日本は、欧米と比べて知的しょうがいのある人たちの一般企業での就労率は高いと思います。伊達市でも、今は200人近い人が60カ所の企業で働いています。しかし最初はなかなかしょうがい者を雇ってくれるところはありませんでした。ですから、しょうがいのある人たちが働けそうな豆腐屋さんとか、木工場、お菓子屋さんなどを電話帳で調べて一軒一軒回りました。その時に、ほとんどの企業から、「大丈夫か？」と言われました。それは働けるのかという意味もありましたが、もっと聞かれたのは「火をつけないか」とか、「盗まないか」とか、「子どもに悪さしないか」といったことでした。ですから最初は「私たち職員も一緒に働きます」、「実習という形で賃金は要りません」というところから始まりました。何しろ30年以上も前のことですから私たちも若かったし、本人たちもよく頑張ってくれました。そうした中で、「もう職員はついて来なくていいよ」ということになり、また「雇ってもいいよ」というふうに変わってきました。しょうがい者が実際に働いている様子を見て他の企業でも徐々に採用が増えていき、だんだんとしょうがい者の雇用が拡大していきました。

　「住まい」についても同じで、最初は誰も家を貸してくれませんでした。手頃な物件があって貸してほしいと言うと、必ず「火事を出さないか」と言われます。ですから最初は職員が一緒に住み込みました。それから町内会にも事情を説明にいきました。それでも、なかなか貸してくれなくて、たま

たまお花のボランティアに来ていた春木さんという方が、ボロボロの下2戸、上2戸のアパートを持っていて、下の1戸が空いたから貸してあげるよと言ってくれたのが、伊達の地域住居の始まりでした。ところが隣の人が引っ越してしまいました。しょうがい者の隣に住むということが不安だったのではないかと思います。「これ幸い」と思って隣も借りたら、二階の人もいなくなってしまい、アパート全部を借りることになりました。その家はボロでもうなくなっていますが、伊達の地域生活支援はそういうところから始まりました。

　今は逆にしょうがいのある人たちが借りてくれるなら、新たに借家を建ててもいいよという人が多くいます。家賃を取りっぱぐれることはないし、何かあったら私たち支援者が飛んでいきます。最初によく言われことは、「しょうがい者はよく知らないけれども、あんたたちを信用して貸すよ」ということでした。ケアする側を信頼できるかどうかということが、市民や家族の理解を得るための原点だと思います。デンマークのことわざに、「見えなければ思うことがない」というのがあるそうです。伊達の町には300人以上の知的しょうがいのある人たちが住んでいますから、隣に住んでいたり、一緒に会社で働く場面が日常的にあります。朝出勤するとき、しょうがいのない人たちは車で移動しますが、子どもとしょうがい者は歩くか自転車です。だから町にしょうがい者が歩いていたり、暮らしていることが当たり前の風景なのです。いつもしょうがい者が見えるようになると、市民の方々はあっという間にしょうがい者になれていき、どうしてしょうがい者を疎外するのか、そのほうが不思議だと思うようになります。

　私たちは最初必死になって訓練によりしょうがい者が町に適応できるように努力しました。しかしこれには限界があります。そうではなくて、あくまでも町のほうに、市民のほうにしょうがい者に慣れてもらう、理解を深めてもらうということが、とても大事なことなのではないかと思います。

河東田　ありがとうございました。質問をくださった方、とりあえずそれでよろしいでしょうか。今、お話を伺っていて私なりに感じたことが二つございます。一つは日本の特徴かなと思う部分と、もう一つは外国ではどうだろうかということです。そこで、次にレスリーさんに質問してみたいと思います。小林さんのお話を伺いますと、約20年ぐらいものすごい努力の積み重ねがなされながら、ようやく今新たな法制度ができて、国がかりで動かそうとしている。そういう地道な積み重ねの後に法制度ができるという動きが、欧米にはたくさんあります。オーストラリアではいかがでしょうか。

レスリー　まさにおっしゃったとおりだと思います。いろいろな政府に働きかけるというようなロビー活動とか懸命な努力が必要ですが、小林さんのおやりになったこと、私は大変感銘を受けながら聞いておりました。町に出て一つひとつやっていくというやり方、これは非常に重要だろうと思っています。70年代にオーストラリアでも状況が変わり始めたのですが、法律的枠組みをつくるのに1986年まで待たなければなりませんでした。

河東田　ありがとうございました。国という枠を越えて同じようなプロセスをたどりながら努力の結果として法律や制度が整えられていっているようです。
　先ほど小林さんがケアをする人を信用してもらえるかどうかだとおっしゃいました。苦労の多い実践が地域には数多くあるわけですが、そうしますと、私たちが信用されるようにするために苦労を厭わない仲間がたくさん増えてこないといけないわけです。そうしますと、当然のごとく職員の研修、彼らにかかわるスタッフやヘルパーの研修が求められてくると思います。レスリーさん、オーストラリアではどのような職員研修をなさっておられるのかをお教え下さい。

レスリー　技術面でのトレーニングも必要ですし、大学教育といったものが必要になってくる場合もあります。しかし、直接的にケアをするということになりますと、コミュニティで生活をする人に対する支援をするための訓練を受けてその種の資格を得なければなりません。そういう意味では、多くの組織が行っている職員研修の中に、価値観の変容を迫るような訓練が行われなければならないと思います。

河東田　ありがとうございました。しかし抽象的でわかりにくかったかもしれませんので、次の質問に答えていただいて、もっと具体的にしていきたいと思います。「レスリーさんのご発言の中で、施設スタッフが持っている支援技術は、地域生活支援には役に立たないと言われておりました。具体的にどういうところがだめなのか、変容のための研修とはどんなものなのかをお教え下さい」。レスリーさん、いかがでしょうか。

レスリー　変わりたいと思っているけれども、施設で覚えた価値観をそのままコミュニティ生活の中に持ち込むような職員もおります。また、全然自分の考え方を変える必要はないと思っているような人もいます。そういう人は、もはやしょうがいに関わる仕事には向いていないと思います。自然にやめていくということになります。では訓練の中でどうやっていくのかということになります。従来のものとは違ったものの考え方をするにはどうすればいいのかといったトレーニングをします。その際、やはりお手本になるような人がいて、その人が従来型の枠にはまった考え方ではない、よりしなやかな考え方、しなやかな仕事のやり方といったものを示す、お手本になるような人がトレーニングの場に来て話をしたりお手本を示したりすることが必要になります。

河東田　ありがとうございました。小林さんのところで、さまざまな地域移

行の取り組みをされてこられました。恐らく同じような悩みや課題を持っていらしたのではないかと思いますが、地域生活を支援をするにあたって今までどのような職員研修を行ってこられましたか。

小林　格別なことはしていません。ただ、私どものスタンスとしてとても大事にしているのは、職員間の共通認識を図るということです。ですから、朝の打ち合わせ、夕の打ち合わせ、夜の打ち合わせと毎日3回の職員ミーティングをやっています。あとは毎週行っている職員会議等の中で、研修的な要素を取り入れ、理念や支援技術の共通化を図っています。

河東田　ありがとうございました。では、杉田さんに伺います。先ほどの報告の中で、職員研修についても触れておられました。地域に出ていっても、また施設化が再現されてしまう危険性があるため、職員研修がとても大切なのではないかと言われましたが、杉田さんならどのように答えられますか。

杉田　実際に職員に研修をしたこともありませんし、何が言えるというわけではないのですが、調査をしていて驚いたのは、先ほどレスリーさんが言われたように、入所施設に長くおられた職員の方は地域に出られても、同じ関わりをしているということです。それが職員のすることだと思ってらっしゃるようです。つまり、何でも決めてあげる。そうすることがサービス提供だと考えておられる方が多いように思いました。

　小林さんのお話をうかがっておりますと、地域の人にわかってもらうという発想ではなくて、ボランティアをしたり、何かいいことをして気に入ってもらおうという関わりのように思います。真実を隠すと言ったらおかしいですが、とにかく適応しないといけない、そのままではいけないというような発想のように思えてなりません。

　お話を聞いていていいなと思ったスタッフが、Aという施設にいらっしゃ

いました。在宅からグループホームに来られた方がおられて、「寝る時間が決まっているのはおかしいじゃないか」と言われたそうです。そのスタッフの方は、「ああ、自分たちはおかしいんだ」と気づかれました。伊達の職員の方にも同じような気づきをされた方がおられました。昔は施設でいちいち今日は何をやるかという報告のミーティングをやっていたけれども、地域でグループホームに分かれて住むようになると、ミーティングは物理的にできなくなってしまい、「今まで自分たちは不自然なことをやっていたんだ」ということに気づかれたそうです。「そんなものはむだだからやめてしまおう」ということになったそうです。そういう気づきから新しい動きが生まれてくるのではないかと思っています。

河東田　ありがとうございました。職員研修につきましても皆さんからご意見をいただければと思っているのですが、もう少しやりとりをさせていただいた上で、一つ、二つご意見をいただきたいと思います。

　先ほど小林さんは、「のぞみの園」のことを例に出して、北海道出身の方については何とか受け入れの枠をつくろうとしているとおっしゃいました。東京都にも同じように都外施設がたくさんあります。同じような動きになればいいのですが、なかなかそうはならない。いろいろな理由をつけて渋っているのが実態です。そのことについて小林さんはいかがお考えでしょうか。

小林　都外施設の問題は、受け皿ができて東京に戻ってこれればそれに越したことはないと思います。都外施設に入所している人は4千だったか6千人だったか、そのぐらいの数がいると思いますが、果たしてその受け皿をつくっていけるのかどうかというとはなはだ疑問です。

　望んで秋田や青森の施設に行った人は少ないと思いますが、住めば都で20年、30年と暮らしてしまうと、東京よりそこのほうが居心地がよくなっている人もいるかもしれません。例えば私の子どものころ集団就職という言

葉がありまして、北海道の田舎では就職先がないから、わたしの同級生も中学や高校卒業と同時に東京に就職した人がたくさんいます。そして長年東京に住んでしまうと、もうほとんど田舎に戻る人はいないと思います。来るときは泣く泣く来たかもしれないけれど、長く住むと、そこに親しい人間関係ができて、いつの間にか一番居心地のよい場所になってしまうということもあります。同じように、しょうがいのある人たちも何が何でも生まれ育った所に戻らなければならないというふうに考える必要はないと思います。最終的には、本人がどこで暮らしたいのか、現住所か出身地か、選べることが大切です。東京に帰りたいという人を「あなたは東京には戻れない、だから都外施設で暮らしなさい」という状態にしてしまうのは、とても不幸なことだと思います。

河東田 私は今、東京の国立というところで、地域保健福祉計画の策定に関わっているのですが、しょうがい者関係の計画の章で、脱施設、脱病院を打ち出し、その受け皿をしっかりつくっていけるような取り組みをしようという計画を立てました。行政もその考えを受け入れてくださいましたので、その方向で進んでいくと思いますが、この問題は、ご本人のこともさることながら、私たちの問題でもあるのではないかと思います。私たちはこういう場所をこのように用意し、今後こうしていきますという計画をつくり、提示していく必要があると思います。

　では、次の質問に移っていきます。多くの方から、しょうがいをもっている方々の終の棲家はどこになるのかという質問をいただきました。入所施設は困る、じゃあグループホームなのか、グループホームも終の棲家としては困ると思っていらっしゃる方が多くいらっしゃると思います。それでは、ケアつきの自立アパートなのだろうか等々いろいろな考えが浮かんでくると思います。3人の方々がどう考えているのかを伺ってみたいと思います。いかがでしょうか、では杉田さんからお願いいたします。

杉田　地域移行プロセスをお示ししたときに、入所施設や在宅があって、いろいろな訓練があって、グループホームやアパートがあって、夫婦生活があってと、だんだんレベルアップしているように示してしまったのですが、私自身はそうでなくてもいいのではないかと考えています。入所施設は私たちの間違いだったと思いますが、グループホームで住んでいる人たちを見ておりますと、仲間と楽しそうに暮らしているようすが見られます。個人的にはこのような暮らしがあってもいいのではないかと思っています。ただ、今のグループホームは、誰と住むかは本人たちが選べていないという実態があったり、誰と住むのかについても選べるようにはなっていないなどの問題点があります。

　問題点は改善していく必要があります。ただ、普通の人も家をルームシェアしながら暮らしている人もおりますので、大好きな人と、異性でなくても友達と一緒に住めるような環境と方法があってもいいのではないかと思います。

レスリー　私も同じ意見です。施設というところは終の棲家になってはいけないと思います。オーストラリアの状況はどうかといいますと、グループホームに住む人もいれば、アパートに住む人もいれば、田舎のような遠く離れたところに住む人もいます。ふるさとへ帰る人もいますし、ふるさとには帰らない人もいます。ですから、暮らしの形態や暮らし方はそれぞれさまざまだということだと思います。

　誰と一緒に住むかということですが、これも選択肢があって、誰と住みたいかを決められるようにすべきではないかと思います。ただ、その施設に長く住んでいた人にとっては、一番一緒に住みたいと思っている人は一緒に長く施設にいた人ということになるかもしれませんけれど。

河東田 小林さん、ちょっと違う質問をさせてください。多くの方から、「重度の方や身体的に重度というだけではなくコミュニケーションもなかなか取れない、医学的な対応を必要としている方々の地域移行や地域生活をどう考えておられるのか」という質問をいただきました。いかがでしょうか。

小林 これまで、しょうがいの重い人や高齢の人は、施設で暮らすしかないと考えられてきました。それは逆で、むしろしょうがいの重い人や高齢の人たちのほうが施設は向かないのではないか、グループホームなど少人数の生活が必要なのではないかと思います。しかし、これらの人たちの地域生活を実現するためにはお金がかかります。また多くの人手も必要です。しかし、今の日本の現状では制度がそこまで進んでいなくて、結局は施設での集団生活を余儀なくされているのです。

　伊達では、12月に、行動しょうがいのある人と重症心身しょうがいの人たちを対象としたグループホームを開設する予定です。これには伊達市もお金を出してくれています。今度の自立支援法の中で、しょうがいの重い人たちを対象としたケアホームや重度包括払いの制度がスタートしますが、それを先取りしたものです。伊達では毎年270人ぐらいの赤ちゃんが生まれてきます。そのうち知的しょうがいや身体しょうがい、難病をもったハイリスクの子どもが1.5%から2%、年間4、5人ぐらいの割で生まれてきますが、年間たった4、5人ぐらいですから一生涯にわたって支えることができるはずだと考えています。ですから本人や家族が望むのであれば、どんなにしょうがいが重くても地域生活を続けられるよう、グループホームづくりを進めてきました。そんな運動の積み重ねの中で、重症の人たちのケアホームを実現することができましたが、今の日本の現状では、よほど支援者や家族、そして市町村の協力がなければ、行動しょうがいのある人や極めて重いしょうがいのある人たちの地域生活は難しいと思います。

河東田　ありがとうございました。もう終了の時間が迫っておりますので、どなたかお一人だけご意見をいただけませんでしょうか。今日午前中からずっと聞いていただいて、感じたこと、それからまだ伝えたくて伝えられなかったことがございましたらおっしゃって下さい。いかがでしょうか。

E　私は現在埼玉に住んでおりまして、小林さんの伊達市、あるいは宮城県にも見学に行かせていただきました。事業団に所属しておりまして、先ほど小林さんがおっしゃられたとおり、リストラされて退職をいたしました。現在は専門学校で教えておりますが、これから私もいろいろ勉強していきたいと思います。ところで、地域生活を送っていくには、経済的な基盤が必要になるわけです。そこでお伺いしたいのは、現在1級、2級という年金がございます。その年金と今回の「障害者自立支援法」の中で言われている一割負担でどう自立ができるのか、収入の確保ができるのかをお伺いしたいと思います。本人も家族も経済的な基盤の弱さを感じて足踏みをしてしまうのではないでしょうか。オーストラリアではどうなのかも知りたいところです。

河東田　終了時間になってしまいましたので、Eさんからはご意見をいただいたという扱いにさせていただきます。さて最後に、ご援助をいただいた日本障害者リハビリテーション協会の関係者に今日1日の評価につながるご感想ないしご意見をいただければ幸いです。

B　私は、リハビリテーション協会の参与をしておりまして、それで来ておりますが、本来の仕事は大学の教員をしております。私はもともと身体しょうがいの分野の出身でして、身体しょうがいの方ですと一定期間の訓練が終わったらそれでもう我々の役割はなくなります。そのために、伊達のように一生涯ずっとかかわり続けていることに若干違和感がありました。それに関して小林さんのお話や皆さんのお話を聞いていくなかで、一生涯かかわるこ

との必要性もあるのかなという感じを持ちました。また、そうではないという意見があることもわかりました。このことについては今後関係者の皆様が結論を出していかれるのだろうと思いました。私にとっては勉強させていただき、とても有意義でした。どうもありがとうございました。

河東田 シンポジウムと言いますと意見がかみ合わなかったり、未消化の状態で終わることが多いのではないかと思います。しかし、今日は私のまとめが必要ないぐらい、レスリーさんからは具体的な状況の整理をしていただきました。小林さんからは、全国的にもとても参考になるような新たな北海道での取り組みが紹介されました。今日いただいたものを各地に持ち帰り、実践に役立てたり、調査研究を行っていきたいと思います。

　私どもの関係で言いますと、杉田さんを中心にしながら、地域移行に関する個別支援プログラムを作成しているところです。この個別支援プログラムを盛り込んだ報告書を4月末までに厚生労働省に提出することになっていることをご承知おき下さい。

　では今日は、長時間にわたりまして、私どもの発表や報告を聞いていただきまして本当にありがとうございました。まだまだ課題が多い取り組みですが、皆さんと一緒にぜひ前に進めていきたいと思います。今日ご参加いただいた小林さん、レスリーさん、杉田さん、そして通訳をして下さった荒木さんに感謝を申し上げます。ありがとうございました。（拍手）

　では、この後、オランダからの報告をいただきます。オランダからもスウェーデンに劣らない報告をいただけるものと思います。ぜひご参加いただきたいと思います。

　それでは第4分科会はこれで終了いたします。どうもありがとうございました。（拍手）

記念講演 2

オランダにおける本人活動と地域生活支援

オンダリングシュタルク連盟（LFB）
ウイリアム・ヴェステヴェル（所長）
ヴィレム・クワッケル（北部地区所長）

ウイリアム　皆様、ようこそ私たちの講演においでいただきました。ありがとうございます。私の名前はウイリアム・ヴェステヴェル、LFB の所長です。そして隣にいるのがサンタクロース……ではなくて、ヴィレム・クワッケル、LFB の北部地区所長です。

　それでは、LFB についてご紹介いたします。

　私たちの組織は、知的しょうがい者のための知的しょうがい者による全国組織です。ちょっとほかの講演とは違っていまして、私とともにこの壇上にいますヴィレム・クワッケルは英語は話せませんので、通常は彼のコーチがやってくれますが、今日は私が彼の言葉を英語にして、その英語になったものを通訳が訳すという形で行わせていただきます。

　私たちの組織の成り立ちについて簡単に説明いたします。

　1985 年、最初のピープルファースト・グループ「共に強くなろう（オンダリング シュタルク）」ができました。私もこのピープルファースト運動に関わった 1 人で、立ち上げを手伝いました。1995 年、私たちは独立した団体になりたいということで独立し、全国をカバーする全国組織となりました。2000 年には、地区事務所をオープンさせました。そしてさらに広い範囲で展開を続けています。私たちの組織は、非常にユニークな組織形態を持っています。親の会とか、あるいはそのほかの団体とは全く異なる独立した組織

スライド 1
LFB Service Bureau

皆さんこんにちは！
これから LFB の紹介をします。
LFB は知的しょうがい当事者自治組織です。

Presentation　William Westveer en Willem kwakkel　LFB Holland

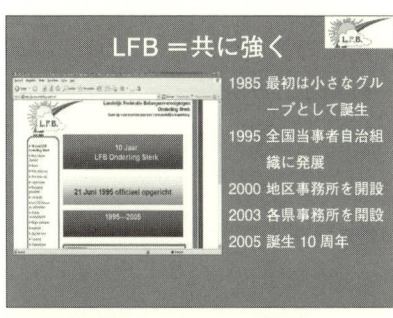

スライド 2
LFB ＝ 共に強く

- 1985　最初は小さなグループとして誕生
- 1995　全国当事者自治組織に発展
- 2000　地区事務所を開設
- 2003　各県事務所を開設
- 2005　誕生 10 周年

スライド 3
LFB はユニークな自治組織！

〈LFB の目標〉
- 一人ひとりの成長・発達
- 他の団体との共働作業
- 政治的働きかけ

私たちは仲間の成長・発達を支援します

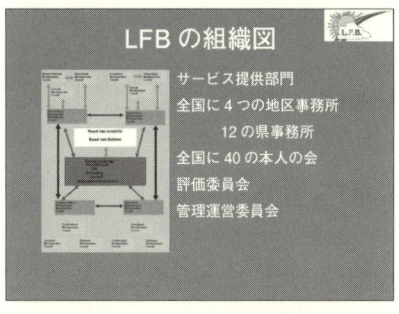

スライド 4
LFB の組織図

- サービス提供部門
- 全国に 4 つの地区事務所
- 12 の県事務所
- 全国に 40 の本人の会
- 評価委員会
- 管理運営委員会

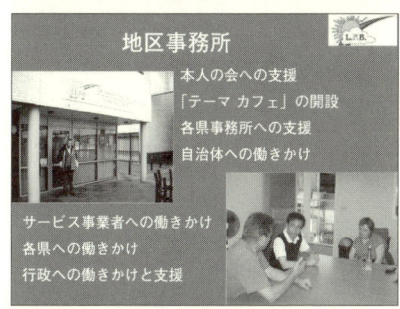

スライド 5
地区事務所

- 本人の会への支援
- 「テーマ カフェ」の開設
- 各県事務所への支援
- 自治体への働きかけ

- サービス事業者への働きかけ
- 各県への働きかけ
- 行政への働きかけと支援

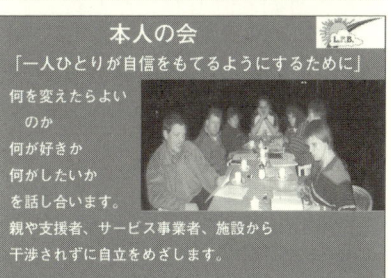

スライド 6
本人の会

「一人ひとりが自信をもてるようにするために」

- 何を変えたらよいのか
- 何が好きか
- 何がしたいか

を話し合います。
親や支援者、サービス事業者、施設から干渉されずに自立をめざします。

スライド 7
テーマ　カフェ

何も特別なことはしません

ただ、皆といるだけです

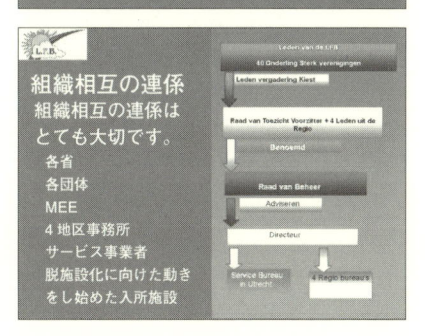

スライド 8
組織相互の連係

組織相互の連係はとても大切です。
- 各省
- 各団体
- MEE
- 4 地区事務所
- サービス事業者
- 脱施設化に向けた動きをし始めた入所施設

第 4 章　みて、きいて、はなしあおう、元気の出る話　271

```
┌─────────────────────────────────────┐  ┌─────────────────────────────────────┐
│     私たちの願い　1                  │  │     私たちの願い　2                  │
│                                     │  │                                     │
│ 学校は、新しい友人や仲間と出会えるところにしよう。│  │ 親や支援者はその人の人間          │
│ 仕事は、社会に統合された場を選ぼう。 │  │                  性を見て関わって下さい。│
│ 社会の一員として活動できるように努力しよう。│  │ 次の目的に向かって一緒に活動しよう。│
│ 仲間を見つけよう。                  │  │ ・よりよい発達のためにノーマルな教育環境を獲得し│
│ あなたがしたいことを支援してくれる支援者を見つけ│  │   よう。                          │
│ よう。                              │  │ ・おしゃべり、ダンス、ゲームができ、一緒に楽しめ│
│ 援助が必要なら声をかけて下さい。    │  │   る出会いの場を作ろう。          │
└─────────────────────────────────────┘  └─────────────────────────────────────┘
```

で、しょうがい者自身がコーチなどの支援を得て、本人たちだけで運営している組織です。2003年には県の事務所も開設しました。2005年の今年は10周年を迎えています。

　本部には、サービス事務所があります。そこで仕事をしているのは本人たちです。そして、その本人たちからいろいろ学んでいる人たちがいます。私たちは、仲間や社会を育成・開発する機関でありたいと思っています。いろいろな組織と協力をしながら人を育てるということをやっていますし、政策提言や政治についても発言をしていく活動を行っています。

　私たちの組織構成は少し複雑です。本部の中枢機関としてサービス事務所を置いています。私はそこの責任者として仕事をしています。四つの地区事務所があって、今、私の右側に座っているヴィレムさんが地区事務所の一つで仕事をしています。その下に12の県単位の事務所があります。それから40のピープルファースト・グループ「共に強くなろう」があります。各組織には、監査、理事も置いています。

　今度はヴィレムさんが、自分の地区事務所で何をやっているかを説明してくれますので、彼が言うことを私が英語に訳します。

ヴィレム　では、地区事務所の活動を紹介します。テーマカフェという組織をつくってやっています。私たちは、地区事務所の下部組織である県の事務所の開発と発展のための支援をしています。県の事務所に出かけ、当局に情

報提供をしたり、意見交換をしたりします。介護支援者、ケアの提供者との連絡・調整も行います。県当局者との連絡も行います。地区事務所相互の連絡・調整も行います。

　ピープルファースト・グループ「共に強くなろう」の中で、自己主張し、自分自身を強くするために具体的な取り組みを行っています。いろいろな社会的な接触、何を変えたらいいのかということについての話し合いもします。何をやりたいかということについての話もします。親からは独立した形でやっています。あるいは施設からは独立した形で、支援者からは独立した形でやっています。

　テーマカフェでやっているのは、「人と一緒に」いられるようにするための取り組みです。

ウイリアム　ネットワークは非常に大事です。いろいろな省庁とやりとりをします。そのために、関係諸団体と一緒に活動することがあります。そのうちの一つが、「Mee（メイ）」（出会いの場）というものです。四つのLFBの地区事務所と一緒に活動します。それから脱施設化を進めていきたい施設や介護者たちとも協力し合ってやっていきます。

　LFBには、40のピープルファースト・グループ「共に強くなろう」があります。理事会の中でいろいろな組織の状況について話し合いをします。地区事務所からのメンバーの代表が4人、理事会に参加しています。それから1人の独立した理事長がいます。組織活動の運営を任せられている事務所の代表である私もこの理事会に参加しています。理事会は、サービス事務所、地区事務所を監視し、支援も行います。

　さて地域生活のためのアドバイスということでお話ししますと、まず、学校の場において、しょうがいをもつ人たちも新しい友人に出会うことができます。仕事という面では、知的しょうがいをもつ人たちが雇われることによって、社会の中でのインテグレーションが可能になります。そして一番大

事なことは、友人を見つけ、サポートを見つけ、そしてあなたが一緒に仕事をしたいと考えるスタッフを見つけて、自分がやりたいという仕事をやっていく。そして支援が必要なときには求めていくということです。

また、本人の周りの人たちへのアドバイスとしては、親や介護の支援者、提供者は、その本人の資質というものをもっとよく見るべきです。そして本人の希望や願いにしっかり耳を傾けるべきです。そしてその夢がかなうように一緒に進んでいくのが良いと思います。

また知的しょうがいをもつ人たちは、普通学校の環境の中でこそよりよく成長・発達・自己実現を遂げることができます。また知的しょうがいをもつ人たちが、お互いに会うことのできる場が必要です。おしゃべりをしたり、ダンスをしたり、ゲームをしたり、そして楽しい時を過ごすことができる場が必要だと思います。

ありがとうございました。(拍手)

資料　インタビュー

アンデシュ・ベリィストローム

新しい価値創造への挑戦

――自ら退き、当事者組織を支える――

聞き手――河東田　博

　本人支援の在り方と地域生活支援システムについて研究をしてきた立教大学地域移行研究センター他の招聘で、11月3日から8日まで、スウェーデン・オランダの知的しょうがい者の当事者組織の本人と支援者たちが東京・新潟・北海道・大阪でセミナーや集会に参加し、関係者と交流を深めてきた。その中のお一人である、スウェーデン・イェテボリ市にあるグルンデン協会の元所長（本年1月より当事者がそのポストについている）であり、支援者のアンデシュ・ベリィストロームさんに日本を発つ前日にお話を伺った。

　アンデシュさんは、スウェーデンで百年の歴史をもつ民間の知的しょうがい者入所施設の職員だったことがある。この施設は今はもうない。スウェーデンでは、1986年に施行された「精神発達遅滞者等特別援護法」に入所施設解体が初めて盛り込まれ、97年の特別病院・入所施設解体法で99年12月31日までにすべての入所施設・特別病院を解体し、利用者を地域生活に移すことが決められた。アンデシュさんはグルンデン協会の所長をしていた95年から98年にかけて施設解体を計画していた知的しょうがい者入所施設ベタニアの副理事長となり、利用者が地域のグループホームやケア付きアパートに移り住む計画の推進役を担ったことがある。その後、知的しょうがい者の当事者組織であるグルンデン協会（85年に親の会が設立したが、2000年に独立、当事者が理事会の理事を務める）の立ち上げを支援し、当事者主体の組織にするためにはどうしたらよいのかを考え続けてきた。

「スウェーデンでは確かに、建物だけを見れば入所施設はほとんど解体され、数十名の方が残っているだけです。しかし、施設を出た一人ひとりの生活という点で見れば、グループホームなどに変わっただけで、施設的な伝統とか考え方、培ってきたものは残り続けています。それは、施設のコンセプトを地域に持ち込み、施設時代と同じことをやっているからです。地域に移り住んだ後も、居住者を管理したり、自己決定を阻害するなど、まだ問題は多いのです」

「こうした伝統は、時間がたてばひとりでに薄れていくというものではなく、当事者たちが行動を起こさない限り、永遠に続くものです。私たちグルンデンは、『施設を打ち砕け！ 現実へようこそ』というキャンペーンをして、このような施設モデルがなくなるように働きかけています」

「施設的な伝統は、私たち自身の中にもあります。ですからこのキャンペーンはグルンデン自身をも対象にしています。私自身を含め、長いこと施設で働いた経験をもつ人たち、施設で生活してきた人たちは、施設モデルを強く持ち続けているのです。施設は百年以上存在してきたので、施設モデルをなくすためには百年以上かかるかもしれません」

私がイェテボリを訪ねたとき、グルンデンのメンバーが働いているデイセンターで、車椅子の方が縛られて身動きが取れない状態のまま放置されていた様子を見たことがある。そうしたことについて、グルンデンがどう考え、どう働きかけているのか、アンデシュさんに質問を投げかけてみた。

「その職員が誰かはわかりませんが、このことは施設モデルがどれだけ人の中に浸透してしまっているかをよく表していると思います。このデイセンターで働いている人にしてみれば、それは毎日の光景、日常のものになってしまっていて気付けなくなっているのだと思います。この秋から私たちは、虐待を見過ごさない、耐えないということを決めました。こういった暴力的なことや虐待はなかなか表面化しないということがありますので、少しでも

分かった段階で、犯罪として警察に通報するという取り組みを始めようと考えています」

　グルンデンの組織改編やグルンデンが行っている様々な活動は、地域で生活する知的しょうがいをもつ人たちに対して大きな影響を与え、役割を果たしてきている。今年の1月、当事者が理事会のメンバーだけではなくて、アンデシュさんが務めていたポジションとその役割を担うことになった。

　「グルンデンは本人たちの組織、団体であるというのがまず根底にあります。2000年に親の会から独立し、当事者団体として活動を始めました。けれどもその翌年から、理事会には当事者がいるけれども、もっとも権限のある地位に人を雇っている、例えば私みたいなですね、ということに気付きました。最初に気付いたのは、理事のアンナとデービッドでした。そして3年前に構造を変えようという決定がなされました。変えると決めてから3年間という長い時間がかかってしまったのは、まず第一に、メンバーを有給で雇おうと考えたからです。そのために私たちは多くの時間とエネルギーをかけて、資金提供してくれる団体・財源を探しました。結局その財源を得ることができなかったので、最終的に、メンバーは年金と手当てで生活はできる、有給でなくとも、今は構造を変えることのほうが大事だという結論になりました。第二に、他の当事者団体が実際どういったことをやっているか、研究、調査を行いました。しかし、いい例がありませんでした。そこで、当事者代表に権限が集中しない私たちなりの組織づくりを行うことにしました。長い時間がかかってしまいましたが、新しい組織の運営が1月から始まっています」

　現在、グルンデンでは、11人の当事者が理事を務める理事会（最高決定機関）の下に、所長と四つの事務局ポストがあり、いままでアンデシュさんが担ってきた執行機能を5人の当事者が担っている。この機能を、アンデシュさんともう2人の支援者がサポートする体制に変えた。9月にグルンデンを訪れたとき、組織の構造が変わっただけでなく、責任ある地位についた方た

ちが自信を持って仕事をしていることが確認できた。しかし、アンデシュさんには、執行機能の権限を当事者に譲り渡し、本当の意味での当事者主体の組織に変えていくという決断にジレンマはなかったのだろうか。

「本人の組織だと言っているのに、責任ある部署に本人がいないということは変だと思いましたので、私自身もやはり職を退くべきだと思いました。そのことに葛藤はありませんでした、というより安心したというのが実感です。こうすることによって当事者のリーダーシップを全体的に高めることができるようになると思ったからです。私が辞めることによって、多くの人がもっと興味深い責任ある仕事につくことができるようになりました。彼らに任せることに関しては、何も心配していませんでした。もっともそのためにプロのコンサルタントを雇ってリーダーシップ・トレーニングを時間とお金をかけて行いました。私が以前いたオフィスには2人の当事者が仕事をしています。私には小さい机と小さなパソコンがあるだけです。私自身の仕事の仕方は、昔も今もあまり変わっておりませんが、私以外の人たちが何かあったときに、私ではなく新しい事務局メンバーに最初に聞くようになったこと、それが一番大きな変化です。それと書類にサインするときに、私がサインをしなくなったことですね」

「一方では、私は給料を払われている身で、支援者としてグルンデンに雇用されています。そういう意味では、以前よりも今のほうが、組織に対して、メンバーに対して、周りの人々に対して責任を感じています。今この状態で私が何か悪いことをすれば、それがすべて組織に影響してしまうという立場にいるわけです。でもそれに関しては、私自身プレッシャーとは思っていません。むしろ誇らしく思っています」

ノーマライゼーションの実現のためにスウェーデンは法制度をはじめとした様々な分野で、社会の意識を変えるために次々と実験的、先進的な取り組みを進めてきた。そうしたスウェーデンのなかでも、グルンデン協会のように知的しょうがいをもつ当事者たちが組織の決定・運営実務を実際的に担

い、支援者・スタッフを雇い、メディア活動（新聞・雑誌、ラジオプログラム、ウェブサイト制作）や映画制作、喫茶店運営、余暇活動、権利擁護活動や国際的なネットワークづくりなどの多様な活動をしている団体はない。日本でも、知的しょうがい当事者の活動が活発化し、全国組織ピープルファーストジャパンも結成され、厚生労働省との交渉や要求活動を繰り広げたり、施設等での虐待問題に取り組んできている。しかし、組織的・経済的・人的基盤が弱く、また当事者決定と支援の在り方などでも課題は多い。知的しょうがいをもつ人とともに歩んでこられ、当事者のエンパワメント、尊厳や権利回復の活動を支援してこられたアンデシュさんに、日本の当事者活動・支援のあり方にアドバイスをいただいた。

「日本は3回目ですが、最初に来た（2000年）ときと比べて権利ということに向かって、かなり速いスピードで進んでいると思います。より多くの方が発言するようにもなりました。とても素晴らしいことだと思います。今回、セミナーや集会で話を聞いている限り、日本には何も問題がないような印象さえ受けました。けれども本人、親の方たちと話してみますと、心の中ではとても悲しいつらい気持ちをまだお持ちで、疲れ切っているような印象さえ受けました。こうした問題は政治の場に持っていかなければ解決しません。政府にとって今しょうがいをもつ人の問題は優先事項にはなっていないようですし、障害者自立支援法では、サービスに対してお金を払わなければいけないということで、後退さえしています。施設は縮小されるものがある一方で、新たにつくられるものがあるという状況があるのは、とても残念なことだと思います。親の会は、小さいうちに施設に入れるということはその子の一生を破壊してしまうことになりますし、現在施設に入れられている方たちはもう人生を破壊されているということをきちんと認識しておく必要があると思います」

「また、私の経験から言いますと、同じ人たちだけで話すと、どうしても解決策がそこで完結してしまうという限界があります。様々な分野の人たち

が混ざって話し合うということは、とても重要だと思います。一緒に活動をするなかからお互いに学び取っていくことが必要なのではないでしょうか。物事を複雑にせず、『心で考える』ことが必要だと思います。お互いにわかりあえるようにすることで。これまでと違った共通の価値観をもてるのではないかと思うからです」

（『季刊福祉労働』109号、2005年12月25日、現代書館刊より）

あとがき

　本書で紹介したオーストラリア、スウェーデン、オランダなどでは、「差別から平等へ」「施設から地域へ」「代弁者中心から当事者中心へ」「保護から援護さらには権利の達成へ」「福祉サービス提供の地方分権化へ」という流れをつくり出し、理念と実態をできるだけ近づけ、整合性のあるものにしようと努力をしてきている。また、しょうがいをもつ人々にノーマライゼーション社会を保障し、種々の権利を得ることができるように、当事者・関係者（社会をも含む）相互の関わり合いと環境改善に向けた絶え間ない努力を行ってきている。さらに、個別援助者の提供などの人的援助の輪づくり、わかりやすい情報の提供、生涯教育の充実、当事者参加・参画（当事者に関することは当事者の思いや願いを聴き、彼らの参加を得、彼らと共に検討し、彼らの了解の下でものごとを決定していくという一連のプロセス）の促進と当事者自治組織の拡大・強化、本人の苦情を取り上げ、施設職員や関係者の取り組みをチェックしてもらうための第三者機関の設置や人権擁護機関の設置などの具体策が検討され、具現化に向けた取り組みが行われてきている。これらの国々では、また、「専門家はハンディキャップをもつ人自身である」という、伝統的な福祉観否定の立場に立った当事者管理の概念も生まれてきている。まさに、「新しい価値観」が次から次へと創り出され、実際の取り組みの中で生かされようとしているのである。知的しょうがいのある人たちも、お互いに勇気づけ合い、支え合い、力をつけ、夢の実現に向かって歩み始めている。積極的に自らの権利を主張し、獲得し、擁護する力を得るための社会的変革を求めて動き出しているのである。

　世界各国で起こっている様々な動きを見、聴き、話し合い、学び合いたいと考えて設定したのが、2005年11月3日の国際フォーラムであり、学部シンポジウムであった。伝統的な支援者中心の福祉観から脱却し、当事者中

心の新しい価値を持った福祉観へと昇華していくことを目指して、至る所で「新しい価値の創造」という言葉を使用することにした。とは言いつつも、多くの人々の協働の取り組みの中から創り出された人間の英知の結晶とも言えるノーマライゼーション理念の今日的到達点の検証すらもできていない。ノーマライゼーション理念は、私たちに、夢を失わず歩み続けることの大切さ、理不尽なものは必ず淘汰されるが人間というものは本来尊いものだということ、また、何よりも誰もが共に地域で暮らせること、他の人々と同様の質の高い生活を送ることができるのだということを私たちに教えてくれたが、具現化は道遠しである。したがって、「新しい価値の創造」は、ノーマライゼーション理念発展プロセスと今日的到達点の検証から始める必要があるのかも知れない。

　本書は、「まえがき」でも記したように、主に2005年11月3日に立教大学池袋キャンパスで行った二つのイベント（第1部・国際フォーラム、第2部・学部シンポジウム）の報告のために編纂された。海外から招へいしたいくつかの国のこと、いくつかの団体のこと、昨今のしょうがい者福祉の動向なども知っていただきたくて第1章、第2章を付加した。余分な章ではなく、あって良かったと思われる章であることを願う。

　本書第4章で取り上げた国際フォーラム（第1部）の「みて、きいて、はなしあおう　元気の出る話――地域移行・本人支援・地域生活支援東京国際フォーラム」（主催：立教大学地域移行研究センター）は、2003年度～2005年度科学研究費補助金「障害者の入所施設から地域の住まいへの移行に関する研究」（研究代表者：河東田博）及び2003年度～2005年度厚生労働科学研究費補助金（障害保健福祉総合研究事業）「障害者本人支援の在り方と地域生活支援システムに関する研究」（研究代表者：河東田博）、2005年度立教大学アミューズメント・リサーチセンター（RARC）福祉プロジェクト「ノーマライゼーション社会構築に向けた地域保健福祉アミューズメント資料のアーカイブ化及びコンテンツに関する研究」（代表：河東田博）成果発表の一部

として行った。また、研究成果発表会開催費用を、財団法人・日本障害者リハビリテーション協会からいただくことができた。さらに、広報・会場使用等に関して立教大学（特に、広報渉外部・総務部庶務課等）には殊の外お世話になった。実務は全て、立教大学地域移行研究センターを窓口に行った。海外から9人もの招へい者を呼ぶことができたのも、国際フォーラムを全体会・分科会を含む多重構成にできたのも、また、4人の専門通訳者を雇用することができたのも、こうした複数の研究補助金、研究成果発表事業、諸機関のご援助・ご支援のお陰である。本書第3章で取り上げた学部シンポジウム（第2部）の「福祉先進国におけるしょうがいしゃ福祉：その実態と課題」（2006年立教大学の改革と挑戦連続シンポジウム：コミュニティ福祉学部コミュニティ政策学科開設記念企画公開シンポジウム）は、立教大学地域移行研究センターの協力を得て、立教大学主催で行った。必要経費は立教大学から出され、広報・会場使用等に関しては立教大学広報渉外部（副部長の近藤泰樹さん、新地幸倫さん）・総務部庶務課等にお世話になった。経費補填や当日の運営等については、坂田周一学部長、佐藤研学科長始めコミュニティ福祉学部の教職員・院生・学部学生の皆さんにお世話になった。また、国際フォーラム及び学部シンポジウムが好感をもって受け止められ、本書のような形で国際フォーラムや学部シンポジウムの内容を世に送り出すことができたのは、終日通訳の任に当たって下さった荒木豊さん、福岡愛子さん、山口正子さん、岩佐祥子さんの素晴らしい通訳技術とチームワークのお陰である。さらに、テープ起こし後、丹念に文章をチェックし編集して下さった立教大学地域移行研究センターの青木良さん、立教大学コミュニティ福祉学部研究センターの林敬一さんのお陰でもある。第3章のシンポジウムの写真掲載を承諾して下さった朝日新聞社にも感謝の意を表したい。そして、上記した全ての機関、人々に心から御礼を申し上げたい。

　なお、本書には掲載することができなかったが、11月3日以降、9人の海外招へい者たちは、2グループに別れて全国各地に講演や交流会・懇談会に

出かけた。2005年11月5日に北海道伊達市で国際セミナーを設定して下さった北海道伊達市地域生活支援センター及び北海道立太陽の園の皆さん（コーディネーターの小林繁市さん、大槻美香さん他）、11月6日に北海道札幌市で国際セミナーを設定して下さった札幌国際セミナー実行委員会の皆さん（コーディネーターの花崎三千子さん、宇井文雄さん、シンポジストの燕信子さん、西村正樹さん、小関あつ子さん、司会者の光増昌久さん他）、11月5日・6日に新潟県新潟市で行われたピープルファーストジャパン全国大会（新潟大会）の全体会（「スウェーデンとオランダの仲間の話」）・分科会に講師として受け入れようと奔走して下さった全国事務局の皆さん、現地実行委員会の皆さん、11月8日に大阪府東大阪市で国際セミナーを設定して下さったクリエイティブハウス「パンジー」「パンジーⅡ」や「かえる会」の皆さん（梅原義教さん、生田進さん、林淑美さん他）には大変お世話になった。各地でお世話になり、歓迎して下さった方々に改めて御礼を申し上げたい。

　本書で取り上げた国際フォーラム・学部シンポジウムの企画・進行は「地域移行・本人支援・地域生活支援東京国際フォーラム実行委員会」が行ったが、各実行委員は既に述べた2003年度～2005年度科学研究費補助金研究及び2003年度～2005年度厚生労働科学研究費補助金研究の研究員ばかりである（2005年度立教大学アミューズメント・リサーチセンター福祉プロジェクトの研究員を兼ねている人もいる）。これら研究員兼実行委員がいてくれたお陰で国際フォーラム・学部シンポジウムも成功裏に終わらせることができ、本書も完成させることができた。本書の完成を実行委員共々祝いたい。

地域移行・本人支援・地域支援東京国際フォーラム実行委員会委員（順不同）
　　　実行委員長　　河東田　博（立教大学）
　　　実行委員　　　杉田　穏子（立教女学院短期大学）
　　　　〃　　　　　孫　　　良（神戸学院大学）
　　　　〃　　　　　蜂谷　俊隆（神戸学院大学）

| 〃 | 朝田　千恵（NPO法人しみんふくしの家八日市）
| 〃 | 竹端　寛（山梨学院大学）
| 〃 | 鈴木　良（立教大学地域移行研究センター）
| 〃 | 麦倉　泰子（関東学院大学）
| 〃 | 三宅亜津子（立教大学地域移行研究センター）
| 〃 | 遠藤　美貴（立教大学地域移行研究センター）
| 〃 | 大多賀政昭（立教大学地域移行研究センター）
| 〃 | 水上　直人（立教大学地域移行研究センター）
| 〃 | 青木　良（立教大学地域移行研究センター）

　最後になったが、本書は上述した2003年度～2005年度科学研究費補助金（基礎研究（A）（2））研究、同厚生労働科学研究費補助金（障害保健福祉総合研究事業）研究、2005年度立教大学アミューズメント・リサーチセンター福祉プロジェクト（いずれも研究代表者は河東田博）研究成果の一部である。本書出版にあたり、2005年度立教大学アミューズメント・リサーチセンター（RARC）福祉プロジェクトより製本費をいただいた。また、香川県高松市在住の翻訳家・平野キャシーさんより多額のご寄付をいただき、出版経費の一部とさせていただいた。大変嬉しく、感謝のしようもない。心から御礼申し上げたい。さらに、本書の編集作業は、現代書館編集部の小林律子さんと一緒に行った。今回も彼女と一緒に仕事ができたことをうれしく思う。心から御礼申し上げたい。

　2006年9月吉日　　　　　　　　　　　　　　　　　　河東田　博

❖監修者紹介

河東田　博（かとうだ・ひろし）
東京学芸大学教育学部特殊教育学科卒業。ストックホルム教育大学大学院教育学研究科博士課程修了（Ph. D）。1974年から86年まで12年間、東京都の社会福祉施設に勤務。86年から91年まで約5年間、スウェーデンに滞在。脱施設化や自立生活運動、当事者参加・参画に関心をもち、研究を開始。四国学院大学、徳島大学を経て、現在立教大学コミュニティ福祉学部教員。

福祉先進国に学ぶしょうがい者政策と当事者参画
――地域移行、本人支援、地域生活支援国際フォーラムからのメッセージ

2006年10月10日　第1版第1刷発行

監修者	河東田　博
発行者	菊地　泰博
組版	コムツー
印刷	平河工業社（本文）
	東光印刷所（カバー）
製本	越後堂製本

発行所　株式会社 現代書館
〒102-0072　東京都千代田区飯田橋3-2-5
電話 03(3221)1321　FAX 03(3262)5906
振替 00120-3-83725　http://www.gendaishokan.co.jp/

校正協力・東京出版サービスセンター
©2006 KATODA Hiroshi　Printed in Japan　ISBN 4-7684-3459-2
定価はカバーに表示してあります。落丁本・乱丁本はお取り替えいたします。

本書の一部あるいは全部を無断で利用（コピー）することは、著作権法上の例外を除き禁じられています。但し、視覚障害その他の理由で活字のままでこの本を利用出来ない人のために、営利を目的とする場合を除き、「録音図書」「点字図書」「拡大写本」の製作を認めます。その際は事前に当社まで御連絡ください。

スウェーデンにおける施設解体
——地域で自分らしく生きる
A・ベリストローム他 著／河東田 博他 訳編

99年末までにほぼ全ての施設が解体され、入所者たちはそれぞれの方法で地域で暮らし始めた。知的障害者入所施設ベタニアの百年の歴史と解体までの軌跡、各地の施設解体時における本人・家族・施設職員の感情の記録から、施設は何故解体されねばならなかったかを考察。（A5判 1800円＋税）

ヨーロッパにおける施設解体
——スウェーデン・英・独と日本の現状
河東田 博・孫良・杉田穏子・遠藤美貴・芥川正武 著

障害者入所施設はもういらない。スウェーデンではほぼすべての施設が解体されている。施設を解体、縮小して地域居住に移行する欧州の取組みの現状と課題に学び、未だ入所施設が増加している日本における施設から地域への道筋を探る。（A5判 1800円＋税）

スウェーデンの知的しょうがい者とノーマライゼーション
——当事者参加・参画の論理
河東田 博 著

施設から地域へ、親、専門家による支配・保護から当事者参加・参画へと劇的に変わりつつあるスウェーデンの法律、福祉制度、地域のグループホームでの生活の様子、当事者が自己主張し政策決定に参加する過程を具体的に追いながら、日本の課題を考える。（A5判 2200円＋税）

スウェーデンにおける自立生活とパーソナル・アシスタンス
——当事者管理の論理
アドルフ・ラツカ 著／河東田 博、古関・ダール 瑞穂 訳

福祉先進国スウェーデンにおいてなお、行政から一律に与えられる介助サービスでなく、自立生活運動と介助サービスの当事者決定・当事者管理を強力に推し進めているストックホルム自立生活協同組合（＝STIL）議長である著者の理論と実践の書。（A5判 1500円＋税）

ノーマライゼーションの原理　[新訂版]
——普遍化と社会変革を求めて
ベンクト・ニィリエ 著／河東田 博他 訳編

三十年前北欧で提唱され、今日共生社会の普遍的理念として支持され、社会のあり方を変えてきたノーマライゼーションの考え方を、初めて八つの原理に成文化し、定着・発展のために活動してきた「育ての父」の現在までの思想展開。真のノーマライゼーション理解のために必読。（A5判 1800円＋税）

哀れみはいらない
——全米障害者運動の軌跡
J・P・シャピロ 著／秋山愛子 訳

障害者福祉を慈善と保護から公民権保障と差別禁止へと変えた画期的なアメリカ障害者法成立に至る障害者のエンパワメントとアメリカ社会の障害観の変化を追う。障害の文化・歴史、障害者政策、個人ヒストリー、大衆文化に表れた障害者像などを重層的に描く。（四六判 3300円＋税）

私たち、遅れているの？　[増補改訂版]
——知的障害者はつくられる
カリフォルニア・ピープルファースト 編／秋山愛子・斎藤明子 訳

親・周囲の人々の期待の低さや施設など抑圧的環境が真の自立と成長を妨げていることを明らかにし、本当に必要なサービス、制度を提言した衝撃の報告書。「遅れを招く環境」を脱して自己実現を可能にする社会づくりへ一歩をふみ出したカリフォルニアの例。（A5判 1800円＋税）

（定価は二〇〇六年十月一日現在のものです。）